ESCREVER EM PAÍS DOMINADO

TÍTULO ORIGINAL *Écrire en pays dominé*

Este livro foi revisado segundo o Acordo Ortográfico da Língua Portuguesa de 1990, em vigor no Brasil desde 2009.

EDITORA Ana Cecilia Impellizieri Martins
PRODUÇÃO EDITORIAL Jade Medeiros
ASSISTENTE EDITORIAL Bruna Ponte
COPIDESQUE Sávio Alencar
REVISÃO Marina Montrezol
PROJETO GRÁFICO E CAPA Bloco Gráfico
ASSISTENTE DE DESIGN Lívia Takemura
IMAGEM DA CAPA Abdias Nascimento/IPEAFRO, *Godorixá: Exu*, 1970.
ACOMPANHAMENTO GRÁFICO Marina Ambrasas

AMBASSADE DE FRANCE AU BRÉSIL
*Liberté
Égalité
Fraternité*

INSTITUT FRANÇAIS

FRANÇA BRASIL 2025

Cet ouvrage, publié dans le cadre du Programme d'Aide à la Publication 2024 Atlantique Noir de l'Ambassade de France au Brésil, et de la Saison France-Brésil 2025, bénéficie du soutien du Ministère de l'Europe et des Affaires Etrangères.

Este livro, publicado no âmbito do Programa de Apoio à Publicação 2024 Atlântico negro da Embaixada da França no Brasil, e da Temporada Brasil-França 2025, contou com o apoio do Ministério da Europa e das Relações Exteriores.

BAZAR DO TEMPO
Produções e Empreendimentos Culturais Ltda.

Rua General Dionísio, 53, Humaitá
22271-050 – Rio de Janeiro – RJ
contato@bazardotempo.com.br
www.bazardotempo.com.br

ESCREVER EM PAÍS DOMINADO

Patrick Chamoiseau

Tradução
Ciro Oiticica
Mariana Patrício Fernandes

BAZAR DO TEMPO

I
ANAGOGIA PELOS LIVROS ADORMECIDOS

II
ANÁBASE EM DIGÊNESES SEGUNDO GLISSANT

III
ANABIOSE SOBRE A PEDRA-MUNDO

Para Pierre Cohen-Tanugi
Verdadeiro companheiro nessa vertigem
E nesse pôr em abismo
P.C.

Jojo, esse velho guerreiro,
me sussurra como única pergunta que importa:
Teria o mundo uma intenção?

Os dias se vestiram com os ferros do sol, e o mesmo vento que nos tinha domesticado com os oxigênios de suas passagens se intoxicou com o hálito do zinco. Ó drivadora, nada a fazer ou pensar, apenas a imóvel sobrevivência pode ficar alheia ao fio das navalhas e ter esperanças, às vezes, quando a sombra primeira desabrocha no armistício de uma lua. O próprio reino se vê esmagado apesar de seus faustos e seus espaços; faltam-lhe as franjas de nuvens, a bruma, os ventos fermentados, o açúcar que entorpece, a muralha de canaviais comovida de sombras verdes, e a espessura que dá ao mundo a água vibrante dispersa. Assolar. Arrastar silêncios. Apagar sorrisos no branco das rendas. Os dias, vestidos com os ferros solares, se esforçam para superar a estação elevando-se até as fatalidades. Mas: permanece o dom.

I

ANAGOGIA PELOS LIVROS ADORMECIDOS

Onde a criança que lia vai precisar reler tudo...

Como escrever, se o teu imaginário se embebe, da manhã até os sonhos, de imagens, pensamentos, valores que não são os teus? Como escrever quando o que você é cresce fora dos impulsos que determinam tua vida?

Como escrever, dominado?

O que as literaturas previram para você? O que elas sedimentaram no fio do tempo para você, que sufoca sob a modernidade colonial? Ah, você não enfrenta etnias eleitas, nenhum muro, nenhum exército que amaldiçoa tuas calçadas, nenhum ódio purificador... Você não é um desses que podem traçar um mapa de gulags, ou proferir discursos sobre os genocídios, os massacres, os ditadores ferozes. Você não pode descrever as errâncias de poder em palácios assombrados, nem manter memória dos horrores de uma solução final. Em volta de tua pluma, nenhum fantasma de censura ou arame farpado. Tudo isso – dominação brutal – já é de outra era, mesmo que pelo mundo todo você perceba os sobressaltos terríveis, os futuros anacrônicos que milhares de escritores, ó irmãos, ainda enfrentam.

No fundo dessa angústia, você chega a murmurar, amargo: *Felizes aqueles que escrevem sob a dominação da era passada: seus poemas podem se tornar balas e confortar a esperança com tantos impactos.* Porque a era presente – a tua, quando nenhuma bala é útil – está por vir para todos: ela é a do canto dominador que te deforma a mente até fazer de ti mesmo teu carcereiro oficial; até fazer de tua imaginação a tua própria madrasta; da tua cabeça o teu próprio *traficante negreiro*; de teu imaginário a própria fonte de um mimetismo estéril: tua era é essa de uma dominação que se tornou silenciosa.

Assim, pobre escriba, Marcador de palavras nesse país estilhaçado, você enfrenta apenas uma submissão a assistências e subvenções. Você desmorona sob o derramamento massivo, cotidiano, de um modo de ser idealizado que desmantela o teu. Teus mártires são indiscerníveis, os atentados que você sofre não comovem nem mesmo os melros endêmicos, teus heróis não alcançam o pedestal das estátuas, e a resistência bem pouco espetacular deles é quase inteiramente opaca para você. Teu país, este povo, você mesmo, seus escritores e seus poetas, nas opulências celebradas, sem uma lágrima ou ranger de dentes, vão em fina usura, em fina usura.

O único grito está em você.

Um grito fixo que te cinde a cada dia: ele se opõe a esses rádios, a essas televisões, a essas armadilhas publicitárias, a essas pretensas informações, a esse monólogo de imagens ocidentais fascinantes; ele recusa essa alienação ativa do *Desenvolvimento* na qual os teus nem percebem mais que o gênio íntimo deles se dissolveu. Um grito obstinado de cada dia. Um silencioso clarim.

Resistindo à espreita no país-Martinica, à tua frente se oferecem somente os prédios que espelham o céu, os vidros altos e escuros das opulências, a catedral aeroportuária, os hangares onde se descarregam os contêineres, o brilho intenso dos grandes centros, as transumâncias automobilísticas, as febres do comprar e do vender, os estacionamentos e as carroças onde se amarram fervores, a verticalidade solitária das altas antenas balizando o cemitério abandonado de nossas mentes.

À tua frente, pobre escriba combatente, a seriedade inflada das pequenas políticas e as longas tubulações que perfundem os campos – que nos perfundem a todos. À tua frente, as costas curvadas diante dos transatlânticos, dos agentes de viagem, dos montes de hotéis que civilizam as praias e do turismo-rei que santifica os pontos de visitação.

E em você – quero dizer em tudo-em-toda-parte, você que não assume nada, tamanha a comum e silenciadora dor –, em cada canto de favela, em cada bancada de assembleia, a inércia no mofo, a purulência das seitas, o cortejo das misérias desconhecidas, o espesso manguezal das drogas, o autoengano sob os balcões de subsídios e os poderes de galinheiro, a mediocridade erigida em nobreza para mídia, o abençoado comércio da ausência e da muda histeria dos emparedados vivos. O mal-estar que nenhum texto testemunha. Esse grito que nenhum poema explora. Essa literatura vácuo de si mesma.

Mas, no coração desse golpe indolor, aí estão as lancinâncias da dominação brutal. Eis por que a escrita dos escritores que a enfrentam (ou que a enfrentaram) em outros lugares, em outros tempos, é tão preciosa para você. Você pode nela encontrar o Dominador sob sua forma violenta, mas também adivinhar, na descrição de seus abusos, o rosnar do vencedor furtivo que ele vai se tornar e que não será mais alcançado por nenhum radar. Ele já está aí, latente em qualquer era, como essas espécies-mutantes que conviviam, na evolução, com sua fonte original em progressiva extinção. Na dominação, as eras se emaranham, arcaísmos sutis, primarismos furtivos, sangramentos desgastantes, com avanços, com recuos, e, a cada estágio, com a mobilização virtual das demais. Esteja atento, ó Marcador – eu dizia a mim mesmo –, ao emaranhado das eras, mas guarde isto em mente: o campo de batalha só está verdadeiramente aberto na era presente. Malditos os que escrevem contra a dominação da era passada: essas balas têm um passado grandioso, mas pouco amanhã.

Desde minha terra e minhas dores, eu via esses povos que se opunham à força silenciosa com gestos obscuros. Esses fanatismos, esses integrismos, esses delírios religiosos, esses frenesis étnicos pareciam respostas ancestrais a um Dominador que não enxergamos mais. Reflexos voltados contra si-mesmos, recursos reconfortantes de molde tradicional que recrutam toda literatura e conferem a ilusão de resistir. Ora, aí não se resiste: nos assentamos sobre uma rotina do eu enquanto a dominação silenciosa se reveste de modernidade progressista, de abertura democrática e de virtudes econômicas imparáveis. Diante desse fenômeno, encontrava-me desamparado.

Eu suspeitava que toda dominação (a silenciosa, mais ainda) germina e se desenvolve no interior mesmo daquilo que somos. Que, insidiosa, ela neutraliza as expressões mais íntimas dos povos dominados. Que toda resistência devia situar-se definitivamente aí, à sua frente, e desertar as ilusões dos velhos modos de batalha. Eu precisava então interrogar minha escrita, tanger suas dinâmicas, suspeitar das condições de sua irrupção e revelar a influência que exerce nela a dominação-que-não-mais-se-vê. Mas como?

O velho guerreiro me sussurra: ... (*sua voz tremula, e impõe-se como um vento de jambos*)... eu nasci no arquipélago das Antilhas, em uma ilha tomada por colonos franceses em 1642; eles eliminaram os caraíbas, então trouxeram milhares de africanos como escravizados para as plantações, e baldearam mil outros povos conforme suas necessidades. Essa colônia foi declarada, em 1946, departamento francês. Ela não acompanhou o movimento de descolonização dos anos 1960, mas sua relação com a metrópole passou por mutações sutis... (*ele ri*)... Você me entende, você que sonha as perguntas?... (*ele ri ainda*)... Inútil me procurar com os olhos, escute-me simplesmente... – *Inventário de uma melancolia*.

Essas perguntas perseguiam minha escrita. Elas perturbavam o romance em curso, inquietavam meus projetos, paralisavam meus sonhos. Elas suscitaram um estranho personagem, um tipo de velho guerreiro, vindo de todas as idades, de todas as guerras, de todas as resistências, de todos os sonhos que os povos dominados puderam nutrir. Ele parecia carregar as chagas deste mundo e minhas feridas mais íntimas. Cicatrizes e olhos turvos. O querer firme, a vontade intacta. Vivente indomável que eu nunca pude descrever em uma página. Eu ouvia-o, rico de uma vasta experiência, me contar essas guerras passadas e as linhas de forças das batalhas que se anunciam. Sua voz, murmúrio trincado em meu ouvido, nutria-se do zumbido dos beija-flores que atravessam a varanda onde por vezes escrevo. Nunca claro, hostil às certezas, mas duradouro nas crenças com as quais brinca. Eu adquiri o hábito de anotar suas palavras com a ideia de fazer disso uma obra impossível que eu chamaria *Inventário de uma melancolia*... Esse velho guerreiro não teria nenhuma tristeza, nem a sombra de um arrependimento, apenas a cor de uma falta: a de não dispor de uma vida suficiente, um tempo suficiente, para compreender esse mundo e a si mesmo. Melancólico, esse meu velho guerreiro, por precisar buscar uma simples e boa pergunta para vestir o caminho de sua vida. *Tua liberdade é só aparente*, dizia-me com frequência. *Tente, indo mais longe de ti-mesmo, revelar o que agita tua voz. Você nada saberá do mistério do Escrever, mas terá pensado no que em você o mobiliza. E tua arte, que deve resistir a toda dominação, encontrará uma liberdade real nesse pensamento marrom.*[1]

Você disse isso?

> O velho guerreiro me sussurra: ... eu me lembro, eu disse isso a você. Mas já que você está pronto para esse pensamento marrom, eu te falarei das três dominações: a Brutal, a Silenciosa, a Furtiva... (*ele ri*)... Meu caro sonhador, eu falarei delas para você, sem parar, como o mais maçante dos repetidores!... – *Inventário de uma melancolia*.

Me acompanhe, aí mesmo, em escrita na varanda da minha casa, com estas páginas que se carregam lentamente. O dia mal se nomeia. Uma chuva me chama. O mundo está imóvel porque os alísios se perderam. De tempos em tempos, eles surgem e me animam com um arrepio de folhas, pois acontece de me tomarem por uma árvore.

Por onde começar essa viagem dentro de mim-mesmo?

Onde estou de verdade? Em que lado de mim?

---

1 "Marrom" e "marronagem" são termos utilizados para designar a resistência de homens e mulheres escravizados nas Antilhas que escapavam dos engenhos. Organizavam-se em comunidades livres em lugares de difícil acesso, semelhante aos processos de aquilombamento no Brasil, ou permaneciam em deslocamento. (N. T.)

Volta – me diz a chuva, ou sem dúvidas você, meu velho guerreiro – ao miquelão[2] de ti mesmo, então começa a errar em ti, amotina as frases, deixa que formem suas fileiras de emoções, e, como murmurou Savitzkaya: para estar certo de dizer tudo, começa por não falar nada.

> De Ogotemmêli: Sonhador, sonhador, sonhador ainda, sempre sonhador, sonhador terrível. – *Sentimentoteca.*

Arrepio. Sentimento. Ogotemmêli, esse velho sábio dogon, terrível caçador cego, atravessa meu espírito. Como sempre, quando me lanço na abordagem de mim mesmo, os livros-amados, os autores--amados me acenam. Eles estão aqui. Eles me habitam em desordem. Eles me cobrem com um emaranhado. Tantas leituras desde a infância deixaram-me mais do que lembranças: sentimentos. Mais que uma biblioteca: *uma sentimentoteca.* Arrepio. Sentimento...

> De Breytenbach: O Escrever-ato, o ato-palavra, aclamação de energia oferecida ao combatente solitário sempre. – *Sentimentoteca.*

> Dos ameríndios: O canto perdido das pedras perdidas... – *Sentimentoteca.*

É você, Breyten?... Ó ameríndios, embora sem escrita, são vocês?... Eu sinto vocês, amigos, a cada vez que me inclino sobre

---

2 No original, "*miquelon*". Expressão popular usada por pescadores antilhanos para designar um lugar muito distante, o alto-mar, o além-mar, ou um lugar do qual não se enxerga nenhuma terra no horizonte. (N. T.)

estas folhas. Vocês estão aqui, presenças sensíveis em mim. Autores-amados, laureados de signos e rumores, elevados por minhas celebrações. Nada de erudito, nenhuma citação: apenas cores impregnadas em minha alma. Limos-palavras. Lantejoulas-verbos cintilantes. Rastros-fluidos persistentes. Algo de arbitrário, de uma deliciosa injustiça. Leituras terríveis. Encontros imaginados. Prazeres trazidos por suas palavras e por minhas notas sonâmbulas. Esses autores tornam-se as paisagens desta estrada que percorro agora. São seus odores. São seus perfumes. Ó dominados-irmãos e tão livres também, eu vos conclamo, no brilho de seus sucessos e no exemplo de seus fracassos. Venham, venham à minha volta, a travessia é difícil, e se inicia no sono dos livros...

> Do negro marrom: O sussurro da água nos riachos, e o vento que se cala nas alturas – *Sentimentoteca.*
>
> De Guillevic: Estrangeiro em toda língua, nas clarezas do incomunicável... – *Sentimentoteca.*
>
> Do porão do navio negreiro: Esse grito, oh!... Visitante familiar. – *Sentimentoteca.*
>
> De Hermann Broch: O hino romanesco entregue às perturbações dos mundos que desmoronam, o outro conhecimento. – *Sentimentoteca.*

OS LIVROS ADORMECIDOS – Quando tento me lembrar de meu primeiro gesto de escrita, não me lembro de nada. Ou melhor: me lembro de meu primeiro toque nos livros. As duas ações fundem-se com o tempo. Estou à beira de uma venerável caixa de batatas que Man Ninotte, minha *manman*, havia destinado à conservação dos livros. Ela fechava-se com um sistema de fios de ferro. E, nesse tempo, um fecho conferia importância a todo e qualquer objeto. A caixa era de madeira branca, muito fina, macia, unida por grampos. Os livros empilhavam-se dentro, empoeirados, inexplicáveis. Eles provinham (eu o saberia mais tarde) do périplo escolar de meus irmãos e irmãs que me haviam precedido neste terrível caminho: distribuições de prêmios ou exigências de qualidade decretadas pelos mestres. Ninguém jamais me havia incitado a ler coisa alguma, mas a caixa ruminava na penumbra de um armário; a caixa estava fechada; a caixa suscitara uma atenção particular de Man Ninotte: isso bastava para que eu desamarrasse os fios de ferro, que eu afastasse sua tampa, e que eu retirasse, um a um, esses livros adormecidos.

> O velho guerreiro me sussurra: ... os Estados ocidentais transformaram o *país* deles em *Território*, o que significa que desdobraram, sobre a diversidade original de seu espaço, as centralizações da *Unicidade*. Esmagaram línguas em proveito de uma língua. Sufocaram culturas em proveito de uma cultura. Enterraram histórias sob a ficção de uma História, os deuses sob um Deus etc... (*um tempo, então sua voz reinstala-se, café torrado*)... O Território tornou-se a boca armada da Unicidade. E essa boca abriu-se sobre o mundo pelo viés das Descobertas, depois pelas expansões coloniais... (*ele ri*)... Esses aí, meu pequeno, não estavam adormecidos... – *Inventário de uma melancolia.*

Eu sei o que é um livro adormecido. Conheço seu cheiro, a cor apagada, o aspecto compacto de seu miolo, a película de poeira embaçada que lhe confere ares de uma idade sem idade. Sentimo-nos contadores de uma glória longínqua. Caído em um tipo de esquecimento, no âmago de um orgulho mineral, ele aguarda com convicção o retorno de seu tempo. Um livro: jamais-não desmotivado, jamais-não despedaçado, mas em vigília como uma mola, e liberando a armadilha de sua presença quando rompemos sua casca machucada, quando surpreendemos a polpa vibrante das páginas, e quando se desvelam os títulos, as marcações de capítulos, os números das páginas, o alinhamento das letras enigmáticas.

> De García Márquez: Anima teu alfabeto, com odores e perfumes... - *Sentimentoteca*.

> De Lamartine: A alma, como riqueza plena, errante-maior e bela-sabedora... O mundo atado na trama de uma medida melancólica... solidão bela. - *Sentimentoteca*.

> De V. S. Naipaul: Contra a Bela Causa, não estar a serviço de nada, mas atento às silenciosas alienações que uma lucidez terrível não consegue perceber; saber olhar, escutar, fazer falar; e de um desamparo advindo em fim de vida fazer escrita sincera. - *Sentimentoteca*.

Os livros adormecidos recobraram vida entre minhas mãos, não pelo deciframento que poderia ter feito - não sabia ler -, mas pelo fato de sua simples existência invocada por meu espírito. Eu não compreendia o que eram. Eu abordava-os em totalidade: capa, caracteres tipográficos, imagens, espessura, idade, fragilidade, acabamento, manchas... eles impunham um desafio a minha perplexidade. Eu me ligava a eles por um gesto global da mão, dos olhos, da pele, da cabeça, da imaginação, do medo, do questionamento. O tempo me devolve a esse gesto quando solicito o ponto de partida de minha escrita.

Ele está aqui.

Neste relato equívoco de livros adormecidos manipulados há tempos. Eu os empilhava de outra forma no espaço da caixa; eu os esquecia; eu voltava para vê-los após minhas errâncias infantis; eu os retomava com familiaridade cada vez mais estreita. Na medida da progressão de meus conhecimentos (indo à escola, eu havia sem dúvida diminuído o mistério de uma ou duas letras), alargaram-se sobre o mundo, espalhando suas significações, difundindo suas respostas silenciosas como a umidade toma a folha seca. Minhas primeiras letras, escritas sem pretensão, senão a de imitar tal autor ou a de prosseguir tal história, entrariam em uma relação idêntica com o mundo: toda primeira escrita é uma escrita adormecida.

> O velho guerreiro me sussurra: ... os Estados colonialistas projetaram-se a partir de seus "Territórios", ou seja (no sentido entendido por Glissant), desse espaço geográfico, possuído de maneira quase divina por mitos fundadores e filiação bíblica, e a partir do qual se está autorizado a estender sua "Verdade" aos povos bárbaros. Verdade de sua raça. Verdade de sua língua. Verdade de sua cultura. Verdade de sua religião. Verdade de sua bandeira... Verdade-Una e Universal que nos impuseram com genocídios, violências e autossantificações para explorar o mundo... (*um tempo, sua voz ergue rocha quente*)... Foi a dominação brutal.
> – *Inventário de uma melancolia*.

Quando o livro adormecido é um grande livro, seu sono tem o encanto de uma promessa. O grande livro adormecido atrai, nós o pegamos e guardamos sem saber muito por quê. É uma presença no mundo guardando uma resposta. Essa resposta espera para abrir-se à curiosidade de uma leitura ou do que precede toda leitura. O livro adormecido não vai modificar o mundo, mas seu leitor: sua abertura para o mundo, por intromissão do leitor, fará a alquimia sempre recomeçada, multiforme de sua resposta. Ele terá tantas respostas quanto leitores, sem jamais faltar consigo. O que é um grande livro adormecido, eu o sei. Conheço o prazer de um grande livro que desperta.

> O velho guerreiro me sussurra: ... eu, nos grandes livros que conheço, folheio tudo sobre a dominação brutal. Albert Memmi. Frantz Fanon. Aimé Césaire. Octave Mannoni... (*ele suspira, mandioca amarga*)... Mas, antes mesmo de tê-los lido, eu conhecia os genocídios, os ajoelhamentos, as alienações, o racismo ontológico, as negações do humano que infectam a uma só vez a vítima e o vencedor... (*um tempo, sua voz embarga-se*)... Senti cada uma dessas batalhas, conservo suas feridas em minha carne, esse soluço em minha cabeça... – *Inventário de uma melancolia*.

O grande livro pode adormecer, e frequentemente ele adormece, pois escapa às épocas, às urgências alienantes de uma situação, às cegueiras de uma dor particular. Ele não é de nenhuma idade e de nenhuma história, do tempo de sua concepção, do país de sua aparição, encontramos apenas algumas escamas que enraízam o vigor de seu ser. No entanto, flexível, aberto, rico de uma ambiguidade transversal, acontece-lhe de ressoar nas urgências, nas feridas, nas idades, nas histórias. Mas mesmo que ajude a sobreviver no coração dessas tormentas, confundir uma ressonância particular com a sinfonia geral de um verdadeiro despertar é lê-lo mal. Suas camadas de sombra são numerosas, e cada uma, em suas ambiguidades, porta o germe de mil despertares possíveis.

> De Kipling: Mil prazeres em torno de um velho canto colonial. - *Sentimentoteca.*

> De Apollinaire: O abandono na seiva das palavras raras, nas esculturas do espaço, nas rupturas fantasiosas, nas aposições rígidas que oxigenam o brilho, a errância que se adivinha e retira toda pontuação da face imensurável do ritmo... - *Sentimentoteca.*

(Os grandes livros, realizados pelos tempos vindouros, não serão de nenhuma nação. Eles entrarão em breve em seu resplandecer maior: seu despertar em amplidão aberta. Essas antologias literárias baseadas na pátria, no território, na raça, na língua... serão então impraticáveis: seu ar confinado nada iluminará do emaranhado dinâmico dos ventos sirocos.)

> De Octavio Paz: Mudar o espanhol - a língua que olha torna-se de repente (sob olhar outro) espelho de um mundo, dos mundos... - *Sentimentoteca.*

> De Victor Hugo: Trovão de retórica e sonoridades... Prazeres de altos berros... Os riscos mais terríveis por uma simples estrela, a surpresa de um vaga-lume no desmoronamento de uma falésia... joga esse perigo. - *Sentimentoteca.*

Meu universo era um universo de livros adormecidos. Ninotte, minha *manman*, quase não lia; e o Pai, ainda que recitasse de memória Jean de La Fontaine, só se interessava pelo almanaque Vermot. Meus irmãos e irmãs aproximavam-se dos livros apenas em função de seus trabalhos escolares, e esses livros eram mais ferramentas de tortura do que fontes de prazer. Mudar de turma era guardar algumas obras no calabouço da caixa de batatas; os livros propriamente escolares eram vendidos ou trocados por aqueles do programa do novo ano. Man Ninotte respeitava os livros sobreviventes, nunca os jogava fora, e os empilhava nessa famosa caixa. Quando ela ficava abarrotada, os livros apareciam nas estantes, passando assim a fazer parte de nossa vida, mas de maneira insólita, nem sequer decorativa, e sempre poeirenta.

> De Soljenítsyn: Contra a Imensa Verdade, conserva a memória do crime. No abismo, nomeia o sobressalto interior, o homem inesperado – frágil luz por detrás de tantas sombras. Mas desconfie da ilusão de uma História maiúscula, e de suas ebriedades estagnantes. – *Sentimentoteca.*

Minha aproximação dos livros foi solitária, nada leram para mim, não me iniciaram. Tinham-me assustado com contos, ninado com cantigas infantis, consolado com cantos secretos, mas, naquele tempo, os livros não diziam respeito às crianças. Então, estive a sós com esses livros adormecidos, inúteis, mas objeto das atenções de Man Ninotte. Foi o que me alertou: Man Ninotte atribuía-lhes interesse, mesmo quando não tinham nenhuma utilidade. Eu a via usar os fios de ferro, os pregos, as caixas, as garrafas ou as bombas conservadas, no entanto nunca a vi usar esses livros que ela mimava. Era o que eu tentava compreender manuseando-os sem fim. Eu me maravilhava com sua complexidade plena cujas razões profundas me escapavam. Eu os carregava de virtudes latentes. Suspeitava de sua potência. Sozinho, no silêncio da casa, aos pés de Man Ninotte, que costurava, eu me ambientava com os livros em um universo onde reinava a palavra prestes a se extinguir.

> De Breton: A extrema vigilância contra as forças obscuras - soldado ali onde elas oprimem, poeta suntuoso ali onde elas mudam a vida... e canta Liberdade, exaltação última, vasto alfabeto do fervor. Cultiva o flamejar, mas evade todos os sistemas. - *Sentimentoteca.*

> De Pavese: A carne, no impossível de violências e solidões, toda vida renegada. - *Sentimentoteca.*

> De Pagnol: As voltas da palavra, força do riso no entrechoque das amizades... ó irmão. - *Sentimentoteca.*

Gosto de reencontrar livros da adolescência, envoltos em poeira. Descerrá-los com um gesto culpado misturado ao prazer, e relê-los enquanto impregnam minhas narinas com eflúvios de casca sombria. Eles não despertam muito, pois sua leitura não é mais deflagração: é cortejo de lembranças turvas, que me atravessam o espírito com força e lentamente, e se reinstalam, imortais, sobre antigas marcas.

O velho guerreiro me sussurra: ... minhas lembranças não são turvas... (*ele ri, água turva*)... Naquele tempo, eu lembro, o que eles infligiram aos povos dominados chamava-se "O Progresso". Tenho lembrança dos agni da Costa do Marfim jogando água quente nas plantações de cacau impostas. Tenho lembrança desses povos do Peru desenterrando seus mortos dos cemitérios oficiais para queimá-los segundo seus ritos... (*ele ri*)... Tenho lembrança de todos aqueles que opuseram ao "Progresso" sãs inaptidões... (*um tempo, sua voz apaga-se, murmúrio de palavras inaudíveis, e surge, densa como mel de abelha*)... espera, me escuta mais. As grandes realizações do "Progresso" faziam antes avançar a exploração colonial e o enriquecimento dos colonos. As estradas e os portos serviam à evacuação das riquezas. A escola fornecia apenas braços especializados. Os hospitais, explorados com melhor saúde... Uma boa parte da resistência dos colonizados consistirá em reivindicar para si os *efeitos plenos* desse "Progresso". Assim, sob a dominação brutal, lutamos para nos ocidentalizar: foi como "humanizar-se"... (*ele ri, ácido de absinto*)... O que o colono recusava instalou-se nos espíritos fraturados (e mesmo nos espíritos rebeldes) como pequenos sóis... (*ele zomba*)... Você por acaso viu isso em um dos teus belos livros?... – *Inventário de uma melancolia.*

DUDUS – Esses livros iriam ressoar um a um. Em harmonia com meus fáceis maravilhamentos. É o início de uma longa torrente. Ler e reler, ler ainda. Ler-triste. Ler-alegre. Ler-sono. Ler-papar-moscas. Ler-sem-ler. Ler-reflexo. Ler-obrigado. Ler-pular-páginas. Ler-reler-ainda. Man Ninotte acordava no meio da noite para me flagrar no fundo de um livro. Ela me prenunciava esse cansaço irreparável de onde nasce o fracasso escolar; ela me prometia um desgaste dos olhos que ficariam azul-pálidos como o vômito de um gato; me alarmava falando do preço da eletricidade; apagava a luz com um gesto ameaçador. Mergulhar sob o cobertor que protegeria dos mosquitos, entrar em petrificação estratégica, então reiniciar a leitura sob o lume sepulcral de uma vela ou de uma lanterna de bolso.

> De Stevenson: O realismo extremo (não a verdade absoluta) no extremo romanesco. O encantamento, em fulgurância durável na aventura que oferece (sob secretas lanternas) o sentido maravilhoso do real... - *Sentimentoteca.*

> De Nabokov: Nas tormentas do interdito, tentar a amplidão, a audácia, a desordem senhorial. - *Sentimentoteca.*

Essa guerra com Man Ninotte dotou os livros de um interesse adicional. Ler assim era ainda mais forte do que ler escondido. Era ler-mágico em vez de ler em um escuro apenas pontuado por uma vela que enrubescia as páginas. A noite à minha volta vivia do ranger das tábuas de madeira do Norte, da ferrugem vívida do zinco, do ronco de sonos inflados, das grandes missas da rua tomada por zumbis. Eu não via mais as palavras, não lia mais, não virava as páginas, não tinha mais livro nas mãos: eu era digerido por uma história-baleia que tinha me engolido.

> De Villon: A poesia fugida do tumulto interior e não da medida hipnótica do trovador - a paisagem bruscamente apagada... - *Sentimentoteca.*

> De Yambo Ouologuem: Contra a miragem do *Avante*, o grande riso pagão, em ritmos, palavras e paródias. - *Sentimentoteca.*

Os livros se elevam fora do alcance do sono. Sacodem o espírito. Cada página reveste a seguinte de um encanto-leva-traz. Apesar da ardência dos olhos, a agonia da vela, era preciso ler ao menos uma última página, então ao menos esta, só aquela para terminar...

ó promessa das páginas que se introduzem, vaivém dos livros que se sucedem!... Essa sede de "saber o que vem depois", eu iria reencontrá-la ao longo de minhas primeiras historinhas escritas ou desenhadas. Um ardor me impulsionava não pelo prazer de escrever ou desenhar, mas pela sede de saber como minhas criaturas escapariam de suas difíceis passagens. O Escrever mobiliza a razão pela sede de conhecer o que vem depois, de saber aonde vai. Isso libera a outra parte da mente, que se torna então mestre dos acidentes criativos, ali onde se mobiliza o que a sensibilidade infantil, os medos, as afeições, as imitações puderam acumular. Entre o prazer de ler e o prazer de escrever, nenhuma ruptura tangível se revela.

> De Tocqueville: Compreender a fundo o que se teme... E: Contra a tirania que renasce de suas cinzas, *o espírito de liberdade* como desejo apaixonado ao sabor das calmarias e dos trovões eternos. – *Sentimentoteca*.

> Do *Mahabharata*: Memórias da palavra, ecos e esculturas de todas as complexidades. – *Sentimentoteca*.

As insatisfações aumentam no curso das leituras. Quer-se mais. Quer-se melhor. Não se está de acordo com tal desenlace. Certa sobriedade desidrata. Ao fim de uma leitura, o mundo trazido do livro persegue por si uma vida autônoma. Somos forçados a criar novas histórias a partir desse mundo. Único exorcismo a essa possessão: esgotá-la de tantas histórias. Era por isso, confesso, que me viam o olhar confuso, o gesto ausente, imóvel em um degrau da escada ou pendurado no telhado das cozinhas a ler muito sério os céus carregados.

> O velho guerreiro me sussurra: ... eu, eu via nosso céu escurecer. Os Territórios colonialistas tornaram-se centros a partir dos quais o mundo conectado era regido por todas as violências. Nós, vencidos, íamos vivendo na periferia dessas metrópoles, em volta das bombas sugadoras erguidas por esses colonos... (*um tempo, sua voz corre em água fervente*)... Impuseram então a nadificação produtiva dos colonizados; a atividade agrícola não alimentar, conformada apenas às necessidades deles, tornou-se para nós especialidade vital. As monoculturas de exportação, submetidas às cotações ocidentais, constituíram (e constituem ainda) a espinha dorsal da maior parte dos países colonizados: cacau por aqui, algodão, tabaco por acolá, café, amendoim, cana-de-açúcar... Mais tarde, suas necessidades industriais transformaram alguns desses países em simples solos de extração mineral... (*ele ri, carvão*)... Naquele tempo, meu caro sonhador, eu não tinha tempo para ler... (*zomba ainda*)... Ah, não estou te censurando, continua tua historinha... – *Inventário de uma melancolia.*

A insatisfação viria a suscitar minha primeira escrita. Imitar, continuar, completar, transformar, agregar sua vociferação ao clamor dos autores encontrados. Escrevendo, não se tem nem a ideia nem a pretensão de ser escritor (continuo sem tê-la); se quer apenas, de forma egoísta, reencontrar-reproduzir esse prazer imenso da leitura – um prazer imenso cuja realização transborda a melancolia que concede à multidão de crianças a suprema lambida no sorvete de coco.

> De Camus: A batalha incessante contra a Besta tecida no coração mesmo das revoltas-que-levam-à-felicidade e das ilusões por vezes perdidas do cotidiano – a Besta sempre recomeçando em uma alta Verdade. – *Sentimentoteca.*

De Frankétienne: A linguagem em toda língua, como uma matéria inaudita, esculpida de signos e loas. – *Sentimentoteca.*

De La Fontaine: Lapida e amplifica. – *Sentimentoteca.*

Qual terá sido a primeira escrita: algumas linhas? uma lasca de poema? um título? Folhas, cartas virgens, lápis pretos, lápis de cor, bics foram coniventes com minha mão. Se eu não escrevia, rabiscava; as palavras misturavam-se com os desenhos; as frases agarravam-se a traços; as narrativas morriam de repente aos pés de uma figura grotesca que arrastara minha imaginação. Desenhar ou escrever resultavam de uma mesma mecânica. O desenho me serve hoje para detalhar um mundo, confortar uma silhueta, acariciar uma atmosfera. Meus rabiscos, à margem do manuscrito, perseguem uma sensação mental, impressos por um sonho fugaz impossível de marcar. Os personagens criados apoiam-se em gravuras ou fotos (reencontradas sempre no momento certo) que me acompanham durante os mergulhos de escrita romanesca. Uma foto antiga,[3] uma ilustração são gêiseres de histórias, emoções,

---

3 As fotos antigas me emocionam mais do que as outras. O papel envelhecido, rugas de outro tempo, as vestes esquecidas, os lugares transformados ou desaparecidos projetam num golpe a explosão de sensações. As épocas antigas marcam o rosto dos homens. Os olhares são outros, veem outra coisa, esperam outra coisa, não são mais daqui. A própria foto que os capturou não integra de forma alguma sua existência. Olham para a objetiva como alguma coisa que não captura, não se imaginam na foto futura. Não têm ainda esse olhar que hoje temos e que anima as coisas. Nas fotos antigas, as pessoas surpreendidas têm o olhar inquieto que só se endereça aos seres. O Escrever enfrenta a incapacidade de expressar essas sensações e tenta capturá-las como um cardume de titiris quando a lua é propícia. Não conseguimos, não conseguimos nunca: traçamos uma trajetória de alternân-

sensações impossíveis de expressar. Na matéria, a escrita organiza-se aluvial.

> O velho guerreiro me sussurra: ... escrever... escrever... (*ele ri, sua voz distancia-se como uma chuva, então volta, tapioca*)... Quando olho o Ocidente, diferencio os "Países" dos "Estados". O Estado aciona as expansões dominadoras do Território. Mas, no País (espessura cultural e humana debaixo do Território), existem sempre *pessoas* ou *instâncias* que condenam essas atitudes. Eis por que, em minhas lutas contra o colonialismo, tive ao meu lado alguns *Justos* do Ocidente. Franceses, italianos, ingleses, alemães, espanhóis, belgas, portugueses..., que sentiram o respeito intuitivo da diversidade do mundo contra "seu" Estado e contra "seu" território. Evito os Estados, suas razões e pompas, mas acolho as amizades dos povos... (*ele cita nomes, inaudíveis*)... Ó irmãos do Ocidente, sei ouvir seu canto-País debaixo dos territórios... - *Inventário de uma melancolia*.

Man Ninotte me trazia tudo o que lhe parecia um livro. Comprava-os das mãos de um camelô[4] do mercado que se especializara em refugos de livrarias. Permitiram-lhe vendê-los a preços módi-

---

cia com a insatisfação irremediável que vem junto, e que nos incita pouco depois a recomeçar a aventura, e a renová-la ainda, de tentativa em tentativa, com a ilusão salutar de que vamos conseguir. (Ver um cardume de titiris na embocadura de um rio é cair em luzes vivas e feéricas submetidas a um balé zonzo. Pescadas pelas redes, presas no fundo de um balde, as luzes esmaecem em alevinos de um cinza molhado onde, com dificuldade, se anima a estilha de um reflexo. Pobre pesca, que me lembra as ilusões impotentes do Escrever.) (N. A.)

4 No original, "*djobeur*". Análogo ao trabalhador informal, ambulante ou faz-tudo, desde o período escravagista, aqui traduzido por "camelô", "biscateiro" ou "escravo de ganho" de acordo com o contexto. (N. T.)

cos com a condição de arrancar-lhes a capa. Ele separava-os em pequenos lotes por gênero e vendia-os por cinco ou dez centavos conforme as leis do peso ou do amarelado das páginas. Assim, toda quinta-feira, Man Ninotte trazia-me maços heteróclitos costurados pelo camelô. Abismava-me em cada maço com o mesmo apetite guloso. Nesse tempo, cada leitura era boa, todas as leituras se equivaliam. Abordava-as sob o ângulo do prazer. Única oração: deixar-me levar no desfolhar do sonho. E, com o espírito pronto para partir, deixava-me ir facilmente.

> De Sonny Rupaire: O canto-soldado que busca seu sonho... – *Sentimentoteca.*

> De Monchoachi: Contra a existência incerta, a onda crioula, que nomeia, soletra, invoca, ordena, acorda, desperta... – *Sentimenteca.*

(A frase arrastava-me para o sonho quando impunha à minha imaginação chacoalhos vertiginosos. Eu resistia aos autores que tentavam me pegar com a história que contavam ou com os exotismos de seus floreios: era quase tão artificial (e frágil) quanto tentar domar um transe. O sonho potente estalava em mim, sem que o percebesse, esse verbo armazenado-insólito cujo eco não se apagava, e que encontrava nas sílabas próximas cofres trêmulos que o chamavam sem fim. Havia também aquele verbo que coloria. Aquele que cheirava. O que arrepiava. Essa fricção sóbria que sugeria sentimento... Escrever-ler tornou-se para mim uma transumância de sensações totais que submete o espírito solicitante às estimas caóticas do gelo, do fogo, da terra, do vento, da sombra, das luzes... Essa migalha de gelo no coração do fogo. Essa terra apanhada em pleno vento...

fantasia da qual se conservam apenas pequenas bombas de sonho disseminadas na lúcida incerteza das frases. Os músicos já sabem.)

> O velho guerreiro me sussurra: ... eu percebi muito rápido que os Centros se opunham uns aos outros na pilhagem da Terra, mas se reuniam de maneira invisível em um projeto comum. Isso relativizava toda localização geográfica a fim de fazer do Ocidente um querer. *Um desígnio* (*ele suspira, mandioca ácida*)... Podíamos então estar inscritos nele pela simples forma de sua projeção para o mundo. Então, qualquer que fosse o Centro que te neutralizasse sob sua presa exclusiva e brutal, você se encontrava de antemão, sem o saber, sob domínio de uma entidade maior... (*ele suspira ainda*)... O que você acha disso?... – *Inventário de uma melancolia.*

Man Ninotte (como o vendedor ambulante de antes) não estabelecia nenhuma hierarquia entre o que lhe pareciam ser livros. Romances policiais ou antologias poéticas, fotonovelas italianas ou ensaios-sem-imagens, quadrinhos ou clássicos literários... tudo lhe era igual-pelo-mesmo-preço-aqui. Seu princípio era ativar os centros de interesse: quem gostava de ler recebia o que se lia, quem gostava de música ganhava algo para tirar-lhe um som, quem gostava de brincar tinha do que fazer-bagunça. Ela andava inquieta, ainda assim, ao ver que seu caçula, apagado em seus lençóis, inanimado em suas leituras, não aproveitava o sol como deveria. Às vezes, de volta do mercado, ocupada em triar as bacias de peixe fresco, gritava de repente na minha direção: *Mé ay fe ti bren van pasé en lè'w!...* Vê se sai um pouco pro vento te fazer um pouco de carinho!... mas sem muita insistência ela passava a outra coisa. Ler, para essa guerreira de cada instante, era confusamente útil à sobrevivência.

De Clément Richer: O belo sonho do tubarão e de seu mestre, a criança... – *Sentimentoteca.*

De Peter Handke: A solidão errante, confrontada à linguagem nos desvios fugazes do cotidiano – como um olhar. – *Sentimentoteca.*

Quando os livros se esgotavam, eu afundava em uma falta. Havia descoberto uma livreira do lado da escola Perrinon, uma senhora muito preta, vestida de preto, sem sorriso, com maçãs do rosto ameríndias. Ela havia-se especializado em romances policiais de segunda mão, e em algumas narrativas de guerra, espionagem, amor ou ficção científica. Com três moedas, dava para conseguir um bocado de livros, e, depois de lê-los, trocá-los por um novo bocado. Encontrava a livreira lendo à meia-luz, as mãos grudadas em uma das célebres capas pretas. Perdida em um silêncio amargo, ela não era nem amável, nem atenciosa. Não sugeria nada. Eu tinha que me virar com as contracapas, o perfume das primeiras frases. É sem dúvida assim que se aprende a sentir uma obra, a perceber de um relance a realização imaterial de duas centenas de páginas. As paredes estavam cobertas de obras promissoras em constante renovação. Essa fonte inesgotável enchia-me de alegria. Eu lia rápido para voltar rápido, um pouco como um saqueador de pirâmides que entra e sai e, a cada saída, é enriquecido pelos sarcófagos. Tornei-me um especialista em romances policiais, um ás em casos de espionagem, um explorador de ficção científica. Minhas leituras se desenvolviam em módulos densos. Um bom romance policial acionava um consumo voraz do mesmo gênero até o impulso se esgotar com uma história que desviava minha atenção. O mesmo para o teatro, a poesia, todas as variações do romance.

Eu tinha minhas fases, que ainda conservo. Mas, na medida das perturbações da adolescência, a poesia iria prevalecer.

> De Edward Kamau Brathwaite: A dor primordial que une; mas o lento esgotamento da raiz no caos do Lugar novo... – *Sentimentoteca*.

> De René de Ceccatty: Os reflexos de alma, captados, percebidos, oferecidos... – *Sentimentoteca*.

(O mistério da livreira permaneceu intacto. Nada veio iluminar seus silêncios, seus vestidos pretos, seus olhos enevoados de leituras. Ela parecia ter apostado a própria existência nos romances policiais e conversava com Lemmy Caution, Poirot, Carella, Sherlock Holmes, Ed-Cercueil e Fossoyeur, um velho pacto de promessas que ela passava seu tempo renovando, e que renova ainda. O fio que a ligava a esses livros continuava ativo. Os que a ligavam à vida pareciam desfiados, ou então desviaram-se, mas isso não infligia de forma alguma ao seu rosto severo, ao fechamento de seus silêncios e ao luto-fóssil de suas roupas as marcas do desespero. Apenas, melancólica, a aura de uma esperança sem igual à qual só as forças da leitura podiam (sobriamente) atender.)

> O velho guerreiro me sussurra: ... não sei nem mesmo se minha vida, naquele tempo, estava ligada a alguma coisa... (*ele suspira, vinho madeira amarelado em plena quaresma*)...[5] Os que nos ven-

---

5 No original, "*carême*", que designa o período das secas nas Antilhas, que vai de dezembro a maio. A palavra também é usada no francês para o período religioso de quarenta dias que antecede a Páscoa. (N. T.)

> ceram eram a luz. Nós, colonizados, coisificados, ressecados em uma sombra, víamos sua expansão em sua luz legal... E essa luz era vangloriada em seus jornais, seus cartões-postais, suas ilustrações, seus anúncios publicitários... difundidos por todo o mundo. Eles a esparramavam em seus livros escolares e gabavam-se dela em suas "Exposições coloniais"... Exagero?... (*ele ri*)... De todo modo, naquela época, eu devia parecer-me bastante com sua velha livreira... – *Inventário de uma melancolia.*

Eu tinha lido muito, imitado muito, escrito e desenhado muito pequenas histórias que não se passavam nas Antilhas, mas nos lugares das minhas leituras: Paris, Nova York, Chicago, Montreal, a selva africana, uma ilha deserta, florestas cobertas de neve, estepes... Meus personagens tampouco se pareciam comigo, tinham cabelos ao vento e os olhos azuis de meus heróis. Havia aprendido o riso com Pagnol. A poesia sonora com Victor Hugo ou Leconte de Lisle. As pequenas pessoas com Zola. A maravilha com Lewis Carroll. O impulso vibrante com Stevenson. A alegria de viver (na verdade, a de escrever) com Rabelais. A melancolia nobre com Lamartine. As línguas bucólicas com Giono e Alphonse Daudet. O amor com Stendhal. O sacolejar da língua com Simonin ou San-Antonio. O desenho com Gotlib, Hergé, Uderzo... Tinha encontrado tudo: a morte, a mulher, o ódio, a traição, os arrependimentos, a coragem, a superação, os castigos, o mergulho nas trevas íntimas, a visita ao inexprimível, o gosto pela vida, o sofrimento do ser... E essas forças se impuseram a mim com a autoridade imperiosa de seu mundo, que apagava o meu. Elas tinham-me multiplicado de vidas, mas fora de mim mesmo. Elas tinham-me aniquilado, amplificando-me. E foi com esses mundos alógenos que meus escritos funcionavam em uma deportação total. Eu expressava o que eu não era. Percebia o mundo apenas a partir de uma construção ocidental, desabitada, e ela parecia-me a única válida. Esses livros em mim não me tinham despertado; eles tinham me esmagado.

> De Camões: A saudade, entre terra e mar, raiz-errância, entre o Lugar e o mundo, a perturbação e a visão. - *Sentimentoteca.*

> De Jacques Rabemananjara: No túmulo da célula, invoca o país, seus ventos violentos, seus sopros de mulher, suas presenças, e preenche a infelicidade com um *Antsa* de libertação. - *Sentimentoteca.*

Esse esmagamento tornou-se inevitável pelo fascínio que as terras do Centro exerciam sobre nós. Era o lugar da cultura, do espírito, do progresso, do verdadeiro, do bem, do justo, do belo. Era muito mais que uma metrópole colonial, era uma "Pátria-Mãe" de cujo seio a geografia ignominiosa nos arrancava. Nessa ilha das Antilhas que havia conhecido o tráfico dos negros, a escravidão das plantações de cana-de-açúcar, as mais brutais dominações coloniais, nos sentíamos fora do mundo, e não apenas fora do mundo, quase fora da Humanidade. Por um esforço celeste, era preciso, custasse o que custasse, abolir a distância, operando uma fusão mental com nossa Mãe longínqua. Essa alquimia era orquestrada pelos professores da escola, que nos erigiam esses livros em tabernáculos onde se podia haurir o que a Humanidade tem de mais essencial. Jogavam ao inferno a língua e a cultura crioulas do país com a facilidade de quem não via nelas nem língua, nem cultura. Os rituais idólatras em torno da língua e da cultura do Centro eram para eles os melhores vetores, e certamente os únicos, para a Civilização, o Saber e a anistia das condenações geográficas. Marcadas pelo carimbo maior das Tábuas da Lei, as ressonâncias das obras literárias transmutavam-se em línguas de fogo que nos esculpiam o espírito. Nenhum escambo: apenas a marca imperante. Todas as ligações que podíamos ter com o exterior (e o exterior era apenas o Centro) dispunham sobre nós do mesmo poder.

> O velho guerreiro me sussurra: ... ah, sonhador, começo a te entender!... (*ele exulta, diabo ziguidi,*[6] *então sua voz se encerra em folhagens*)... Em volta da Caserna, coloco a Igreja, a Escola, o Hospital: essas três últimas instituições pertencem já a outra dominação. Pense nos efeitos (sobre as mentes dominadas) da neutralização de uma doença ancestral: malária, doença do sono, tifo, tuberculose... Koch, Pasteur, Yersin... viram suas generosas descobertas a serviço de sutis dominações... Quando a Religião, a Escola ou o Hospital, ultrapassando inesperadamente sua função, despertavam dignidades humanas, vi os colonialistas recuarem, tentando proibi-las, e vi o colonizado exigir que lhe fossem asseguradas... Consegue medir o impacto dissonante de uma tal exigência?... (*um tempo, ele murmura, inaudível, então sua voz se eleva como um vento de dezembro*)... Eu vi essas Escolas onde vietnamitas, indianos, laocianos, argelinos, senegaleses, cambojanos, congoleses, antilhanos..., milhares de colonizados ensinaram eles mesmos a suas filhas e filhos o que iria ao mesmo tempo libertá-los e (silenciosamente) sujeitá-los... É por isso que tua bela infância que começa a encrencar não me surpreende muito... – *Inventário de uma melancolia.*

---

6 Proveniente do *ziguidi bété*, dança que imita gestos de guerra e é executada na ocasião da morte de um grande guerreiro ou caçador. (N. T.)

Nesse estado de espírito, durante esses tempos escolares, encontrei a literatura dos poetas-dudus. Eram na maioria das vezes mestiços do país, metade brancos, metade pretos, que puderam escapar assim a certas humilhações da escravização. Puderam lançar-se no comércio, abrir ateliês, possuir escravizados em alguns casos, conquistar o Saber francês, cargos de funcionário e alcançar o conforto material. Seus descendentes puderam acessar a escrita logo depois dos colonos. Em plena miséria pós-escravagista e colonial, de violências diversas e negações humanas, descreveram os brilhos do país, a infinita doçura de seus rios, seu sabor de felicidade baunilha. Sonetos de borboletas e céu azul. Rimas de alísios, de sol e de flores perfumosas. Métrica de cenas pitorescas e lânguidas criaturas. Lendo-os, três séculos depois, deixava-me ninar em paraísos abertos. O curador da biblioteca Schœlcher[7] guardava suas obras em um armário gradeado que ele abria com um tanto de precaução, cobrindo-me com um olhar de suspeição. Tratava-se para ele de um oásis íntimo protegido por essas muralhas de livros que nunca falam de nós. Ele me fez descobrir alguns romances de mulatos[8] que se passavam na cidade de Saint-Pierre da época, evocando os rigores da escravização, contando com a melhor compaixão do mundo honoráveis rebeliões. Essas obras eram agradáveis, mas suas ressonâncias permaneciam um pouco inertes em mim, como se fugissem do ponto de ebulição. O meu país nesses livros era posto à distância.

O velho guerreiro me sussurra: ... entendo o que você diz... (*ele suspira*)... Os Dominantes chamaram de "Universal" uma clarifi-

---

7 Localizada em Fort-de-France, Martinica, inaugurada em 1893, guarda o acervo do abolicionista Victor Schœlcher. (N.E.)

8 No original, "*mulâtre*". (N.E.)

> cação do mundo com o crivo de seu próprio e único decifrar. Muitas de nossas criaturas se submeteram a ele. Digo: autodissolveram-se nesse "Universal" até a transparência. Pensando tocar assim o conjunto de homens, aceitavam, miméticos, as ordens dos Territórios ocidentais... (*suspira ainda*)... Vai, continua, você me interessa um pouco... – *Inventário de uma melancolia.*

Esses escritores-dudus praticavam uma museografia de si mesmos. Costumes. Tradições. Maneiras. Descrições pitorescas. Tal olhar sobre si mesmos reproduzia o dos viajantes ocidentais. Seu deslumbramento alimentava-se da comoção dos cronistas de viagem. Qualquer relação íntima com essas paisagens magníficas era ignorada; considerava-se apenas a exaltação superficial conformada à visão exterior dos conquistadores desse mundo. Poetas, ah, vocês que se proclamavam livres, não ouviram subir desses lugares encantadores o rugido dos caraíbas exterminados nos primórdios dessa colonização? Não era a comoção dos genocidas que sua escrita recebia desse adorável entorno? Suas doces musas não conseguiam ouvir a proa mortuária dos navios negreiros a rasgar a beleza oceânica? Quais rumores de nossas plantações de cana não lhes contavam as violências escravagistas?... Mas vocês não conseguiam trazer desses males senão uma nostalgia: a inocência desses "bons selvagens" queimados pela Civilização. Um pouco como expressamos um pingo de lamento quando os automóveis esmagam no asfalto algum bicho. Fragrância da canela. Os morros arredondados pelos alísios. A tagarelice dos pássaros. Esses esplendores naturais invejados por nossos senhores empalou vocês com um orgulho inesperado. Essa geografia-paraíso, estirada em complacência, tornava-se para vocês a única lente vaidosa de nossa presença no mundo. E o único interesse. Poetas, ah, vocês estavam dominados.

De Natsume Sôseki: Visão, consciência, linguagem... reinventados pelo fecundo descaminho do *Eu sou* "outro". - *Sentimentoteca.*

De Derek Walcott: A perturbação de imediato, e a errância marinha das solidões que participam do mundo. - *Sentimentoteca.*

(Sou distraído pela graciosa variação dos campos de cana. Azuladas brotações. Ondulações maduras das longas folhas. Nuvens de florações onde o branco e o roxo disputam a flor até torná-la indiscernível. Tenho o olhar do fazendeiro (e desde então aquele dos cronistas de passagem) que sentia subir dessa riqueza mercante uma apaziguante beleza. Hoje, esses campos carregam a saudade dos tempos de quando éramos capazes de produzir. Tenho também o outro olhar, que se arrasta rente ao chão: sombras, cobras surdas, ratos matadores de raízes, folhas que cortam como laser a pele enrugada dos escravizados, palha (fadada ao fogo) que leva a pegada dos gestos extenuados...; esse olhar me vem dos ancestrais que ali curvavam sua vida. Essas somas de pesadelos e encantamentos fazem com que a paisagem das plantações de cana nos agarre. Escrever, aqui, é emaranhar a sombra e a luz, encontrar o concerto íntimo entre açúcar fermentado e sangue desesperado: ele torna-se visível quando a plantação pós-colheita vira somente uma devastação de carniças decepadas agonizantes no álcool.)

Do *Kalevala*: O canto total como feitiço de tinta atenta e fôlegos combatentes, de memórias esquecidas e signos fundantes. Magia. - *Sentimentoteca.*

De Heredia: Essa armadura, essa medida, essa lapidação – brilho-vertigem do brasão. – *Sentimentoteca.*

Os escravizados tornavam-se negros marrons[9] ao fugir das plantações. A estreiteza do país não lhes permitiu desdobramento, nem mesmo um verdadeiro projeto. Mas alguns escritores-dudus haviam entoado suas cantigas para a liberdade. Elas lembravam-lhes de Spartacus e outros grandes rebeldes. Esse heroísmo que se erigia estava em conformidade com as lendas ocidentais; era, portanto, autorizado. Isso permitia aos escritores-dudus que evitassem avançar adentro da massa noturna dos escravizados que permaneceram nos engenhos.[10] Que canto tirar desses naufragados senão o dos gemidos? A louvação do negro marrom se espalhava como um bálsamo na ferida de uma derrota que um dispositivo de valores colonialistas havia inscrito na ordem das coisas. Uma vez aceita a derrota, a glorificação máxima de algumas estrelas marrons dava forma à recusa; e, sobretudo: autorizava a desistência. Era a única grandeza possível, a única resistência consentida – tão mais consentida à medida em que havia mais ou menos fracassado. Quanto ao resto, via-se abandonado às baixezas ilegíveis: qual o quê! Heroísmo vindo dessas manadas de escravizados? Resistência? Grandeza em meio a tal miséria?... Ó musas, fujamos daqui!... Restava como solução a esses escritores apenas os exem-

---

9 Ver nota p. 18. (N. E.)

10 No original, "*habitations*". Nas colônias francesas das Américas, o termo designava as unidades socioeconômicas das plantações (*plantations*), envolvendo as terras cultivadas, as instalações, as residências dos proprietários e as habitações dos trabalhadores escravizados. Termo análogo a "engenho" no Brasil colonial. Doravante, usaremos "engenho" nos referindo às "*habitations*". (N. E.)

plos do Centro dominador para o qual eram atraídos. Abandonavam-se a ele com beatitude ou vestidos com as falsas armas de um mimetismo contestador. Eu lia então seus graciosos textos e me emocionava ao encontrar um pouco de mim mesmo, como uma sombra de um país-meu que esses escritores haviam guardado nos porões de uma cidadela estrangeira. Cidadela que os livros deificados tinham erguido em si, tinham plantado em mim.

> O velho guerreiro me sussurra: ... para tomar posse, eles fincavam seu estandarte e levantavam sua cruz. Assim, o Território não pertencia mais àquele que estava ali antes, mas àquele que dispõe da legitimação divina universal... (*ele suspira rindo*)... Disseram-me que os polinésios possuíam o solo, e viram-nos chegar somente com sua Bíblia. Hoje, os polinésios possuem a Bíblia, e eles possuem o solo... (*ele suspira, seco*)... Não ria... - *Inventário de uma melancolia.*

Parece que o "Holandês voador"[11] de minhas leituras era uma projeção dos raios de sol através das curvas alquímicas dos espaços. O heroísmo, a resistência, a autoelucidação que os escritores-dudus buscavam, à sua maneira, precisavam se concretizar como esse navio fantasma: reflexos roubados à luz do Centro e que imprimimos minuciosamente em nós a fim de aceder às ilusões de uma existência.

---

11 Refere-se à lenda marítima europeia, surgida no século XVII, segundo a qual um navio fantasma estaria condenado a vagar eternamente pelos mares, incapaz de atracar. Tornou-se símbolo de errância e ilusão. (N.E.)

De Goethe: Astral, "sem precipitação e sem repouso", devir sem fim, e o melhor levado no incapturável do romance-universo – estrela mestra. – *Sentimentoteca.*

De Desnos: A vigília no poema de cada dia – e a grande ferida que vem. – *Sentimentoteca.*

O CADERNO NEGRO – A adolescência foi uma fase de perturbações cujo teor me escapou. Um mal-estar que não alcançava as margens da formulação. Um sentimento de absurdez que me encalhava em desesperos inconfessáveis. Minhas leituras tinham me lançado em uma energia aérea que não adquiria sentido. Foi então que meu irmão mais velho me chamou. Esse irmão era um tipo de gênio. Ele achava distração na álgebra, na pintura, na poesia, na física, na química. De manhã, ao levantar-se, saudava o sol recitando versos indecifráveis. Eu era para ele, normalmente, uma vírgula negligenciável. Mas nesse dia, tomado de um pulso de simpatia, ele me fez sentar na sua frente. Solene, a mão em meu ombro, recitou de memória um trecho da obra que comprimia em seu peito:

> E estamos de pé agora meu país e eu, cabelos ao vento, minha mão pequena em seu punho enorme, e a força não está em nós, mas acima de nós, em uma voz que broca a noite e a audiência com a penetrância de uma vespa apocalíptica. E a voz pronuncia que a Europa durante séculos nos empanturrou de mentiras e nos inchou de pestilências...

Ele recitou isso em uma voz retumbante, com sua ênfase solar. Ele recitou sobretudo com um prazer incontido. Os versos difundiam nele a voracidade de uma força útil. Tínhamos saído das gratuidades escolares do poético. A escrita havia surgido do fundo de uma ferida que eu ainda ignorava, mas que ele já vivenciava. Elevava-se dela uma encantação cujas virtudes permaneciam pouco discerníveis, mas que lhe permitiam liberar uma parte das ondas desse livro: meu irmão transmitia-as a mim como quem passa às pressas o cabo de uma panela fervente. Nele, o *Caderno de um retorno ao país natal*[12] de Aimé Césaire havia ressoado.

> De Carpentier: O verbo mágico, e a música, na perturbação do Diverso... - *Sentimentoteca*.

> De Reverdy: Entrar nas ausências, as fissuras despovoadas, se embeber do choque muito sóbrio de alguns incompatíveis... - *Sentimentoteca*.

O *Caderno* é uma boa chacoalhada lírica na qual Césaire conta seu retorno ao país natal, país geográfico das Antilhas, mas também país fundador, a África. Ele faz uma descrição das ruínas geradas pela colonização dentro e ao redor dele, e destrói as barreiras erguidas pela dominação brutal entre ele e seu país natal, entre ele e a África, entre ele e sua essência negra, entre ele e sua palavra verdadeira. O *Caderno*, após uma descida orgulhosa ao inferno colonial, acaba em uma ascensão grandiosa em que o poeta proclama sua Negritude-humanidade, com uma força encantatória que abalará

---

12 Aimé Césaire, *Caderno de um retorno ao país natal*, trad. Anísio Garcez Homem e Fábio Brüggemann, Florianópolis: Terceiro Milênio, 2011. (N. T.)

os alicerces do mundo. Um sopro de batismo para os colonizados do mundo, vencidos e oprimidos, e para os negros, evidentemente.

> De Dostoiévski: A intensidade de uma vida nova, nascida intensa e para sempre do pelotão de execução; a inesgotável natureza humana, diamante das gangues penitenciárias – fogo de um pensamento inquieto escancarado em amplidões inconcebíveis. – *Sentimentoteca.*

O impacto do canto poético de Aimé Césaire foi, em mim, gradual. *Caderno de um retorno ao país natal*, *Les Armes miraculeuses*, *Cadastre*, *Ferraments*...[13] de leitura em releitura, minha Negritude césairiana se desdobrava. Uma poesia-tambor, violenta, solene, que me nomeava negro no mundo e fazia de mim um filho da África perdida nas Américas. Ela denunciava o colonialismo. Ela desfilava acusações contra a Europa dos mercadores e dos mercenários, e contra os senhores brancos do mundo. Ela inventariava uma África sonhada e louvava as belezas negras. Ela levantava os panos de alienação para cortá-los na lâmina poética que o Surrealismo havia afiado. Uma voz altiva, sempre grave, hugo-claudeliana, na qual se expressavam lancinâncias afônicas que conspiravam em mim. Formidável exutório de meu mal-estar.

Eu recitava esses versos como preces esotéricas, vocalizações vibratórias que entusiasmavam raízes inertes em mim. É preciso falar Césaire, tê-lo na boca e no peito, acolher nos ossos do crânio a atividade telúrica de seu verbo. Mesmo murmurado, ele pode propagar eco em quem sofre de uma anemia de exaltação.

---

13 O autor se refere a obras de Aimé Césaire: *Les Armes miraculeuses* (1946), *Cadastre* (1961) e *Ferraments* (1960). (N. E.)

> O velho guerreiro me sussurra: ... ah, Césaire, eu clamava seus poemas enquanto me lançava ao assalto!... Não guardo nada de sua política, mas seus poemas me transportaram. Sua poesia sabe que os Estados-colonialistas eram hordas piores que aquelas dos lobos. Dedicados a uma extensão ilimitada, seus Territórios antagônicos tornaram-se os motores de um "*pôr-em-relações*"[14] o conjunto do mundo... (*sua voz se alça, canela queimada*)... É preciso odiar os Territórios, minino, e chorar essa desgraça... Pois esse pôr-*sob*-relações te curva sob as forças imperialistas do mundo. Existem ali circuitos comunicantes em sentido único, sem nenhum valor relacional. Nem a sombra disso... (*sua voz cai, zanzando em água fria*)... Ali, circulações de influências se impõem a ti, ou te são impostas, você as sofre, obscuras: elas te transformam, te modelam, te invalidam, te deportam..., e confortam a dominação brutal. O fluxo irrompe deles em direção a você. O que emana de você e os toca não é determinante: uma bebida, um prato, um tecido, um ritmo musical... - *Inventário de uma melancolia*.

Nesse período, eu entrava na minha poesia de combate, negrista,[15] marxista, enaltecendo a África, condenando o colonialismo, profetizando vitórias iminentes do "Povo". Para me reconstituir uma identidade arquetípica que teria sido dissolvida pelos colonialistas, minhas leituras se concentraram no "Mundo negro" da Negritude, no calor sufocante não ocidental da África, nos negros marrons caribenhos que se rebelaram contra a escravidão, nos combates dos resistentes africanos durante a colonização

---

14 No original, "*mise-sous-relations*". (N. T.)

15 No original, "*négriste*", termo bastante usado no contexto da Negritude. (N. E.)

e a descolonização, nos contra-ataques sangrentos dos negros americanos. Mitos. Ritmos. Emoções. Tradições. Etnias. Povos. Cosmogonias. Tambores. Askia, o Grande. Os príncipes de Gana. Ogotommêli. Arquitetos de Jené. Chaka. Patrice Lumumba. Elridge Cleaver. Stokely Carmichael. Malcolm X. Toussaint Louverture... Legitimar diferenças. Inventariar heróis negros, revelar grandiosas linhagens até o Grande-povo-perdido. Investigar, nos interditos da história egípcia, na arqueologia africana, a preeminência negra.

Aí, acreditei que era poeta.

Tinha o sentimento de que me tornaria pintor, escultor ou desenhista, mas eu me dizia, antes de tudo, poeta. Estava enganado. Precisaria de tempo para esgotar a Negritude, liberar minhas leituras do cemitério dos epígonos que coalhava o horizonte. Mas com ela, ao fim dessa pequena manhã, iniciava outra leitura do país-meu.

Comecei a ver as forças policiais brancas. Os operários dos campos de cana ainda explorados pelos fazendeiros-bekês.[16] Eu vi os fuzilamentos romperem as passeatas dos grevistas. O racismo ordinário depreciar a pele negra. A idealização de uma Mãe-Pátria longínqua à qual a elite política queria nos assimilar. A chantagem dos políticos dominantes que transformavam toda consulta eleitoral em reflexo do medo contra a independência. Esse desvendar dos olhos juntava-se à visão que nos davam os poetas da Negritude. O país tornava-se um horror colonial que se opunha às visões paradisíacas dos poetas-dudus: "sangue malariento", "o naufrágio heteróclito", "sol venéreo", "angústias desafetadas"... as palavras

---

16 Nas Antilhas Francesas, o termo *béké* é usado para caracterizar os descendentes dos primeiros colonizadores brancos europeus. (N. T.)

de Césaire passaram a ser aquelas de uma geração de poetas sobre nosso país. Contra a absoluta beleza dos escritores-dudus, exumávamos a feiura. Tudo era detestável. Tudo era menor. Tudo era dor. Para a Negritude, a presença colonial havia infectado tudo.

> De Dos Passos: Tentar todo o rumor do Lugar. - *Sentimentoteca.*

> De Saint-Exupéry: Contra as muralhas do Verdadeiro, a força límpida do simples, e do justo, sem transparência nem claridade. - *Sentimentoteca.*

(Ao negar as belezas de nosso país, a Negritude opunha-se à visão duduísta reinante. Ela queria revelar, por baixo das aparências, as feridas da dominação colonial. Rapidamente, essa denegação fundiu-se com o menosprezo global por nós mesmos que o fascínio pelos valores do Centro nos infligia. Bem depois do fim dos atentados coloniais, essas autodepreciações, outrora carregadas de sentido revolucionário, perduraram e perduram ainda, gatilhos mecânicos acionados pelo simples desprezo ambíguo por nós mesmos que a dominação neocolonial alimenta sem fim. Decerto, essa autodepreciação permanece até hoje aureolada de sua original "lucidez revolucionária".)

> De Borges: O rigor aparente para melhor desencadear as cintilâncias inconcebíveis: labirinto das forças contrárias, entreaberto, definido-infinito, mesura-desmesura, ordem-caos, vida-morte, círculo-em-círculo... - o Escrever do Todo-possível que guarda segredo. - *Sentimentoteca.*

Ao menos, em um primeiro momento, as coisas foram nítidas com a Negritude: eu era parte permanente de um "Mundo negro" em luta contra um "Mundo branco". Estava do lado dos condenados da terra, contra os opressores imperial-capitalistas. Eu devia profetizar a chegada de uma alvorada de proletários reconciliados, a derrubada da Besta, o raiar da África-fonte, a afirmação de uma essência negra a ser reconstruída com um canto mau. O colonizador dispunha das armas de sua vitória: uma Nação-Território, uma língua, uma pele, uma identidade, uma bandeira, uma expansão dominadora. Na África, na Ásia, no Caribe, na América Latina, no meio dos Estados Unidos, nós lhe opúnhamos os mesmos ingredientes com suas próprias maneiras. Descolonização à imagem dos vencedores. Libertação segundo as leis da agressão.

De Nazim Hikmet: O verbo-gesto, a frase-ação, a imagem--combate... o Escrever que preenche a célula. – *Sentimentoteca.*

Era preciso procurar a África a sua volta. Encontrar as migalhas da identidade inicial perdida, da "pureza" primeva. Nos gestos, nas peles, nas práticas, nos gostos, nos instrumentos musicais, nas palavras crioulas estranhas, nos cantos, nos contos... Tudo era espremido com o objetivo de lhe extrair o mineral essencial. Tudo se lia com essas lentes. A antropologia cultural dos anos 1950 se erigia em decretos. Recolhíamos, nas Américas, os escombros esparsos da estátua identitária partida pelo tráfico negreiro. E essas migalhas mitificavam em nós a África-mãe desconhecida. Os poemas talhavam-nas em diamante. As esculturas alçavam-nas a símbolos. Os tambores reanimavam-nas com grandes batidas de coração. Cada vestígio engrandecia-se em desmesura para forçar o tabernáculo indecifrável onde estaria adormecido o DNA sumido.

> De T.S. Eliot: A força do sonho e do símbolo, religada às inquietudes carnais do mundo. – *Sentimentoteca.*

> De Rilke: Viver com suas questões, sem tentar saciar-se de respostas, a preciosa energia... E ainda: Amar, em toda vida, a forma estrangeira. – *Sentimentoteca.*

A poesia emprestava-se bem a essa revolta batismal. Nutridos por minhas febres de adolescência, meus poemas eram pequenos levantes que aspiravam a transformar o mundo com sua simples fulminância encantatória. Mesmo quando passei para o teatro (ajudado por Brecht, Césaire, Kateb Yacine, por cenografias de Jean-Marie Serreau), o fiz a fim de transportar para o palco minha temática negrista-anticolonial e minhas entonações lírico-épicas de violência salvadora que uma estreita leitura de Frantz Fanon não resolveria. Escrevi uma quinzena de peças militantes desse tipo.

> O velho guerreiro me sussurra: ... ah, Frantz Fanon, eu me lembro dele. A ira justa. A honra intacta. A bela coragem entregue. Eu te falei ainda agora do pôr-*sob*-relações... (*um tempo, um gemido de maresia, então sua voz retorna, áspera como casca de limão verde*)... Não sei dizer se era uma tensão interna do mundo, ou uma deflagração aleatória dessas hordas do Estado. Fosse o que fosse, vi as garras sangrentas precipitarem com seus toques o que estava desgarrado isolado esquecido desconhecido preservado... aqueles que sonhavam em segredo, e aqueles que planavam alto... os tempos do mineral nas velocidades do vento... (*ele suspira*)... Eu tinha também consciência do paradoxo: essas hordas de Estado espalharam no mundo, junto com seus massacres, as benfazejas luzes que provinham dos Países do Ocidente. Eu tinha cons-

> ciência de que, entre seu mal e seu bem, a separação seria então difícil... (*um tempo, ele chora*)... Fanon e eu, falamos disso... – *Inventário de uma melancolia*.

Eu escrevia também poemas numa língua francesa que eu não questionava. Ela não era um problema. Era dominante, e manuseá-la enchia-me de uma certeza ativa que parecia criadora. Obedecendo à negritude césairiana, eu tinha o desejo convicto de revolucioná-la, de nela transportar o ritmo do tam-tam negro e o velho amadou[17] africano. Mas, sem que percebesse, ainda que a chacoalhasse, eu sacrificava algo, como todo poeta francês, para esse espaço simbólico. Eu estava entregue a seu domínio, à adoção de seus valores. Meu chamado à existência escorria em uma língua que, sem dor, me digeria. As generalidades da Negritude autorizavam essa deglutição. O "Mundo negro" não estava ancorado em lugar algum, ou melhor, boiava nos limbos de uma África irreal, cuja inconsistência poderia acomodar a referência alienante à língua do colonizador. O orgulho dominador dessa língua digeria sem dificuldade nosso contra-sotaque dominador e nosso contra-orgulho. Essa escrita não marroneava mais, ela aspirava ao mundo do senhor – a alguma humanidade análoga – pela unção de sua língua.

> De Césaire: Contra o silêncio colonial e a aniquilação, grita, mas ensina a te tirar do grito, o tom alto sempre e o verbo montado em suas estranhezas... – *Sentimentoteca*.

---

17 Amadou: material inflamável extraído do fungo, usado como pavio e símbolo de tradição e ancestralidade africanas. (N. T.)

A língua do senhor mordida pela Negritude césairiana: confusão das pátinas costumeiras, ebriedades líricas, inconfidência de imagens insólitas que impulsionam ritmos, tomar as palavras como pontos de irradiação e não pelo que significam, posicioná-las inesperadamente, em rupturas obsoletas, em espanto precioso, recapitular escandalosamente seu léxico. Banhar isso tudo em uma "essência negra" refundadora. Eu conservei um pouco dessas práticas que se queriam revolucionárias; na verdade, elas poderiam ter sido (e foram) as linhas de escrita de qualquer poeta em sua língua nacional. Lançando seu amor-ódio no *terreno eleito* de uma língua dominante, a Negritude procedia assim a sua celebração. Essa língua tornava-se o veículo da renovação, a arma mestra da gestação libertadora; mas amplificava com uma auréola a dominação que conservava intacta.

> O velho guerreiro me sussurra: ... ah, eu te entendo!... (*ele ri, caldo de noz-moscada, então sua voz cai, areia de savana*)... A dominação é como a hidra de mil cabeças. Cada cabeça caída faz germinar uma cobra. Nós lutávamos, mas não era assim tão simples. Sob a bota colonial, muitos dos pesos próprios das culturas colonizadas foram aliviados: mulheres se emanciparam, jugos religiosos foram retirados, bloqueios sociais étnicos ou de qualquer tipo foram invalidados, proibições ancestrais foram desatadas, sacralidades opressoras foram relativizadas... (*ele suspira*)... Aqueles que se beneficiaram desse belo oxigênio consideraram a cultura de nossos colonos a Luz do mundo... – *Inventário de uma melancolia*.

Aqueles que haviam escolhido a língua dominada – a língua crioula – aplicavam nela toda uma coletânea de orientações inspirada na língua dominante. Era preciso igualar-se a ela, ocupar seus espaços, remoldar suas pegadas, manejar o que ela manejava. Preparavam para ela um agressivo reflexo na língua esmagada. Outros, esquivando-se dessa dependência, entravam em esquizofrenia literária, ao modo de Frankétienne.[18] Produziam uma obra em língua dominante, outra em língua dominada. Esta última ia como num pé de página, um pouco patética, como um passatempo, acomodando assim a expropriação que ela queria recusar. Assim, eu usava a língua dominada para os quadrinhos, histórias contadas em contrabando. Com a língua dominante, convocada em meus poemas, eu bradava a liberdade com bafejadas graves.

> O velho guerreiro me sussurra: ... ah, esse negócio das línguas não é fácil... (*ele suspira, então sua voz se destila, cachaça de anis*)... A lógica dos Estados-Territórios, é verdade, transformou a consciência de si em armadura contra o Outro. Isso produziu essas identidades antigas, enroladas em si mesmas, que só aceitam o Outro sob a transparência. Elas é que viríamos a endossar, por nossa vez, para justificar nossas resistências. Eu me via assim entregue a essa deriva sem conseguir reagir... - *Inventário de uma melancolia*.

Reivindicávamos a língua dominada contra aquela cujo sol nos ressecava. Ela se oferecia como a trama das autenticidades. Mas não estávamos disponíveis para ela. Provar o valor de sua poética? Abandonar-se às adivinhações de seu espaço? Nada disso. Investíamos-na com a memória reptiliana da língua dominante, o que esta tem de mais agressivo. E acionávamos apenas essa sua nervura. Ela devia nos libertar, mas nós a aprisionávamos nas programações miméticas e guerreiras.

---

18 Frankétienne (1936-2025): escritor, poeta e artista haitiano, conhecido por obras como *Dézafi* (1975) e por explorar identidade e resistência cultural. (N. E.)

Do Contador crioulo: Antes de tudo, rir. É preciso rir. Melhor rir. – *Sentimentoteca.*

Esse período – o mais carrancudo de meu espírito, e o mais caótico também – privilegiava a poesia. Eu dispunha da carcaça de uma máquina de escrever (a de um tal Corbeau, amigo de meu irmão mais velho, que assinava romances policiais). Na mesa da sala de jantar, dando as costas para os fervores da rua, eu ia catar palavras. Eu as amarrava como nós de bambus, de tão densas, insensatas. Eu não escrevia frases, mas irrupções de sombras, bolotas de plantas suculentas, zanzar de bichos compridos por baixo de samambaias, trombas d'água, cheiros, um monte de cheiros. Às vezes, como um gatilho, uma palavra acionava esse formigamento sensível. Eu gostava dos estalos sonoros. Cada verbo nascia de um miolo de sensações que espumavam minha carne. Cada imagem pingava a partir de uma vibração mental. Sob ataque, permanecer vigilante, invocar o sentido, mas abandonar às forças eruptivas a combinação das matérias mentais. Na busca das significações, esfregar, ajustar, lustrar as palavras, afastar esse esclarecimento que trincaria o poema. Em seguida, pegando a página com a ponta dos dedos (eu gostava do guincho agudo que a máquina fazia depois que se arrancava a página acabada), eu contemplava um desconhecido cujo sentido rondava, ainda indecifrável. Essa coisa me pertencia, ao mesmo tempo que não vinha de mim. Eu retocava pouco, respeitando a cusparada de palavras que ia ganhando contorno. Fascinante poesia: esse conhecido-desconhecido, essa secreção estranha que se parece com tua pele, essas palavras tramadas de ti, mas que – na sombra branca da página – caminham como criatura secreta. O Escrever: bendito comércio dos incertos, lucidez oferecida aos desvios acidentais.

> De Seféris: Sob a força, o Lugar, amarrado em si, e a terrível quebra do silêncio – Ulisses melancólico. – *Sentimentoteca.*

Os poemas iluminam-se uns aos outros. Um tal poema parece irmão de um coágulo áspero escrito dois meses antes, e se cola a ele, se ajusta, prolonga-o com uma evidência que carrega. Uma criatura, dispersa em teu ser, te chega pedaço a pedaço. O esboço do conjunto é impossível, a não ser de forma provisória. E sempre incerto. O Escrever é um pouco inventariar-se, explorar as lacunas de outra geometria, religar o conhecido aos desconhecidos cujas marcas recolhemos em legendas abortadas.

> De Kawabata: Ir – paisagens fluidas dos sentimentos que de repente devastam o mundo – na companhia de seus demônios... – *Sentimentoteca.*

Eu tinha o hábito de ler meus poemas em voz alta. Para mim mesmo. A família acolheu essas vocalizações. Ninguém entendia nada, mas elas *iam*, prenhes de frequências insólitas. Queriam olhar. Não achavam nada mal. Encorajavam-me. Man Ninotte não dava sua opinião. Que esta criança vegetativa escrevesse coisas-que-não-lhe-pedíamos-e-que-não-serviam-a-nada era só mais uma de suas esquisitices. No entanto, como era de seu feitio, ela me proveio com o necessário (cadernos, papel, lápis, tinta...) para saciar essa nova sede. Os poemas descansavam em folhas voadoras. Nas mesas. Nas camas. Dava para encontrá-las amassadas num canto. Eram descobertas depois de esquecidas em algum livrão. Um tapete de folhas caídas e profusas, como aquelas que encobrem o entorno das velhas pereiras. Man Ninotte regia essa endemia em silêncio. Catar. Guardar. Rasgar em um acesso de raiva. Nos dias de hoje, ela pode exibir alguns desses trapos como ruínas de uma ilusão de seu caçulinha.

> O velho guerreiro me sussurra: ... toda ilusão é boa, são necessárias, as ilusões!... (*ele exulta, álcool de gengibre estrelado*)... Minhas raras vitórias nasciam de uma ilusão. Meus fracassos eram induzidos por um desgostoso realismo. Sem ilusão, como desenrolar o que nos acontecia?... (*ele ri, então um suspiro assombra*)... Saiba que ao lado dos colonos e soldados surgiam uns metidos a generosos, de fervorosa fé, de verdadeira compaixão com o Homem: religiosos, professores, médicos... Mas, pelo canal de sua própria generosidade, instilavam grandes mortes simbólicas, e silêncios, silêncios... A fratura das mentes misturando-se ao ato caridoso... (*sua voz quebra, lama sedenta*)... Nós lutávamos, sabe, mas só as ilusões conseguiam manter erguidos nossos braços... – *Inventário de uma melancolia.*

Eu lia os poemas dos epígonos da Negritude. Tratados líricos exaltando as greves agrícolas, denunciando as matanças cometidas por gentes armadas, exaltando o negro-sofredor. Eles faziam balas e punhos erguidos. Encontravam muito sucesso numa época em que pulsantes revoluções animavam as ruas da Cidade.[19/20] Eu praticava a mesma retórica, mas ao menos com esta sorte: meus desejos militantes levantavam voo em pulverizações perfeitamente

---

19 No original, "*En-ville*". O conceito, explicado por Chamoiseau na nota seguinte, foi traduzido por nós como "Cidade", com maiúscula, para diferenciá-lo de "cidade" e, portanto, marcar seu caráter singular. (N. T.)

20 Conceito descoberto em um texto então inédito da escritora Dominique Aurélia. A língua crioula não diz "*la Ville*", mas "*l'En-ville*", designando assim menos a geografia do que um tipo de conteúdo, de projeto. (N. A.)

"inúteis" (a não ser como rezas sonolentas contra os mosquitos). Mesmo que invocassem a África, o negro, a colonização, meus poemas não ajudavam ninguém, não tinham destinatários, não tinham nenhuma missão exterior, continuavam para mim, na mesa de um velho dominó que se jogava em mim-mesmo. Eu ainda escreveria por um bom tempo nesse estado de espírito. Época de escrita livre, tateante, que não emerge no mundo, mas que cala fundo em si-mesma: a escrita que se surpreende na escrita. Não perder isso.

A poesia útil dos jornais militantes era preciosa. Exaltava nossa luta. Enfeitava os encontros em que poetas-militantes apareciam sombrios, sobrancelhas franzidas, serenamente furiosos. Eles apareciam "Grandes". Nós os olhávamos com uma fome de lendas nascentes. Durante o festival cultural (dedicado a cada ano às lutas negras no mundo), recitais de poesia anticolonialista alimentavam nosso fervor; trazíamos deles o inefável sentimento de que essa causa justa seria vencida. Esses poemas haviam desviado de Césaire uma violência carnal, ritmos cortantes, marcas definitivas; haviam desgarrado dele sonoridades minerais, grandes afastamentos térmicos; não souberam evitar os ódios impregnados de racismo e outras pobrezas associadas. Césaire, como poeta, sempre se manteve acima de um perigo que seu gênio soube fascinar. Os que se aventuraram depois dele, atirando abertamente contra os colonialistas, caíram sem volta, atingidos pelos resvalos de suas próprias balas perdidas. Mas, à época, seus fracassos não eram perceptíveis: pareciam, ao contrário, pulsar no lado da vida.

> De Zola: Subitamente, verdadeiro, o imenso na vida derrisória – e o homem que se revela sob o colar das sombras, seus heroísmos sem estátuas, sua coragem sem emblema... – *Sentimentoteca*.

(Dessa época permanecerá, prolongada até os anos 1980, uma esmaecida leva de poetas que se proclamavam malditos: publicavam revistas sombrias, de periodicidade aleatória, nas quais se reagrupavam os restos de uma violência em desamparo. A África e o negro se apagavam nelas sob dolorosas introspecções. Vendiam a revista de mão em mão, sustentados por um círculo de fervorosos que examinavam seus esgarçamentos como se fossem oráculos. Tinham a virtude de atribuir ao "Desenvolvimento" reinante um precioso ceticismo. Mas, como não tinham nada de vital a nos dizer, a não ser um desvario embriagado de si-mesmo, seus escritos não eram nem difíceis, nem opacos, mas *ininteligíveis*. Césaire, Glissant são difíceis, mas ainda inteligíveis porque nós os percebemos (os recebemos) dentro dos lagos psíquicos sensíveis, à flor da pele e dolorosos: *eles nos falam de verdade*.

> De Césaire: Contra a Besta, fazer-se árvore, rio, e, de cada palavra, pescar continentes de vida. - *Sentimentoteca*.

> De Glissant: Contra a prisão dos sistemas e das identidades, seja frágil, ambíguo, incerto, intuitivo: *arquipelágico*; germine em ti e verta no Outro; acampe em ti, consinta ao Outro; leve o Outro sem renunciar a ti: isso eleva a escrita às tensões bem-aventuradas em direção ao Todo-mundo. Animal selvagem, entoe então todas as línguas para adivinhar esse impossível. - *Sentimentoteca*.

Meus poemas foram um ponto de virada. Graças a eles, os adultos me consideraram um ser humano. Seu impacto não vinha de um valor reconhecido, mas, sem dúvida, de uma escrita que celebrava missa com a magia de uma língua dominante. Então, apesar de tudo, me chamavam *o poeta*. Quando uma tia do interior estava de passagem, Man Ninotte apresentava seus menininhos nesta ordem: primeiro, seu matemático genial; depois, seu músico promissor; enfim, seu poeta, o caçulinha, sobre o qual nenhuma profecia poderia se arriscar. A fascinação por esse francês-bravo me conferiu uma identidade que me desculpou os silêncios de diabo-surdo, minhas solidões, meu pouco impulso para os outros. Afinal, passei a existir e, sem perceber, a refugiar essa nova encarnação nos véus da escrita. Se eu tivesse escrito em crioulo, teria continuado a ser mais invisível que os caranguejos-uçá nas grandes secas de fevereiro.

> De Pa Kin: Contra a tradição, a brusca desordem da família arrastada nos sopros do mundo. – *Sentimentoteca.*

> De Delsham: Contra os doutores do verbo obscuro, amotina a vontade, e leva teu leitor nas rodas articuladas de uma narração. – *Sentimentoteca.*

MALEMORT, DÉZAFI E OS LIVROS APRISIONADOS – Assombrar os encontros políticos; lançar pedras contra os policiais nas manifestações em Fort-de-France; chorar lágrimas lacrimogêneas: eu prolongava meus poemas com um toque de guerrilha. Enquanto o mundo se embalava nas descolonizações, o sr. Césaire vivia um impasse político. Da esperança libertária do *Caderno*, ele havia feito a departamentalização:[21] em 1946, sete anos antes de meu nascimento,

---

21 A departamentalização foi uma lei francesa de 1946 que estabeleceu as quatro antigas colônias de Guadalupe, Martinica, Reunião e Guiana Francesa como departamentos ultramarinos partes integrantes da República Francesa. (N. E.)

ele obteve a transformação das antigas colônias em departamentos de ultramar. A elevação lúcida que fechava o *Caderno* não deu em nada além da assimilação social ao Centro longínquo. O poeta invocava a liberdade, o político confortava nossa sujeição nas vantagens materiais de uma nacionalidade concedida. Ano após ano, cada um de seus poemas poderia servir para bater em sua política. A militância anticolonialista-negrista começou a afundar. O teatro marcial e os poemas guerreiros suscitaram cada vez menos comoção. Ao redor, conforme a lei de 1946 ganhava amplitude, o país mudava em grande velocidade: construções em cimento, vidros, luzes, sinais de trânsito, primeira televisão, êxtase automobilístico, cidades HLM[22] triunfantes, banheiros, seguridade social, bolsas, aviões, estradas e rodovias, escolas, lojas, hotéis, supermercados, publicidades... Entrávamos em uma modernização anestesiante sem relação com as *frankensteinices* colonialistas denunciadas por nossos poetas-militantes e combatidas com fúria pelas lutas de descolonização em diferentes regiões do mundo.

> De Ionesco: Contra os rinocerontes, a intuição hilária e trágica, os deslocamentos pueris até a terrível virgindade...
> – *Sentimentoteca*.

Com o sentimento de "avançar", havíamos deixado o quadro dos abusos coloniais. Não tínhamos mais fome graças às bolsas do governo. Não tínhamos mais vertigens nesse casulo de dependência. As opulências superficiais embalsamavam nossa alma. Os prefeitos não eram mais chefes de uma horda de policiais. O Centro lon-

---

22 Moradias populares de baixa renda, da sigla em francês HLM (*habitations à loyer modéré*). (N.T.)

gínquo acolhia os amantes do espelho de maravilhas, e regia seu exílio em massa. Falava-se de "desenvolvimento" econômico, de desemprego a ser vencido, mas sobretudo das proteções devidas a nossas pobres "especificidades". Por baixo desse verniz, minhas questões assaltavam em vão as linhas invisíveis de um desastre-açú:[23] por que esse desaparecimento quase total das produções reais? Por que essa curva exponencial de importações em massa? Por que essa ânsia dos produtores pelos simples subsídios? Por que essas alienações extremas da escola e da mídia? Por que esse desgaste dos valores crioulos, esse consumo mimético das normas ocidentais, esse assistencialismo hiperbólico? De onde vinha essa estupefação animada pelo simples desejo de obter as vantagens de um cidadão do Centro? A luta pela língua e pela cultura crioulas, perdendo toda acuidade, se folclorizava. O que opúnhamos aos antigos colonialistas boiava agora em um formol de valores sedutores que nos anestesiava. Não havia mais inimigos aparentes. Apenas uma autodecomposição. Eu não entendia o que nos acontecia.

> O velho guerreiro me sussurra: ... ah, eu te entendo, eu conheço esse desamparo!... (*ele ri, canta uma velha giga, então sua voz pesa como uma maceração*)... Eu, no passar das batalhas, tomava conhecimento dessa complexidade. Negado pelo colonizador, acionamos seu sistema jurídico para lhe arrancar direitos. Advogados e juristas tornam-se homens-chave que avançam nos espaços de decisão política e instalam neles, sem perceber, os valores do vencedor que os formaram... (*ele suspira*)... Eu te entendo, minino! Eu te entendo!... – *Inventário de uma melancolia.*

---

23 No original, "*désastre-mantou*". (N. T.)

Então você consegue entender isso...

> O velho guerreiro me sussurra: ... nada do que você evoca me é estranho... - *Inventário de uma melancolia.*

É como se tivéssemos nos separado de nosso sopro vital. Teatro militante e poemas-lutas se tornaram mecânicas internacionalistas, globalizantes, perdidas em um "Mundo negro" e em um "negro" extensível ao infinito. Elas não exploravam nossos espaços nem pisavam no terreiro de nossas dores. As expressões artísticas não tinham nem carne, nem pertinência. Tornando suas armas obsoletas, as mudanças do país e do mundo haviam revelado seus ossos ocos sob o anticolonialismo-padrão. Os poetas, artistas, escritores, intelectuais, até mesmo os políticos, haviam sido de algum modo consumados fora de si-mesmos. E sua criatividade viu-se desprovida de nervo.

> De Blanchot: O texto, como único rosto - o inesgotável traço; e traz apenas a perturbação e o mito: as vibrações da pergunta... - *Sentimentoteca.*

> De Hemingway: Fixa o teu Escrever de pé, e só suspenda tua pluma no impulso de uma bela energia... - *Sentimentoteca.*

Mais ou menos nessa época, escrevi uma peça de teatro intitulada *Supermercado*. Poucas palavras sobre um jovem casal, instalado à beira de um terreno baldio e destilando uma melodia sóbria em harmonia com dons da natureza. Mas o terreno baldio se transforma em supermercado. À medida que o edifício toma forma, que suas seções expõem fantasias, o casal entra em decomposição:

o sentimento de pobreza, incompetência, ciúme, inveja, adultério, toda a série de pecados capitais. No fim das contas, ávidos consumidores, desaparecem em meio aos empregados do supermercado. Sob influência de Shakespeare (*A tempestade*)[24] e de Césaire, que fez dela uma adaptação contra o colonialismo (*Uma tempestade*),[25] escrevi outra peça sobre um tema idêntico: um comerciante branco regia com sua mercearia a vida de uma comunidade de pescadores. Esse deus tinha em suas mãos (ou mais exatamente: em seus carnês de crédito) as carnes, os sonhos, o trabalho e a capacidade de consumo de cada um. Um ciclone viria desfazer a ordem do mundo e favorecer uma revolta dos pescadores. A mercearia seria saqueada. A peça se desenrolava no ritmo do anúncio do ciclone, de sua passagem, de sua partida; ela organizava os conflitos entre o comerciante (meu Próspero) e seu escravo de ganho[26] alojado no porão (meu Caliban). O consumo havia se tornado uma zona sensível de meu espírito. Pelos supermercados, nós emergimos no mundo, ou, mais exatamente, acessamos as maravilhas do Centro. A modernização acelerada, a elevação do nível de vida, as "capacidades" repentinamente derramadas em nós tinham somente uma resultante maior: nos desenvolver em consumidores. Os supermercados tornaram-se o ponto de irradiação de novos gostos, novas vontades, novas cores, de um monte de máquinas que nos amarravam às garras do

---

24 William Shakespeare, *A tempestade*, trad. José Francisco Botelho, São Paulo: Penguin-Companhia, 2022. (N. T.)

25 A. Césaire, *Uma tempestade*, trad. Margarete Nascimento dos Santos, São Paulo: Temporal, 2024. (N. T.)

26 Escravo de ganho é a categoria histórica do escravizado que trabalhava para o seu senhor fora da propriedade. (N. E.)

Centro. Minha geração viu-se assim crescendo em um redemoinho de produtos *made-in-France*. Suas etiquetas e os endereços de produção pareciam hieróglifos sagrados. E eu me lembro das emoções em minha temporada na França, quando esbarrava em uma fábrica de biscoitos, de salaminho ou de remédio... Ficava chocado de elucidar assim tantas etiquetas.

> De Guillén: A perturbação-mestiço que faz luz. - *Sentimentoteca*.

> De Césaire: Mas a fonte magistral desfeita na embocadura, a raiz triunfante sufocada na agitação das correntes, o grito profundo que se faz alga, vibrante por inteira nas errâncias marítimas, justa retenção... e mole-amarga na raiz derradeira. - *Sentimentoteca*.

(A chegada da televisão. O primeiro aparelho foi exposto na vitrine de uma loja na entrada do mercado de peixes. E, na frente da vitrine, a multidão de pescadores, vendedores, velhas senhoras, crianças, que esperavam a primeira transmissão. Nesse mundo todo de palavras belas e comentários, lembro-me do silêncio brutal que se instaurou logo na primeira imagem. Os espíritos foram capturados por Thierry la Fronde e o ursinho do *Boa noite, meus pequenos*.[27] Tenho a impressão hoje de que esse silêncio nunca se foi.)

---

27 Programa infantil francês transmitido à noite. (N. T.)

> De Steinbeck: O homem por toda parte, em todas as misérias medos raivas e em todas as revoltas, em todas as inocências, a indignação vibrante como um vermelho em luz. – *Sentimentoteca*.

As modernizações do país invalidavam as acusações contra o colonialismo. O crescimento sem desenvolvimento ainda deixava, na maioria de nós, um sentimento de progressão, e até mesmo o de uma "participação" no mundo. Evidentemente, nós, rebeldes, esquecidos pela onda descolonizadora, resistíamos ainda com as armas experimentadas em outros países. Mas sua eficácia minguante iria nos confrontar com a pergunta espinhosa: o que queríamos libertar? O que queríamos realizar em nós mesmos e no mundo? De fato, quem éramos? A Negritude ainda oferecia uma resposta a essa última pergunta, mas, para as almas mais sensíveis, médiuns de nossa tragédia, ela só trazia um reconforto parcial. Captados em nossa fonte africana, reflexos benfazejos haviam figurado o que éramos. Mas, nas malhas do real, haviam operado como operam os reflexos: conservando intacto o enigma de nosso "nós".

> O velho guerreiro me sussurra: ... eu conheço isso!... O *Antes* era a pureza, a graça de antes de Colombo, era o receptáculo da essência primordial, única capaz de se opor à dos vencedores. Teu povo deu um grande salto em seu *Antes* da África, essa Negritude. Outros santificaram os *Antes* da América, Ásia, Europa. Cada um buscava uma essência-fóssil apta a dar sentido às acelerações rodopiantes nas quais Cristóvão Colombo havia empurrado o mundo. Vi um monte de povos imobilizarem-se em seus *Antes*, seu *Ancestral*, sua *Pureza*. Conjuravam assim imprevisíveis

> emergências!... E essa imobilização folclorizante fortalecia seus vencedores... Eu conheço isso, sonhador, eu sei do que fala!... – *Inventário de uma melancolia.*

Me deixa com meus sonhos que eu te deixo com tuas ilusões...

> O velho guerreiro me sussurra: ... eu também sonho, mas sem ser apenas um sonhador, e eu vejo tua distância da Negritude. Não esqueça que a consciência humana não registrou o saque do qual a África foi vítima. Nenhuma indenização cura essa memória. Os navios negreiros lançam ao Atlântico fantasmas que esperam ainda uma negação simbólica. Milhões de caveiras cobrem o fundo do mar caraíba à espera de um sinal que nunca virá... (*ele suspira*)... O que é negro é facilmente deixado de fora das comemorações humanistas. Tudo isso cria na consciência humana uma sombra cujas fronteiras movediças guardam vontades de saltos. Essa é a razão pela qual a Negritude, desse ponto de vista, é ainda operacional... – *Inventário de uma melancolia.*

Depende de nós que ela se torne um dos tutores da consciência dos homens...

> O velho guerreiro me sussurra: ... tá bem... Mas a persistente necessidade dela nos desvia muito: acionamos ainda sua memória marcial, sua "essência negra", seu discurso identitário fechado, contra um mundo branco colonialista cuja forma brutal já desapareceu, mesmo que seus resíduos ainda pulsem rigidamente... hum... (*ele suspira, velho mel de engenho*)... Do que você estava falando mesmo, em que altura das tuas pequenas misérias?... – *Inventário de uma melancolia.*

Perdi um pouco o fervor da escrita. Eu habitava incertezas entorpecentes. Lutar contra o quê? A liberdade não era esse crescimento aparente? O que desejar a mais? Alguns "pequenos" povos não poderiam se emancipar em economias de transações e abundâncias consumidoras? Não seria melhor se entregar ao "Desenvolvimento" e avançar com ele para a soberania? Não estávamos mais bem servidos que essas independências esfarrapadas pelo Caribe? O essencial não seria escapar à indignidade da barriga vazia?

Entre dois protestos, a dúvida martelava. Militantes veneráveis ganharam o jogo político, lutando por cargos eletivos, iludindo-se com a vertigem dos "poderes locais". Abandonaram-se a um sistema que impunha suas leis a suas pobres chefias. Tornaram-se contadores de um assistencialismo que crescia sem fim. Outros transformaram-se em "antigos combatentes", vivendo de uma glória passada, deserção lendária em plena guerra da Argélia, e simulando uma "preparação revolucionária" que, com o passar dos anos, revelou-se quimérica.

Então, fez-se a desmobilização.

Os intelectuais desertaram dos mandatos políticos e da "preparação revolucionária"; apequenaram-se nos carros, vilas, carreiras, mal dando ouvidos às belas palavras beligerantes. Atribuíam seus silêncios a um recuo crítico, ou a um ato extremo de pensar, que os afastava das errâncias primárias dos últimos resistentes. Em palavras dúbias, em recusas de fala, em dissertações oblíquas sobre "temas do mundo", diziam "trabalhar duro" para o país.

É certo: a poesia adormece.

Em que momento nasce a prosa em quem se diz poeta? Sem dúvidas, quando se sabe que se é um poeta menor, ou poeta nenhum. Quando se desgastam os sonhos íntimos, perde-se a onda poética. Assim, a série de poetas que flanqueavam nossas lutas foi queimada na grelha da departamentalização. As plaquetes e os recitais acumulados na poeira das livrarias se dissolveram sem agonia. As revistas torturadas não perturbavam mais nossas lenientes leituras. Ninguém mais propunha, em volta do licor servido, a leitura de um poema. As descolonizações africanas a que ansiávamos vendiam-se uma a uma em odientas ditaduras.

Não sabíamos mais o que nos acontecia.

É certo então que a poesia adormece.

> De Césaire: Pensa nas quedas por adestrar; cuida de separar o homem daquele que escreve, e aproxima teus gritos das tuas intervenções sobre as feridas do Lugar; pega em teu fracasso o germe das amarguras para, com sinceridade, elevar um laminar de linguagem. – *Sentimentoteca.*

O que acontece com essas noites de perturbação em que o céu põe em cena o falso suicídio dos morcegos? Onde está tua fecundante languidez quando o vento dos miquelões do mar inclina os vapores do asfalto? O que se tornam em ti essas chuvas, demiurgas de um mundo mais fluido no correr das gotas, frescas como se nascessem? Quando a poesia falha, vamos como esse ramo abandonado pela árvore, que, antes mesmo da secura da seiva, vê esmaecer as conivências dos pássaros. Eu tinha perdido os acordes secretos do meu entorno. Eu não decifrava mais os mistérios da velha casa de Man Ninotte, nem achava graça nos silêncios imóveis dos quais eu tinha arrancado revoltas e gritos.

> De Defoe: Fazer mito na própria lenda, o personagem tomando tua carne... ó encantador... – *Sentimentoteca.*

Única urgência em mim: entender o que se tinha passado conosco, apreender melhor o que éramos, explorar melhor nossa existência. A exploração mais humilde da existência iria se fazer pouco a pouco. Nessa época, estava na França, dividido entre a faculdade de direito e uma escola de formação para o trabalho social na área penal. Continuava a escrever abandonando cada vez mais os lampejos poéticos. Poemas que se alongam sem encontrar saída. Que são amarrados por pedaços de frases, depois por parágrafos. O desejo de agarrar o país na sua espessura. A vontade de ir aos amontoamentos. Para a evocação trágica de uma greve agrícola, eu abordava minha primeira prosa de fôlego em língua francesa. Já estava capturado. A língua francesa batendo os morros, os campos de cana, os barrancos, as usinas. Não podendo desertar nada por vias poéticas, ela encalha em alteridades indescritíveis e em soluços de crioulo reprimido. Eu estava à deriva. A língua que não sabe o que pôr na boca dos negros-da-terra, e que mal toca os acontecimentos de seu espírito. A língua, então, que impõe sua ronda secreta, remodela o país, transforma o povo da cana-de-açúcar em camponeses da Europa. A língua que inscreve o Alhures na mais íntima piscada das pálpebras. A língua cujo orgulho bajula respeitáveis militâncias das quais se desvia toda verdade. A língua que não faz língua, mas se erige como Führer da imaginação e do coração. A língua que não questiona a si nem mesmo o escrever, desdenhoso Xógum sobre uma terra que se inclina. A língua que clarifica sem qualquer adivinhação. Eu ia até o fim desse romance, contornando essas dificuldades com astúcias de fuinha, e me encontrando diante de um texto trôpego. Um editor o recusou com termos que me deixaram sem escrita por um bom tempo.

O país natal vívido em minha mente. Essa visão gritava mil palavras, todo um *et cetera* de vocábulos, um monte de sentimentos, rodopiantes embaraços. Então, a língua intervinha regendo sua corte, suas pompas e caravanas. Eu tinha o sentimento de que a prosa não sabia subir as escadas pulando os degraus, que ela ignorava os atalhos, as vielas e as pistas de corsários. Ela obrigava a atravessar rochedos entediantes e a erigir sem vertigens cartográficas realidades. Às vezes eu me surpreendia trabalhando sem encantamento nesses nós de minha existência que a língua hercúlea ambicionava limpar.

Seria Édouard Glissant quem iria me abrir a barreira de corais.

Eu tinha lido *Malemort* uma primeira vez. Édouard Glissant publicou esse romance pela Éditions du Seuil, em 1975. Eu tinha lido também seus romances anteriores, *La Lézarde*[28] e *Le quatrième siècle*.[29] *La Lézarde* era um mineral compacto, um poema-terra-paisagem que me impôs os mistérios de sua beleza. Eu ficara comovido pelo *Le quatrième siècle*; é ainda hoje meu preferido; um afresco de nossa aparição no mundo durante a noite escravagista; mas só havia percebido nele as mitologias do negro marrom exaltadas pela Negritude reinante. *Malemort*, por outro lado, me desamparou, e até me derrubou. Com minhas lentes-negritude, eu não entendia nada. Não via nada. Esse romance parecia estrangeiro à luta contra o Mundo branco colonialista. Ele não expunha o esplendor da língua francesa para impressionar o Dominante e a si-mesmo. Ele se furtava às liturgias de herói triunfante à maneira de Toussaint Louverture ou Delgrès. Ele não desfilava nenhuma de nossas resistências habituais. Nada. Nada a não ser a alquimia de um trabalho da língua e uma penetração de nosso real que não bajulava

---

28 *La Lézarde* (O lagarto), romance de 1958 que venceu o prêmio Renaudot no mesmo ano. (N.E.)

29 *Le quatrième siècle* (O quarto século), ensaio literário publicado em 1964. (N.E.)

as exigências marciais do meu espírito. Algo, no entanto, tinha se produzido entre mim e aquele texto, porque depois dessa leitura eu desenhei um homem jovem titubeando nas ruas de Fort-de-France, sob o olhar compassivo de dois papa-moscas, um murmurando ao outro: "Ele acabou de ler *Malemort* de Édouard Glissant."

> De Lautréamont: Contra os "escrivinhadores funestos", a incoativa fúria, virginal e profética desmesura. Labareda sem destino e toda em porvir. – *Sentimentoteca*.

Depois do romance sobre a greve agrícola, enfrentei uma amarga esterilização. A língua-negritude me deixou em pane. Eu tinha apenas um pouco de verdade sobre mim-mesmo e nosso país. A influência militante me fixava em seus temas de revolta. Mesmo inclinando-os para meu espaço, preocupações e dúvidas, eu permanecia crispado por um "Mundo negro", pela palavra "negro", pelo anticolonialismo universal, por uma prática da língua francesa que se fazia abortiva das liberações esperadas. Eu estava parado.

> Do Alcorão: Narrações, códigos e detonações de visões, o longo fôlego da repetição. – *Sentimentoteca*.

> De Carlo Emilio Gadda: Contra a "imortal monolíngua" claudicante sempre, o tateamento imensurável de todas as línguas e dialetos, em linguagem que alça voo no despertar de cada palavra e – desconfiando das realizações findas – a vida. – *Sentimentoteca*.

Ler mais do que nunca os livros que continuam adormecidos. Habitar as bibliotecas, buscar em vários livros ao mesmo tempo a acostagem de uma deriva pouco consciente de si mesma. A estranheza da França (suas estações, neves, ritmos de subúrbios, transportes subterrâneos de cem mil solidões) me devolvia quase nu a mim mesmo. Longe do conforto natal, a gente é forçado a se nomear em si-mesmo, nomear-se para os outros. Eu reativava pequenas tradições em torno do rum e do comer, do gosto-antilhas no peixe, do embate dos temperos. Fazia festa com um inhame ou uma água de coco, com uma amplificação musical. Vivia na antecipação de um retorno regenerante... Uma maré de país-natal submergia minha memória. A gente procede ao chamado dos detalhes esquecidos. A gente redesenha, reexplora com minúcia. O que não tinha sido visto é restituído por um arcano mental. O que estava escondido surge num pensar fosforescente. Seres insignificantes revestem suas silhuetas com um interesse inesperado. A gente sabe das novidades. A gente conta as novidades. A gente se familiariza, faz bairro. A gente sabe dos atrasos do carteiro. A gente conhece as caixas de correio vazias. Eu, que havia escrito apenas sobre o mundo rural das plantações, via voltar em mim o espaço urbano de minha infância. Os barulhos e ritmos da cidade. Seus sensíveis estados. Suas luzes. O bosque, as flores, o ferro forjado em fachadas, a vida de suas varandas. Suas imobilizações sob o ritual interminável dos enterros. O mistério das procissões e das *raras*[30] na Semana Santa. O reagrupamento dos sírios quando uma guerra longínqua agitava o deserto. As fugas dos bois. O povo dos indianos-coolies que varriam as sarjetas ou que, com gestos antigos, nos cortavam uma carne. Aqui um que grita seu nome a plenos pulmões e chora. Ali um que, como o preço desabou, só vende grandes grãos de pimenta-do-reino. Aquele táxi apressado demais que

---

30 Ritmo musical caribenho caracterizado pelo predomínio das percussões do vodu. (N. T.)

quebra a perna de uma mulher cujo rosto você jamais vai esquecer, nem a brancura do osso. De repente, alguém que esvazia a calçada com sua aparência mágica e unhas muito compridas. De repente, alguém que dorme nos corredores na companhia de quatro cachorros. De repente, alguém que sorri sua fortuna com grandes dentes de ouro. De repente, alguém que segura um gigantesco arpão acima do canal. Alguém que ama uma servente que só vê à noite, em pé, e por intermitência. Alguém que se faz toureador com um pano vermelho. Alguém que neutraliza as quimbandas da noite sob cruzes de desinfetantes. A multidão de comerciantes e seus reis-camelôs. As sarjetas abertas onde a água escura carrega presságios. Os cipós líquidos que os telhados de zinco cospem para amarrar a chuva. O distanciamento me marcava o espírito com o fogo preciso dos inventários.

> De Antonio Machado: Contra o intimismo, levantarem-se muitos à beira dos absolutos. – *Sentimentoteca.*

> De Miguel Ángel Asturias: Contra as forças altas, nomear lendas antigas tornadas fundadoras, entre real-sonhado e irreal-sondado, até erigir catedral de memórias e de valores sem idade; mas cuidado com as manchas cegas do mito e das magias... – *Sentimentoteca.*

(O escrever chama a retromemória – memória-inhame, memória-açú –, a que emerge no abandono dos sonhos ou no solavanco de um pesadelo, ou ainda nos fios soltos de um devaneio preguiçoso. É uma não memória, inútil à vida, uma quinquilharia indiferente para a mente, uma ruína que fermenta e aluvia. A imaginação colhe aí liberdades preciosas, como nessas trouxas de roupas debaixo dos colchões que só dizem seus possíveis nos favores do Carnaval.)

De Montaigne: Descobrir-se de repente "ondulante e diverso" – o Ser vibrando no coração mesmo de seu canto... E: não ensina. Conta. – *Sentimentoteca.*

Foi assim, fracassado, que retomei a leitura de *Malemort*. Em exílio na França. Então, o texto se animou de uma claridade movente, sem transparência rasa. Eu tinha as boas perguntas e me acomodava nelas. Desconfiava dos cantos universalizantes do Mundo negro, do negro marrom, da resistência heroica, das línguas não problematizadas. Vivia a questão do "nós" por descobrir. Estava ávido das profundezas de meu país. Voltei então à boa sede, para a qual Glissant difundia a água incômoda de uma fonte afastada. Eu arrastava o livro um pouco por toda parte, lendo e relendo sem parar, tomado por esse fascínio que sentem as borboletas pelas imutáveis lamparinas. Um livro-hieróglifo adormecido, próximo e indecifrável, irradiando de uma estranha maneira, até o fundo de mim, as iminências de meu despertar.

Outro romance viria se juntar a esse fervilhar: *Dézafi*, de Frankétienne, escrito em crioulo haitiano.[31] Uma capa vermelha. Uma impressão sem luxo em papel grosso. Um contato amigável, quase carregado de terra. A palavra *Dézafi* evoca uma festa popular em que as rinhas de galo ocupam um lugar central. Nesse texto, Frankétienne evoca a luta do povo haitiano, bestializado pela ditadura, mas também sua própria luta para sobreviver como escritor em uma língua dominada. Palavras crioulas surgidas das profundezas rurais (e de um imaginário rebelde) são repentinamente colocadas a serviço não da língua a postos em ofensivas

---

31 *Dézafi*, romance de Frankétienne (1936-2025), foi o primeiro livro publicado em crioulo haitiano, em 1975. (N. E.)

guaritas, mas de uma festa linguageira inaudita, com uma estruturação turbilhonante, deflagração monumental que eu pensava ser inconcebível em uma língua esmagada. A língua crioula fissurando de repente sua couraça, erguendo-se em obra de arte.

Nessa época em que eu relia *Malemort* e *Dézafi*, vi alguns livros na prisão. No centro penitenciário de Fleury-Mérogis. Prédio D2. Eu ainda não tinha publicado nenhuma obra; algumas das minhas peças haviam sido encenadas no teatro, e minhas ilusões sobre o valor de meus poemas estavam de alguma forma estancadas; o romance abria então para mim seus possíveis inesgotáveis. Intervindo como educador, minha abordagem no trabalho social com jovens encarcerados afastava qualquer presença do livro ou da literatura. Ali, eu entrava, acreditava, no universo da não leitura por excelência: território das urgências, dos desamparos sem horizonte, das angústias e das deficiências somadas. Ali, podia sentir, a cada hora de cada dia, a asfixia das impotências. A literatura, o livro, a leitura, a escrita permaneciam em meu espaço doméstico, no centro de uma luta levada a meus cadernos e meus romances que resistiam a nascer. Era meu oásis fora do mundo penitenciário, fora do mundo simplesmente, onde eu refugiava um diálogo com *Malemort* e *Dézafi*: o profissional e o escritor não estavam do mesmo lado dessa linha do apartheid.

Minha trajetória me levou a afastar a literatura da realidade; eu a vi se tornar "útil", perder seu sentido delirante acima do qual o próprio criador sente vertigem. A leitura continuava para mim associada à escrita, no contínuo de um prazer atmosférico do imaginário. Assim, em minha chegada àquela prisão, lancei para a biblioteca um olhar indiferente. Era um pequeno cômodo cujos vidros reforçados davam para uma savana degradada usada às vezes para manobras esportivas. Ela juntava as alas do primeiro andar. Dois detentos trabalhavam nela, entre os livros cobertos por um pano azul-escuro. Esses livros provinham da administração central segundo regras que não interessavam a ninguém. Quanto à biblioteca, seu funcionamento trazia algo tenebroso. Esses livros aprisionados, azulados, escolhidos por um funcionário dos subsolos do Ministério da Justiça não me pareciam mais livros. Seu azul os lançava fora das literaturas. Eles se juntavam a esses homens aprisionados: deslocados de seu ser – e pareciam participar das utilidades coercitivas da barra de ferro, da grade e da fechadura. Eu ansiava por um trabalho social que rompesse com esses livros aprisionados, esses livros domados.

Um dia, o chefe da vigilância mandou me chamar.

Fiquei surpreso, porque isso não era comum: entre o pessoal da vigilância e o pessoal do educativo, cultivavam-se insuperáveis distâncias. Cada um se revestia de uma legitimidade exclusiva, e dedicava ao outro uma indiferença sarcástica. Os educadores vagavam entre os vigias como navios-fantasmas. Sua aparição produzia silêncios, não falávamos nada com eles, ou muito pouco. Deviam fluir na rigidez securitária da detenção, sem ondas incômodas. Mas, nesse dia, o chefe da vigilância estava embaraçado. Ele acabava de receber do correio, em um pacote de mantimentos, um pequeno livro destinado a um detento. Como o livro vinha da Martinica, estava preocupado e me consultou sobre sua entrada na detenção. Quando vi a obra, tive um choque: o *Caderno de um retorno ao país natal*, de Aimé Césaire!... O livro tinha sido encomendado por um jovem martinicano, preso havia já seis meses, um pouco taciturno, que consagrava suas horas à leitura. Revelei ao chefe da vigilância que se tratava de um grande poema lírico, ato fundador da Negritude literária, e tábua de impulsão da literatura das Antilhas crioulo-francófonas. Expliquei que Césaire era um dos grandes poetas do século (às vezes, paro para pensar sobre essa cena surrealista: um educador e um chefe de vigilância falando de poesia no cubículo de um oficial de prisão). Eu lhe propus entregar eu mesmo a obra ao interessado. Depois de folheá-la, de procurar alguma inscrição suspeita misturada ao texto impresso, de consultar a lombada à procura de uma lâmina, um punhado de drogas ou qualquer contrabando vicioso, o chefe de vigilância me confiou o livro com um semblante risonho (a administração penitenciária deveria mobilizar a poesia para aproximar seus funcionários). Na cela, descobri um jovem martinicano, de rosto duro, voluntarioso. Era acusado de uma série de assaltos (a correios e bancos), líder daquilo que a imprensa havia nomeado a "gangue dos antilhanos". Esqueci os termos de nossa primeira conversa. Ele era desconfiado. Um pouco hostil. Não conhecia a literatura, nunca tinha lido nada, na verdade. O refúgio nos livros lhe permitia evitar os passeios nos quais a galera barra-pesada se provocava. Longe do país natal, naturalmente ele procurou obras consagradas às Antilhas. Em falta na biblioteca, ele encomendou algumas à família.

Foi assim que recebeu o *Caderno*.

Eu lhe falava do livro no modo de uma confidência vergonhosa: o educador repugnava introduzir uma presença literária em um lugar como este. O *Caderno*, disse-lhe, é um tom, uma força, uma vontade flamejante que povoa o silêncio dos seres dominados. Eu lhe prometi que o livro lhe seria sensível. Isso aconteceu. Prolongava minhas rondas às celas em sua companhia. Eu lhe assinalava livros, e lhe trazia alguns em segredo: Naipaul, Carpentier, Lezama Lima, Roumain, Stephen Alexis, Guillén... Sua cela encheu-se de Caribe, e então (com Faulkner, Amado, Márquez, Roa Bastos, Asturias...) da América das plantações. Foi uma bela virada: não falávamos mais dos procedimentos penais ou de contratos sociais, mas de literatura. Não era mais Educador: passei a ser o que eu era, enriquecido a partir de então com o paradoxo que nos exige que só nos tornemos educadores quando deixarmos de sê-lo. Estranhamente, eu não lhe falava de cara de Glissant ou de Frankétienne.

> O velho guerreiro me sussurra: ... conheci prisões de pedras, bambu, aço. Conheci celas onde se esquecia de toda ideia de luz. Conheci a chibata, o eletrochoque e o chicote. Ali, tive bastante tempo para pensar no que nos faziam... (*ele suspira, loureiro queimado*)... Para tornar o mundo transparente, tiveram que *cristianizar educar civilizar unificar universalizar racionalizar* o Outro. Levar as diversidades ensombrecidas às clarificações assujeitantes de seu olhar... (*ele ri*)... Seja prudente diante das ideias de "civilização", "racionalidade" ou "Universal": elas podem puxar para dominar. – *Inventário de uma melancolia.*

Para o meu novo amigo, eu evocava os efeitos da escrita em mim. Fui atravessado pela ideia de lhe sugerir que escrevesse sua história. Sua situação, sua cela, o peso irremediável da detenção, seu rancor como exilado; seus tumultuados périplos contra policiais pareciam propícios para a narração. Ele custou a acreditar. Ofereci a ele um caderno. As maravilhosas páginas brancas produziram efeito. Ele escreveu de impulso uma frase, depois outra. Eu ali, incentivando que desprezasse gramática, sintaxe e ortografia, para que *chamuscasse* a folha com suas queimações íntimas: a noite que cai na cela; barras arando o céu; o tormento celular no barômetro da bruma noturna; as lufadas de tristeza; as sangrias suicidárias; as cavalgadas dos carcereiros em alerta; o ritmo das correntes e dos diversos carrinhos; o tempo cindido, inerte; a esperança que faz sol em um simples cartão-postal; o éter de amor em uma carta censurada; as janelas dispostas como uma cruz crucificante; o olho-consciência do olho mágico; a imanência metálica do interfone; o fluxo de suas lembranças aventureiras...

Meu amigo preso entrou no jogo. As páginas do caderno cobriram-se. Ele lia. Ele escrevia. Lia. Escrevia. Minha amizade recente com o chefe da vigilância lhe arranjou uma máquina de escrever. Ele passava seus dias, suas noites nela. Essa serenidade lhe permitiu conseguir uma vaga invejável em uma revista. Ele iria assim escrever um romance (*A gangue das Antilhas*) que, alguns anos mais tarde, pude fazer com que publicassem.[32] Vendo-o escrever, tive consciência do potencial que a leitura-escrita tinha em uma situação extrema. Meu novo amigo reconstituiu uma densidade que aniquilava o peso carcerário. Não estava mais em *rancores*, mas em *quereres*. Ele se projetava em confiança. Irradiava um carregamento de energia. Assumi então a gestão da biblioteca. Obtive da administração central as obras nas línguas presentes na prisão. Instituí um rodízio de livros em cada cela. Caso os detentos lessem pouco, eu os atiçava com romances policiais, quadrinhos, obras ilustradas que eu misturava com as outras. O objeto-livro integrou assim seu cotidiano. A biblioteca conheceu uma vida especial que perturbava às vezes o mortuário cárcere. Ela se transformara em um nó vivente de relações pouco regulamentares. Os livros aprisionados difundiram uma dramática secreta que aureolava com uma graça insólita minhas pobres intervenções educativas com os detentos. Eu vi – *ah, essa lembrança!* – livros em prisão.

---

32 O autor refere-se ao romance, ainda inédito no Brasil, de Loïc Léry, publicado originalmente em 1985 e reeditado em 2016, quando foi adaptado ao cinema. (N.E.)

> O velho guerreiro me sussurra: ... eu também, algumas vezes. Meus carcereiros os usavam para me fissurar as costelas. O tapa de um livro é sempre temível. Mas, através de algumas obras encontradas na cela, eu medi a surpreendente diversidade dos homens. O colonialismo brutal dos Estados-Territórios iria vencer os nômades que seguiam a grama e a água, vencer aqueles que se diziam simples guardiães de suas terras, aqueles que celebravam conivência com a terra ofertada, aqueles que se pensavam no centro do mundo sem que uma única poeira lhes pertencesse, aqueles que podiam acolher seres estrangeiros vindos no horizonte, aqueles que queriam reinar somente sobre seu espírito, aqueles que, parceiros dos deuses, ignoraram os avanços conquistadores... (*ele suspira, sal quente*)... chorei em muitas celas sobre livros-testemunhas... – *Inventário de uma melancolia.*

Acontecia de eu encontrá-lo escrevendo. Todo o peso de sua vida, a morte penitenciária rondava as folhas empretecidas por sua máquina. Os livros se acumulavam na pequena mesa. Para além de sua tumba celular, ele acessava infinitos espaços. A detenção acionava nele numerosos livros de maneira única. Ele me falava dos autores que amava, dos capítulos que lhe fascinavam. Autores para mim insignificantes assumiam para ele inesperadas amplidões. Eu não me surpreendia. Contemplava apenas uma vida que se animava. Sem dúvida devido a isso, eu lhe falava de *Malemort* e *Dézafi*. Articular para ele o transporte desses livros. Clarificar enfim, para ele e para mim, seus desconcertantes despertares.

Malemort é a irrupção de uma consciência outra na língua. É a língua francesa precipitada no arquipelágico Caribe, guiada por um imaginário que a dessela de suas memórias dominadoras. *Dézafi* é a língua crioula, não convocada, mas invocada, eleita em uma poética menos acessível a seus ferimentos e suas submissões. Nesses livros, a voz está decidida, ela se nomeia, e escolhe se nomear em um *apetite demiúrgico*. Havia descoberto neles esse trânsito intenso entre a língua crioula e a francesa, e a liberdade criadora em uma língua dominada. Ambas entregues a uma livre autoridade.

Mas tinha mais.

De leituras em leituras, de insatisfações em insatisfações, de irritação em desamparo, eu tinha pressentido que a escrita de *Malemort* significava uma *disponibilidade* salutar que ainda me era impossível nomear. Essa circulação caótica, sem receita, sem sistema, estranha a qualquer mecânica, abria para um sabor que ultrapassava o simples espaço das línguas no qual ela acontecia. Qual era essa nova exigência? Por que eu a recebia com tanto encantamento?

E a deflagração continuava. *Malemort* rompia o casulo do "Mundo negro", para solicitar esses seres que se tinham emaranhado nesses barcos, nesses porões, nessas plantações, nessas ilhas, sob esses séculos de atentados e sobrevivências. No romance, andávamos com eles através do país, sopesávamos seus abismos, suas deportações, suas fantasias, explorávamos suas pequenezas, adivinhávamos inesperadas grandezas, não deixávamos escapar nenhum detalhe, nenhuma audácia, não negligenciávamos nenhuma aparente pobreza, e sob o irrisório projetávamos caminhos fecundantes. Era outra maneira de olhar o solo, as árvores, o céu, a vida, as forças mágicas. Outra maneira de aceitar nossos gestos, de ler nossos fracassos, de pensar nossa emergência, uma raiva e um grande riso para pressagiar nossa tragédia e explorá-la a céu aberto. E, em nenhum momento, o desejo de explicitar: a escrita parecia viver uma realidade torturada e, sem demonstração, instilar em minha mente desconhecidas voracidades sobre indizíveis fomes. Essa obra despertava em quereres e perguntas.

> De Rimbaud: Deixa o voo aos farrapos e vai leve à claras vidências, nas franjas de uma desordem pensada em volta de uma visão – ah, a efêmera zebrura que pressente a outra paisagem do mundo... – *Sentimentoteca.*

Através de *Malemort*, muitos livros se chocaram em mim, como em uma alogamia. Rabelais. Simonin. Lautréamont. San-Antonio. Joyce. Faulkner. Céline. Os passadores de outras escritas. Contrabandistas das línguas altivas. Sem que eu entenda como, cada uma de suas vozes perfurava um território, apagava uma fronteira, derrubava um limite, e se tornava um órgão aberto, provando os sabores. As línguas perdiam vaidade. Não se levantavam mais em verticalidade, mas se abriam em cumplicidade proliferante. O Escrever como o chiado de um viver intenso que eu sentia de repente como impetuosa necessidade.

> De Gilbert Gratiant: A palavra que sulca, jubilatória; mas teme ser dissociada no corte de tuas duas línguas...
> – *Sentimentoteca.*

Os grandes livros adormecidos possuem latências estendidas: eles acordam por meio de outros, mesmo sem precisar que sejam relidos. Um livro que desperta, desperta mil outros. Eles se chamam em segredo. Se designam. Se levam uns aos outros. Uma repercussão lenta, paciente, sem fim, que cada releitura vem ativar (e confirmar, e revelar) a partir de outro ponto de impacto. Perdemos então, é verdade, o sentido concreto, desertamos as horas e suas utilidades, nos surpreendemos manuseando os livros como relíquias, e amontoando-os. É verdade que tememos esquecer um. Supomos em toda sua grandeza e negamos o abandono de qualquer um – tal qual esses velhos garimpeiros cuja esperança não envelhece diante de suas minas esgotadas. É verdade também que nos pomos a reler. Não circulamos mais, escavamos de trás para a frente, como sobre nós mesmos, uma espiral sempre mais insistente, sempre menos impaciente. Mas sempre mais ávida.

O *Dézafi* de Frankétienne, mergulhado a fundo nas feridas haitianas, se amplifica magistralmente, e amplifica o sentido mesmo dessa luta, alardeando todas as liberdades na língua dominada. *Malemort*, amotinando língua dominada e língua dominante, lança o mundo em complexas espessuras. Esses livros me enviavam a um ponto fundador. Tudo reler. Tudo reexplorar. Tudo reinterrogar. Minha luta contra a dominação deu frutos rebeldes. Mas esses frutos militantes me deixaram estéril. Era preciso tentar a urgência interior do olhar novo, aquele que associa contrários, domestica paradoxos e frequenta o impossível sem nenhum dogma. Eu tinha 23 anos. E falava assim em uma cela; diante de um ser que a escrita elevava; ao lado de livros aprisionados.

> O velho guerreiro me sussurra: ... não lembro mais quando, sem dúvida em uma cela, entendi isto: a dominação brutal suscita a vontade de "se humanizar", um pouco na base de valores endógenos, mas também, e de maneira decisiva, através do modelo que o vencedor oferece... Eu tinha me tornado havia muito um temível mestre de armas, mas essa ciência brutal não me bastava mais. Os dominantes haviam mutado. Eu devia aprender a lutar contra a dominação silenciosa sobre a qual vou te falar agora... – *Inventário de uma melancolia*.

II

ANÁBASE EM DIGÊNESES SEGUNDO GLISSANT[1]

Onde o etnógrafo vai tornar-se um Marcador de palavras

Preparemo-nos para tudo.

EDGAR MORIN

SONHAR-PAÍS – Compreender essa terra em que nasci tornou-se minha exigência. Eu estava nela, ela estava em mim. Entrar nela era entrar em mim em um círculo sem borda. Quis esquecer o que sabia dela, reencontrar, como por baixo de uma ruína, sua verdadeira carne onde minhas próprias carnes tinham criado seu tecido. Retornei ao magma de suas emergências. Os livros, a pa-

---

1 O termo "digêneses" aparece na obra do escritor e pensador martinicano Édouard Glissant (1928-2011) em oposição à noção de gênese, que aponta para uma filiação única, uma matriz una e indivisível. (N. T.)

lavra, as velhas memórias, os traços, as intuições, as lembranças embaralhadas... tudo se transformava em ferramenta dessa busca do profundo. À minha volta, a colonização havia conduzido os discursos. Ela havia nomeado. Havia designado. Havia explicado. Havia instalado uma História que negava suas trajetórias. Ela se escrevera sobre nossos silêncios desmantelados. Imergir nesses silêncios prostrados sob a proclamação. Em minúcia, viver as palavras caídas sem voz sob a escrita. Com grande preocupação, me religar a cada migalha dessa terra, e religar cada migalha com a outra, e surpreendê-las em seu conjunto emocionado. Tentar o verdadeiro desvio de uma rota de corsário. Ir como essas borboletas que assombram as inextrincáveis plantas medicinais, sem que nada consiga freá-las: nem as picadas, nem os emaranhados, nem as seivas colantes. Leves, obsessivas, fazem água, fazem vento, destroem a rigidez com a força da errância fluida. Há nesse voo-borboleta um modo leve de conhecimento. Descer em mim mesmo – na alma deste país – em vigilância plena e em belo abandono. Eu estava em querer.

> De Éluard: Contra as armas deles, escrever sem cessar ("em cada sopro da aurora") a palavra preciosa, a palavra-poder, sobre a simplicidade do cotidiano armado pelos choques impossíveis, engatilhado pelo amor... – *Sentimentoteca.*

Meu distanciamento na França favorecia meus sonhos. Minha mente se evadia em direção ao país natal. Eu me perdia em leituras e, durante meus desejos de escrita, minha mão despencava em suspenso. Eu decidia pelo abandono nessas deportações incontroláveis. Ir ao sonho. Caçar o sonho. Estava aí, compreendi de repente, o melhor modo de conhecimento: *sonhar*, *sonhar-país*. O sonho me oferecia a leveza onipotente da borboleta. O sonho podia desamarrar as ferramentas coloniais postas em nossas realidades. Sonhador, iria ao tremor das sombras, às insignificâncias anunciadas, às fendas aparentes. Para lançar essas forças oníricas, eu lia e relia muito, e, sobretudo, praticava a obra-totem de Glissant. Ela conservava suas asas inacessíveis, mas, de sonho em sonho, eu saía, sem ainda o saber, com penetrâncias aéreas.

> De Yeats: Entrar na resistência do Lugar, através das liberdades extremas da visão, e na sua profecia – a máscara é reveladora de acordos secretos ao sensível existente. – *Sentimentoteca.*

Eis-me aqui, sonhador-manguezal, esposando esse país voo-de--perdiz, suas quebras, suas desaparições, seus enraizamentos forçados, seu desvario solto. Eis-me aqui, sonhador-moroso, esfregando a cabeça nas lamas esquecidas, agarrando presenças vaporosas, deixando ir, deixando ir, em incertezas inúteis, nas rajadas de possíveis, nos acidentes, nas trajetórias turbilhonantes. Deixando ir, deixando rolar. Eis-me aqui, sonhador-rio, pouco apto a compreender, mas bicando esse pólen mental nos prazeres lânguidos. Quando retornei ao país, depois de dez anos em terras da França, persegui esses sonhos reinstalando meu corpo em uma realidade agora disponível. O retorno concede clarividentes vontades aos olhos; podemos, numa virada de cabeça, num toque de mão, nos impressionar com um tremor da existência. Nós vemos. Escutamos. Roçamos. Nos obstinamos. Solicitamos. E, às vezes, experimentamos o sentimento de admiração: o sonho passa pela carne e permite essa expedição em direção ao interior (para mim: essa *viagem interior*) que Perse elegeu na palavra "anábase".

De Saint-John Perse: A aparente medida, frustrada pelas forças visionárias da linguagem, aqui onde o impulso se aurora... na estima... sempre. - *Sentimentoteca.*

Em minha anábase sonhadora no país, admirei os velhos contadores. Admirei os contos, as titimes,[2] os provérbios, a tecelagem das maravilhas. Secretamente, em debates acalorados, e sobretudo na emoção das injúrias, em belo júbilo, admirei a língua crioula. Admirei paisagens, bairros invisíveis, árvores-tempo, lugares meio apagados, gestos sem memória. Admirei canoas atônitas e pirogas fora do alcance das lembranças. Por meio desse sentimento, o Escrever adquire suas cargas fecundas. Daí emana um conhecimento intuitivo que envolve a mente. Uma absorção global, não arrazoada, difunde-se no conjunto do ser, no mesmo instante. Formas de aproximação voluntária, caderneta de anotações ou gravador não saberiam substituir o sentimento de admiração. Como ele se acendeu, apesar da depreciação inconsciente que pesa sobre nosso entorno? Eu me descobri admirando, *ao me deixar*, ao me aceitar. Uma espécie de armadilha brusca que se abre e destrava minha mente. O surgimento (como renascimento) de uma visão interior, das existências degradadas. A inocência retomada do sonhador, íntima e soberana, me submerge de repente. Esse êxtase admirativo, sob dominação, é para mim algo raro e precioso.[3]

---

2 Titimes ou titim são adivinhas, charadas e jogos de palavras da cultura caribenha, provavelmente oriundos da cultura crioula e dos povos ameríndios, falados por vezes em velórios ou outras circunstâncias rituais. (N. T.)

3 A admiração dos poetas-dudus por seu entorno não era autônoma. Ela aquiescia às hierarquias de valor do dominante, que valorizavam uma parte superficial (inofensiva e frequentemente reconstruída) do espaço colonizado. O sentimento de

O velho guerreiro me sussurra: ... eu também, colonizado pelos recantos do mundo, penteei as cabeleiras do sonho. Mas não da sua maneira. Entre minhas lamas e minhas sombras, no leve batimento das algas mortas, sonhei possuir os mesmos direitos que um cidadão do Centro. E éramos assim milhões pelo mundo, tecendo nossos desejos sob as muralhas de pedra. Os Centros, percebendo o calor daquela lava, compreenderam que subjugar valia mais que reprimir. Os ventos dessa nova maneira se espalharam pelo mundo. Sem descolonização, como nas quatro velhas colônias francesas,[4] mas frequentemente *por meio* da e *com* a descolonização. Assim, com lábios de fel, nossas vitórias descolonizadoras favoreceram tentáculos estranhos que dominaram completamente o lugar deixado vago pelas bestas coloniais. Formou-se dessa maneira uma retrossujeição complexa desconhecida por nossas mesas... (*ele suspira, fonte evaporada*)... a dominação silenciosa... (*um tempo depois sua voz se levanta, madeira de sândalo*)... Eu vi sua cara de cadela: as influências que petrificam os seres e os povos que curvam suas nucas sob o cutelo do mimetismo. Isso podia ser feito pela hostilidade regressiva dos povos dominados, ou em sua abandonada beatitude, ou ainda colocando em desordem suas forças de oposição. Mas de uma maneira e de outra isto se produzia. Ereta, anjo louco nos horizontes dos mundos, na alegria de nossas independências, eu

---

admiração liberador resulta das percepções de um conjunto ao qual nos ligamos de maneira íntima em cujo funcionamento se manifestam então códigos soberanos de vida e sobrevida. A admiração de que falo é um abalo profundo: desconstrói alegremente o entorno dominado com a proclamação de uma verdade interior. (N. A.)

4 Martinica, Guiana, Guadalupe, Reunião... sagrados departamentos ultramarinos. (N. A.)

vi a cadela silenciosa nos bloquear sem violências face aos Centros "parceiros"... – *Inventário de uma melancolia.*

Meu sonhar-país me mergulhava no magma antropológico dos povos que nele se encontraram. As cepas ameríndias. As projeções europeias. As dolorosas espirais africanas. Os empilhamentos da Índia, da Ásia, do Levante. As foices das plantações. A palavra arquiteta. A matriz da cidade. Essas forças estavam aqui, entrelaçadas, no nó silencioso do país, e enumerando suas relações em mim. Confrontado na minha errância-sonho com seus efeitos contraditórios, reencontrei um impulso de escrita. O Escrever se acomoda bem às leis moventes desse magma. Eu achei graça em explorar esse ângulo incerto, sem construir para mim tais calmarias enganosas, céus falsos e sóis ilusórios.

De Brecht: O sonho ainda possível no punho que se levanta (sem se abater) e convoca consciência lúcida... – *Sentimentoteca.*

De Mallarmé: A beleza como um jogo de sombras conhecedoras, cada palavra desviada, dilatada para se abrir em acontecimento – a vertigem, nua, visada precisa... E... tenta o Livro-absoluto, mas dele não deixa nenhum traço. – *Sentimentoteca.*

EU-COLONOS – Um dia, em um sonho terrível, tornei-me exatamente o primeiro colono francês, Pierre Belain d'Esnambuc, que tomou posse do país-Martinica em julho de 1635. Observando sua estátua sob os tamarindeiros de Fort-de-France, tive a percepção daquilo que o animava. Errei, por muito tempo, na minha cidade reencontrada: os lugares da infância dando cara de lembrança às coisas, os cheiros do asfalto e de árvore morta e os tamarindeiros esquecidos na velhice bebendo urinas quentes. As ruas que cintilavam familiares-estrangeiras, e os rostos conhecidos envelhecidos, e as janelas fechadas sobre os mortos no fim da vida. A morte, a morte e o tempo em seus comércios de vidas. Fiquei parado diante da estátua, esverdeada, ereta e rígida, na altura do horizonte, o braço dobrado para proteger suas pálpebras do sol e a outra mão agarrada na espada como para me intimidar. Foi como se nunca a tivesse visto e que, da sua grande sombra, ela rasgasse a luz do meio-dia. Tomada de consciência. Desabamento. D'Esnambuc, ah! Eu te compreendo, de repente, no constrangimento de uma intimidade deliciosa e horrível. Você vem em nome do rei da França e sob a autoridade da Companhia das ilhas de Saint-Cristophe. Em você, nenhuma perspectiva de relações verdadeiras com outra terra, outra realidade, outro povo, outra cultura. Nenhum arrepio curioso em direção aos caraíbas avizinhados no mar das Antilhas há um monte de tempo. O homem, *você virado em mim*, esse lobo dos mares, com sua centena de marujos, chega conquistando. Não trago nenhuma das luzes da Europa, mas credenciais, apetites dos mercadores, as obstinações dos soldados degredados, uma decisão de *tomar*, vivo como um projétil.

O que o meu olhar encontra?

Ainda sonhar. O ondulado dos verdes que elevam os picos até as estrebarias das nuvens. De uma parte a outra (quebrando as manchas de um verde noturno), as sardas de uma seca de quaresma caminham sobre as costas redondas dos morros. As falésias gotejam lágrimas vegetais onde se lançam, felizes, as fragatas. O mar arranca da terra incontáveis impaciências. Às vezes, as ondas definham nos sacos das baías sonhadoras, enseadas secretas oferecidas a negras vomições vulcânicas que ameaçam não se sabe o quê. O vento transporta rumores de terra, odores de mangues.

Eu reconheço uma vida de ilha com aquela precisão que os marinheiros trazem do vazio dos horizontes. Em mim, isso se transforma em riqueza possível. Enumero meus campos de *pétun*,[5] meus pés de café, preparo a afixação de uma bandeira à sombra da cruz. Desembarco, sobre mim mesmo, cego ao burburinho do mundo novo. Em meu barco, uma diversidade reina: sobre o convés, nos cabos, à bombordo, no balanço do leme, fala-se gascão, normando, angevino, bretão, poitevino... ou ainda o *francien*, dialeto de Paris que será imposto como idioma nacional. Nesse mesmo ano, Richelieu institui a Academia Francesa, mas longe da nossa terra natal minha tripulação lhe escapa, e seguirá escapando, mesmo durante a uniformização linguística de 1789. Essas línguas, seguindo meu rastro, derivarão junto com outras na língua crioula. Sonhemos esse eu D'Esnambuc que vem e desembarca.

> O velho guerreiro me sussurra: ... eu, nos anos 1960, desembarquei dos sonhos vendo nossas independências se instalarem nas marcas coloniais: mesmas fronteiras, mesmas rupturas étnicas, mesmas instituições, mesmas leis, mesmos produtos de exportação, mesmos extrativismos minerais... as burguesias-país pegaram para seu benefício essas pompas sugadoras abandonadas... (*ele suspira, árvore queimada*)... Descobri, desatinado entre os cantos nacionalistas e as insígnias alegres, que nossos países "libertos" retomavam por conta própria as garras dos Territórios ocidentais. Liberdade queria dizer: Independência, Estado-na-

---

5 Termo indígena para designar tabaco, apropriado pelo francês. (N. T.)

ção, Bandeira, Hino Nacional, o aparato atarraxante dos Centros dominadores... (*uma pausa, suspira de novo*)... Para defender seus direitos frente às forças coloniais, sr. Césaire rugiu em *Caderno de retorno a um país natal*: "Há lugar para todos no encontro da conquista!" Pois bem, nossos povos libertos se projetaram assim: no espírito de conquista que havia presidido sua dominação. Nós forjamos não uma alternativa, mas um contra modelo submisso a seu modelo. Ó sonhos desfeitos! Nossas liberdades se encerravam em antigas armaduras, e os velhos Centros, enriquecidos, mais leves, se difundiam em nossas mentes. E eu via, passando por meus flancos congelados, o invisível exército imperialista contra o qual minha artilharia guerreira já não podia grande coisa... - *Inventário de uma melancolia.*

Escuto o primeiro impacto da minha bota sobre a areia; ele prolonga o eco sepulcral da bota de Colombo. Qual onda pretensiosa e qual espuma tentaram o apagamento, acreditaram ter conseguido, e refluíram confiantes? Eu errei nesses gestos. Bater à praia de Saint-Pierre, empilhar as pedras para a muralha de um forte, cultivar as terras ao pé da montanha. Meus homens-horda organizam as instalações e exterminam os caraíbas. Sobre meu itinerário se espalham esses rosários de monumentos coloniais que grupos de turistas visitam em carros climatizados. É a trilha de D'Esnambuc (igrejas, fortes, baterias, mansões senhoriais...) que nos funda patrimônio arquitetural e fachada cultural. Ela é mostrada, honrada, visitada, protegida (o resto indefinido se vê deixado ao abandono). Essa rota oficial faz a história do país. Eu a recebi como tal desde muito novo, abandonando assim o conjunto das outras presenças. Esses monumentos tinham me cercado de uma "História" em que eu não tinha feito nada, e ofereciam aos bekês,[6] descendentes dos primeiros colonos, confirmação de uma preeminência a cada passo, cada encruzilhada, cada forte, cada Casa-grande colonial, cada mármore de estátua... O sonho-país me restituía agora essa "História", que, neutralizada, se abre em um concerto de histórias.

> O velho guerreiro me sussurra: ... a cadela silenciosa mordia as almas dos guerreiros mais firmes. Eles tinham libertado suas terras com concepções que provinham dos Centros. Nomeados dirigentes de seus países, erigiram defesas contra os ataques conhecidos da dominação brutal. Logo, se mostraram preocupados com as fronteiras, com a integridade territorial, com um exército hipertrofiado, com a unidade nacional capaz de resistir ao mais sangrento dos ventos. Mas, no coração desses blocausses,[7] ficaram desarmados diante dos tentáculos do modelo inconsciente... (*suspira, álcool de rosas salgadas*)... Eu vi, dia após dia, suas escolhas de "Desenvolvimento" organizarem, sem que percebessem, indolores sujeições. Eu tocava os rebates, ligava os alertas. Em vários países, tornei-me o "Funesto", e me perseguiram. Esses novos chefes tinham sido terríveis combatentes e ninguém poderia suspeitar de suas decisões – nem os outros, nem eles próprios. O antigo combate lhes dava uma auréola de alta santificação sobre a qual, em pausas solitárias, eu só podia depositar uma lágrima de cinzas e duas de amargura... – *Inventário de uma melancolia*.

---

6 Ver nota p. 50. (N. E.)

7 *No original, "blockhaus"*. Pequeno fortim isolado. (N. T.)

No meu rastro, surgia uma biblioteca de sábios abades, viajantes cronistas do mar: Coppier, Pelleprat, Du Tertre, Rochefort, Breton, Labat, Saint-Méry... A primeira escrita avançou sobre minha tomada de posse, depois a acompanhou, depois a observou, depois a celebrou, depois a justificou. As "História natural", "História nova", "História verdadeira", "História geral", "História moral", "Descrição", "Relações", "Crônicas", "Viagens", "Cartas", "Memórias", os "Discursos", "Registros", "Diários"... vão remodelar terra, povos, fauna e flora, perfilando assim esse olhar exótico que os poetas-dudus retomarão por conta própria. Nada será escrito fazendo face a isso, por muito tempo. Eu engolia meus dias nesses livros poeirentos que meu eu-colonos decifrava tranquilamente. Neles, os grandes bosques tropicais e as erupções dos vulcões aparecem horríveis diante da paisagem europeia, da doce colina e do prado ondulante. Os rochedos são pelados. Os precipícios, assustadores. A fauna inspira aterrorizantes quimeras. O caraíba se torna a encarnação de um diabolismo canibal. Em seguida, por conta da implantação, do desejo, de maravilhar esse "caro leitor" europeu e incitar o povoamento das ilhas, se entoará o hino paradisíaco que nunca mais terá fim. A colônia será descrita, vestida, transformada, enumerada, domada, segundo meus olhos de novo dono. O país será *desvendado*, ou seja, passado a limpo, com evidências, sem dobra alguma ou sombra de obscuridade. É o princípio colonial de transparência que assegura meu reinado.

> De Joyce: A coragem – a clarividência acima da ordem, e a adivinhação demiúrgica fora da desordem, *revelações* – e a coragem ainda... – *Sentimentoteca.*

> De L.-G. Damas: Ritmos. – *Sentimentoteca.*

Eu-colonos persigo campos e cidades no laço. Vejo os alinhamentos geométricos que civilizam as margens dos rios sob o caos selvagem. O esquadrinhar da ordem e da medida face às profusões incertas desse mundo que não compreendo. Descubro, como uma onda que dissipa sua espuma, essa oposição inicial em mim. A desordem ilegível do país e a ordem clarificadora da empresa colonial. Sonhar essa circulação entre esses modos de relação com o mundo. Fecundar minha Escrita de medidas e de perturbações. Fui assim quebrado.

> De Genet: Contra a Besta, ser de todas as lutas, e manejar, em assunção ritual, invertida, o *boomerang* do Mal pela margem definitiva... – *Sentimentoteca.*

Essa biblioteca vai se impor a esse país que nasce. Nele, será ela que assombra, colore, ordena a medida. A Escrita nos virá em um fio sentido como natural. Aquele que segura a pena não desconfiará em nada das cargas antigas nascidas da alma colonial. De textos em textos, essas cargas se farão insidiosas. Figurando como a fonte-modelo de toda literatura, elas alimentarão os mimetismos, formarão o ângulo dos bovarismos do Parnasso, romantismo, simbolismo... Elas darão a leitura dominante do país, a descrição dos caraíbas, dos escravizados, dos povos, dos costumes, das mulheres, do amor, da aventura. Cargas-reprodutoras, preciosas e fatais ao mesmo tempo, engrossarão os mais finos tracejados das palavras. Tristeza, ó escritores, quando a única biblioteca deporta sem obstáculos... eu soube por que os escritores-dudus, e os que hoje em dia perpetuam seu espírito, dirão sempre "a ilha" para evocar sua terra. Eles só veem seu país através dos tramados das crônicas coloniais, do alto, de longe, sem espessura e profundidade. Os morros e as erupções vegetais ficarão submersos no ícone das colinas, das clareiras, das fontes. A sua paisagem não encontra palavra para seus olhos cegos. Eles se instalarão no quadriculado de uma ordem e de uma medida. O inclassificável caótico, visto de longe, sem embalagem, será jogado no saco de um "tropical" distante e de "cores fortes". Ao se enxergarem com o olhar dos dominantes, serão exóticos a si próprios. Essa deportação do imaginário atinge atualmente extremos grotescos. Para designar as chuvas dos ciclones que começam no mês de junho, locutores de rádio, publicitários, anunciantes de todos os tipos, meteorologistas de ocasião falarão do "verão", simplesmente porque essa estação coincide com a fase estival da Europa. Nossos bares de rum serão chamados de "cafés". Tal inauguração estará disponível nos "quiosques" inexistentes em Fort-de-France. Nossas realidades estão assim de modo bastante extático, muito naturalmente, negadas. O eu-colonos.

> De José Martí: O verbo em ação plena e a ação como um belo verbo. – *Sentimentoteca.*

> De Mahmoud Darwich: Contra o ódio, a beleza como público da linguagem sob os cumes de terra santa. E tão logo, a terra livre, sublevada das feridas, o retorno ao Lugar-sonhado, sobre grandes asas, sem ilusões... – *Sentimentoteca*

EU-AMERÍNDIOS – Meus sonhos inverteram a "Descoberta", e vi D'Esnambuc desembarcar através do olhar desconfiado dos caraíbas. Eu-ameríndio já conhecia o homem branco. De ilha em ilha, de costa a costa, tinha encontrado português, espanhol, inglês, holandês, francês, nas escaramuças de uma guerrilha sem fim.

Meus próprios irmãos, desde os tempos antigos, tinham massacrado os aruaques (ou arauaques)[8] que habitavam Matinino;[9] só conservaram suas mulheres e algumas de suas técnicas de conhecimento dessa terra.

> De Glissant: Contra o Universal generalizante, nomeie teu lugar Incontornável: ele funda aliança com o mundo...
> – *Sentimentoteca*.

Vejo, portanto, esses predadores através de nossas certezas como primeiros predadores. Conto com a nossa agilidade para vencer. Não estou vinculado a uma ilha. Minhas raízes cobrem a costa americana e contornam o arquipélago do mar das Antilhas. Sei romper o afrontamento e saltar de uma ilha a outra em uma vertigem infernal. Isso desorienta os ocidentais que rapidamente se enraízam, empilham pedra sobre pedra e confundem sua gênese com cada margem de rio para justificar a predação. Eu, caraíba, frente aos barcos no horizonte, não concebo, portanto, uma relação real. Cato nos navios uma ou duas raridades, sejam badulaques ou biritas. Para isso, uso um pidgin[10] que se aninha em minhas línguas e nos falares europeus que se perderam pelas ilhas. Isso me permite não entrar em *contato*, mas *tocar nos Outros*, apenas tocar – somente isso.

---

8 No original, "*arawaks*" (ou *aruaca*). Grupo de povos indígenas com forte presença nas Antilhas e norte da América do Sul até a chegada dos colonizadores. (N. E.)

9 Antigo nome do país-Martinica. (N. A.)

10 Língua de contato, simplificada para comunicação entre pessoas que não compartilham uma língua materna. (N. E.)

> De Octavio Paz: Contra a ruptura entre Ordem e Caos, uma consciência-espelho, fluido tântrico, ato-fonte, mandala dos signos, constelação dos brancos e dos quatro espaços e do presente dos tempos perpétuos. Todos os signos, todos os lugares, todos os tempos... em confluências instantâneas... - *Sentimentoteca.*

O primeiro toque: minha embarcação caraíba, no desembocar de uma falésia, esbarra de repente num monstro alado. Seres estranhos. Bloqueio dos dois lados antes do distanciamento rápido de minha estreita embarcação. O que viram? Pensaram? Do que foi feita sua conversa à noite? E qual a espessura de seus sonhos? Divaguei pensando nos toques posteriores: contrabandistas, fugazes, distantes, cada vez mais curiosos, até o eclodir das violências. Esses toques terminais do pôr-sob-relações a Terra inteira permanecem carregados de um possível infinito sobre o qual penso, melancólico: poderiam acolher a amplidão divinatória de uma literatura.

> O velho guerreiro me sussurra: ... eu sabia tudo sobre o afrouxamento do colonizado diante do colonizador: essas quebras mentais, essas máscaras de humanidade à imagem do vencedor, essa obnubilação do espírito dominado violentamente... (*ele grunhe, depois sua voz se expande como uma luz de cardamomo*)... Acreditei, como Fanon, que uma revolução violenta poderia nos purificar do visco. Mas, saídos de golpes brutais, eu via meus irmãos cantarem sua pele, sua identidade, seu país, sua liberdade, seu orgulho de ser... e dia após dia se entregarem a valores que moldavam tudo isso. Todos se alienavam entre os próprios cantos de liberdade. Já não havia o choque dos tempos conquistadores, mas circuitos comerciais, créditos bancários,

dívidas, telefones, aviões, cabos, lojas, peças avulsas, políticas de auxílio, de cooperação técnica e de assistência, espetáculos humanitários... uma vertigem de toque que precipitara transparências no mais íntimo das pessoas... (*ele suspira, seiva de cabaça amarga*)... Depois das sombras de meus desertos, vi os povos se infligirem uma depuração indolor que anulava suas estruturas tradicionais. Lustro ainda minhas armas, mas sei que enfrento um golpe simbólico. A ideologia no próprio vento que sopra. A propaganda sutil na água que banha a pupila. A influência no oxigênio. Doutrinamento em buquê de sabores. Domínios indiscerníveis... (*segue suspirando, mancenilheira encharcada*)... Quando o modo de ser, o modo de pensar, o modo de se pensar, o modo de pensar seu pensamento, o modo de consumir, o modo de se distrair, o modo de se tratar, o modo de se emocionar... eram vistos como importados, não havia como considerar alguma fagulha criadora... (*um tempo, sua voz desaparece como uma terra de dezembro*)... eu me perdi nas errâncias de formigas loucas sem encontrar um campo de batalha apropriado às antigas armas... – *Inventário de uma melancolia*.

Eu via melhor agora, com o meu eu-ameríndios: o arquipélago caribenho vivia, com a chegada dos colonos, um pôr-sob-relações obscurecido até para si mesmo.[11] Os taínos[12] resultavam de gru-

---

11 Aqui, o pôr-sob-relações não tinha um sentido único, mas suas interações visavam apenas reforçar as extremidades. Cada uma reforçava aquilo que era, e a aparelhagem de mitos e lendas, que revestia esses contatos, organizava somente a influência que não transforma, o contato sem perturbação, que endurece o Ser. (N. A.)

12 Taínos, povo indígena que habitava ilhas do Caribe no período pré-colombiano. (N. E.)

pos diversos vindos do continente; os caraíbas se sedimentaram em ondas. As famílias, as alianças, os ódios e os amores encerravam em um tecido o conjunto das terras. As armadas ameríndias acionaram homens de quase todas as margens de rio, eles se encontravam, trocavam milhafres, conduziam cerimônias guerreiras, rituais ou familiares. Atualmente, por detrás dos muros erguidos pelos colonialistas, nos parece impossível conceber esses circuitos vibrantes em que caraíbas e tai nos alimentavam o arquipélago e, com ele, o continente americano. Cada um estava presente na mente do outro; cada um afetava o outro sem o modificar completamente. As pulsões guerreiras não eram projetivas; as estabilidades pacíficas e ricas, em nada dominadoras. Cada um experimentava o Outro segundo as leis brutais que não tinham consciência do conjunto constituído. Uma dádiva para os colonos europeus. Não identificados com o conjunto ameríndio, eles se apoiarão sobre nossos ódios ancestrais, dançarão sobre nossos reflexos rituais, nossas cegueiras étnicas, e se imporão para todo o sempre sobre o esfarelamento das resistências.

> De Villon: Desde o abismo, a elevação habitada familiar. Tormentos e risos, angústia zombeteira, arrependimentos libertinos, toda felicidade na ferida, toda força em seu contrário. A revolta espantada em plena alma sob luz da linguagem... e essa instável realidade onde nada parece certo a não ser "a coisa incerta"... – *Sentimentoteca.*

Experimento à minha volta vidas ameríndias. Elas habitam as areias brancas, as areias negras, as praias, as enseadas intocadas. Os guapoïdes, arawaks, caliviny, caio, suazey, galibis... Eu os misturo a esses azuis do ar e da água, às ondulações das espumas e das nuvens. Sua presença-ausência me distancia de uma visão paradisíaca das praias e dos coqueiros. Estar com eles, neles, como eles, nos equilíbrios desse biótopo. Viver seu medo e sua quietude. Colocar o pé nessa areia com sua leveza. Me nutrir desse solo com sua sobriedade. Viver sua ferocidade, que não pretendia dominar o mundo, mas seguia sob a direção rigorosa de uma tradição interna: perseguir os taínos, os únicos inimigos conhecidos. Aí também, ler, ler, escrever e sonhar, até estender eixos de inteligência oblíquos, como se estende uma isca com o segredo de três pontos do horizonte. É por isso que, como ameríndio, posso ver surgir a proa colonialista, perceber seu estrondo que desfaz o horizonte, o alvoroço que virá deformar a costa com o branco de suas velas. Posso também, do barco, ao mesmo tempo, viver a alegria desses marinheiros da Europa, frente à terra surgida: promessa de vida salva, anúncio de riquezas, fim dos ódios de mar aberto, adeus às águas pútridas e aos biscoitos de pedra, fuga do escorbuto. Vejo esse paraíso onde me coloco de imediato em posse legitimada. Minha escrita se confunde nessas visões misturadas.

> De Heráclito: Contra Polémo, a palavra explodida em ciclos-contrários, caminho obscuro... ou seja, muito aberto... O Ser seguindo a tornar-se... todas as coisas no Um, e o Um em todas as coisas – o enigma que conhece.
>
> – *Sentimentoteca.*

Os das grandes ilhas, os taínos, resistirão com dificuldade ao golpe colonial. Nossa ferocidade ricocheteante, a dos caraíbas das pequenas ilhas, vai lhes fazer frente por um século. Isso nos permitirá ainda ter alguns sobreviventes. Assaltando as grandes ilhas, nós-caraíbas parecemos mais rústicos, nossa arte é sóbria e utilitária ao lado da dos faustos taínos: somos criados na tradição guerreira, na virilidade guerreira, na utilidade guerreira. Nosso ser é petrificado por um ódio que não dorme contra aqueles das grandes ilhas. Nós os pilhamos, pegamos suas mulheres, vivemos para combatê-los, e sobretudo ao combatê-los. Mas essa guerra ritualizada participa da alquimia da região. Estamos ligados aos taínos em equilíbrios de um ecossistema sem Estado e sem escrita que os colonialistas vão destruir. Com a derrubada das grandes ilhas, as pequenas já não tinham recurso. Uma vez arruinada grande parte desse coletivo, fomos vencidos de imediato, apesar das ilusões fervilhantes de nossas resistências. Nós-caraíbas, cegados por nossa tradição de ódio, cantamos a derrubada dos taínos, e ratificamos sem saber nossa morte iminente. Hoje, sob o esfarelamento das línguas e das dominações, existe um novo "organismo" caribenho do qual não desconfiamos - mas que sei sonhar.

> De Louis Armstrong: A potência lírica solitária, e a voz que desfia a harmonia acordada, marcando a emoção pela força da nudez. - *Sentimentoteca.*

> Das *Mil e uma noites*: Tua vida suspensa nos encantamentos do verbo, essa energia vigilante. - *Sentimentoteca.*

Os colonos miram no local uma sociedade de sobrevivência. Servem-se dos nossos saberes para compreenderem o entorno e poderem se alimentar. Os escravizados africanos que virão em seguida avizinhar-se de nós adotarão nossas práticas marítimas, agrícolas, medicinais. É por isso que as palavras e as técnicas caraíbas atravessaram os séculos. As palavras designam sobretudo utensílios de pesca, peixes e produtos do mar. Eu sonhei-palavras *coui*, *yole*, *mabouya*, *waliwa*, *caye*, *ouicou*..., estender suas ressonâncias, prorrogar suas vibrações, descolá-las daquilo que designam hoje para surpreendê-las novas. Reúno essas palavras em secretas conjurações, ilusórias talvez, mas profundamente comovidas. Carregar a escrita com ondas de emoção.

> De Calvino: O escrever, como oxigênio a toda chama claudicante – o estilhaço moral da mentira jamais encerrado em suas ambiguidades. E: Ligar o Diverso ao Diverso, em um instante rico de ruminações. – *Sentimentoteca*.

D'Esnambuc e seus filhos fizeram tábula rasa sob os disparos de suas bombardas. Alguns de nós sobrevivemos na Dominica, na *Carib Reserve*[13] da Salybia. No país-Martinica, uma maçã do rosto, um olhar, um retrato na feira, o avermelhar de um colar de lágrimas-de-nossa-senhora se infundem em nossas lembranças. Os barcos que os pescadores esculpem nas árvores do mesmo nome[14] mantém nossos rastros nas tormentas das ondas. Mil palavras crioulas ("*boutou*", "*colibri*", "*caye*"...) agarram nossas memórias pelos sons. Nos cemitérios atuais, há os rastros dos círculos de conchas que protegiam nossos mortos. Na cozinha crioula, conservam-se nosso gosto pelas ovas de ouriço, pela mandioca, pela carne defumada, pela pimenta, pelo caranguejo *matoutou*, as receitas de lambi, os mariscos locais, os cozidos de tubarão ou de peixes muito raros. Ainda se bebe o nosso *mabi*, fermentado de casca de árvore e de um segredo de ervas. Trememos na ossatura

---

13 Reserva indígena, atualmente conhecida como Território Kalinago. (N. T.)

14 "*Gommier*" é o nome de uma árvore típica da região do Caribe e de uma embarcação também tradicional do local. (N. T.)

leve das *cases*[15] crioulas que amansa o tremor das torrentes. Nossa ciência das plantas ainda cura. Subsistimos, em preto e branco, nos trançados que misturam o *aroman* e o *cachibou*[16] em signos imemoriais. Estamos nas curvas e cinzelados da argila das cerâmicas... Estamos aí... Em presença menos desaparecida do que "des-aparecida", segundo um termo de Édouard Glissant.

> O velho guerreiro me sussurra: ... nas terras por onde errei, o "Desenvolvimento" era o novo Mestre. Era um pequeno conto de fadas no qual uma centelha agrícola desencadeou reações que terminaram na opulência do mundo ocidental. A fábula se transformou em poção mágica aplicável ao mundo todo. Vi proliferarem-se funcionários, bancos, *experts*, tradutores, colóquios, congressos... que endereçavam aos povos atrasados a saudação da "Ajuda para o Desenvolvimento"... (*ele ri, cinzas e carvão de acaju*)... Vi homens se encontrarem em "Via de Desenvolvimento" sob o fio do famoso conto de fadas no qual foram classificados como avançados, atrasados ou em progresso encorajador. Com a ajuda, eles se "vacinavam" contra suas pestes familiares. Já não encontrava o gládio, mas gráficos de tecnocratas vindos da Ordem dos Centros... (*um tempo, sua voz rola, nar-*

---

15 "*Case*" designa as construções típicas das Antilhas para a moradia desde o período da colonização. O desenvolvimento das estruturas das *cases* foi explorado por Chamoiseau em seu romance *Texaco*. A princípio rústicas, cobertas com palha, foram construídas com outros materiais ao longo do tempo. No decorrer do livro, ora mantivemos o original, ora traduzimos por "casebre", "casa" ou "senzala", a depender do contexto. (N. T.)

16 Os trançados ("*vanneries*") feitos a partir das plantas *aroman* e *cachibou* remetem à ancestralidade indígena e são utilizados na confecção de cestos, sapatos, chapéus, de cor preta e branca. (N. T.)

rando como chuva verde)... Sobre mim planavam as sombras das "Teorias do Desenvolvimento", voos de aves migratórias que iam e voltavam segundo leis desconhecidas. Abatiam-se sobre nós como nuvens de gafanhoto devastadoras, depois retomavam seu voo no vermelho do céu... (*ele ri, cravo-da-índia cremoso*)... Vi com frequência surgir o "Economista do Desenvolvimento" como Tarzan dos longos cipós: esse conhecia o segredo da felicidade. Sua análise te servia de ordenamento, te abria a mão contente da "Ajuda"... (*ele ainda ri, garotada*)... Os antigos senhores se viam transformados em deuses do "Desenvolvimento". Os velhos dominadores reencontravam a juventude em soldados vigilantes das altas felicidades... (*ele ri, enferrujado*)... Terríveis "libertadores"... – *Inventário de uma melancolia.*

Esse eu-ameríndios me fez *pesquisar a ausência*: colocar-se em estado de *sonhar com o entorno.* Voltei assim às enseadas tranquilas da costa caraíba, onde a areia mumifica as memórias. Voltar à praia sombria que realça a cidade morta e seguir como quem vai à Montanha, até essa falésia que uma lenda institui como Túmulo-dos-Caraíbas. A presença-ausência ameríndia está aí, povoando o solo com estatuetas quebradas, machados, enxós, discos de cerâmicas, restos de jaspe ou de andesito, em pedras de três pontas que os arqueólogos etiquetam como enigmas. Após os ciclones, quando os coqueiros caem e as antigas praias se reviram, reconheci meus esqueletos milenares. Levei meus sonhos até a Roche-à-bon-dieu, no lugar dito Macabou, ou diante de divindades gravadas que ninguém pode nomear.

De James Baldwin: Profetizar o fogo de tanto ser sincero. – *Sentimentoteca.*

Trouxe de uma escavação algumas cerâmicas caraíbas. Pedaços dispersos. Formas quebradas. Insinuação de modelagem ou escultura. Eu as coloquei em uma cesta sobre minha mesa de trabalho, perto do computador. Escrevo na presença delas. De tempos em tempos, quando meu olhar se abisma e as encontra, me emociono ao sabê-las provenientes de tão longe com tantos indizíveis. Elas me carregam, me trazem de volta, em rupturas de tempo, permanências sem calendários. De tempos em tempos, obras públicas exumam migalhas humanas transformadas em minerais. No fundo de uma enseada, uma pá mecânica recolhe rápido o que os arqueólogos chamam de "material antrópico": estilhaços de cerâmica, conchas, ossos de homens e mulheres. Às vezes, vindo das florestas, algum agricultor anuncia uma "rocha caraíba"; me precipito e encontro, na maioria das vezes, um bloco de riólito drenado por um curso d'água, cujas fissuras tinham sido submetidas às invenções de um desgaste natural – como se a natureza concretizasse à sua maneira sua presença-ausência.

> De Toni Morrison: A memória atada-linguagem no oblíquo indizível – e a impossível raiz. – *Sentimentoteca.*

Em minhas errâncias-sonhos, frequentei esses objetos, essas presenças; a princípio ilegíveis, elas ganharam significado de maneira progressiva. Testemunhas de trajetórias perdidas, elas viraram para mim *Rastros* e *memórias*. O *Rastro* é marca concreta: tambor, árvore, barco, cesta, um bairro, uma canção, um caminho que desaparece... As *memórias* irradiam no *Rastro*, elas o habitam em uma presença-sem-matéria ofertada à emoção. Suas associações, *Rastros-memórias*, não fazem monumentos nem cristalizam uma memória única: são jogos de memórias que se misturam. Elas não ressaltam o gesto colonial, mas as deflagrações que dele resultaram. Suas significações permanecem evolutivas, e não fixadas-unívocas como as do monumento. Elas me fazem escutar-ver-tocar-imaginar o emaranhado de histórias que teceram minha terra. Esse eu-ameríndios me abriu isso.

> De Kafka: Contra o mar congelado, o escrever como machado e como despertar. – *Sentimentoteca.*

> Do Contador crioulo: Primeiro o ritmo e lança, e sustenta a cadência, carrega o Escutante e o envolve, o deporta, brinca com ele, beija, tira a roupa, opacifica tua voz com obscuridades reveladoras... – *Sentimentoteca.*

Arqueólogo de nosso imaginário, me oferecendo aos Rastros-memórias. Pegá-los com as mãos, remendar seus pedaços, encontrar suas utilizações deixando operar suas formas e usuras. Aprendi a fazer viver os lugares permanecendo neles por longas horas disponíveis, contornando esse clamor de silêncios, me ligando, emocionado, a tais cargas sutis, e recebendo na alma bufadas efervescentes do espírito dos "selvagens"...

> De João Ubaldo Ribeiro: O Lugar em espessuras de histórias, de forças de mitos e linguagem – ó irmão, de sagrada desmesura. – *Sentimentoteca.*

Tive vitórias terríveis: nós-caraíbas içávamos nas praias os barcos capturados. Os passageiros eram oferecidos como escravizados ou massacrados; os navios, quebrados de ponta a ponta e queimados. Eu pegava, no entanto, o mínimo prego, ferragem, telha, couro, espada, armas diversas, mil coisas úteis ao cotidiano de guerra. Esses objetos mudavam meus hábitos, desdobrando neles suas fascinações, criavam desejos, suscitavam faltas, provocavam desusos. Mais tarde, as bugigangas, a língua, as roupas, o álcool, os alimentos, os deuses... agiriam de maneira idêntica. Nas marcas de nossas velhas vitórias, anunciava-se silenciosa nossa derrota completa. Compreendi, no fio dos sonhos, como os efeitos alienantes do pôr-sob-relações passam pelas derrotas, mas se incrustam nas vitórias; e como aqueles transportados pela euforia vitoriosa são os mais difíceis de parar.

> O velho guerreiro me sussurra: ... dissipando uma euforia idêntica, vi a separação se aprofundar entre países libertos e antigos Centros colonialistas. Uns viam escalar a opulência de suas vidas, outros viam o despencar das ações, a extensão de mil dívidas... Por trás dessas dificuldades, perfilavam alguns trusts invisíveis, situados em numerosos Centros e regulando a dança... Desenvolver-se à ocidental tornou-se uma luta contra essas carniçais sem nome que entretanto lucravam com nossos "Desenvolvimentos"... (*ele suspira, chuva de poeiras*)... Atravessei povos que acreditavam resistir ao integrarem blocos econômicos dentro da especialidade subjugada a que estavam presos... os que derramavam água quente nas plantas de cacau começaram, eles mesmos, a plantá-lo e a defendê-lo como sua razão de vida. Aqueles que desenterraram os mortos começaram a sonhar com caixões... Reinava à minha volta uma adoção massiva dos valores dos nossos Centros, crítica ou não crítica, esclarecida ou obscura, beata ou difícil. O assujeitado, mais do que o ampliado. A "negação de si", mais do que a "valorização". A infinita diversidade dos povos, seus cantos, seus gestos, as cores de suas almas se encontraram presas na substância "Terceiro Mundo", essa grossa massa de modelar a que se deve dar forma... (*ele troveja*)... A Unicidade!... – *Inventário de uma melancolia.*

EU-AFRICANOS – O sonho mais terrível me fez desembarcar do navio negreiro. Ele é sem harmonia, brutal, estraçalhado. Milhões de negros jogados no fundo do porão para as necessidades de produção do açúcar (desde 1660). Recebi as comoções dos mais extremos terrores. O holocausto dos holocaustos, uma espécie de nazismo antes da hora, do qual a consciência ocidental já nem sequer se lembra.[17] Passemos rápido pelo horror do porão. Mas guardemos a ideia só para entender que conheci um abismo de morte e de inaudito renascimento. Do país onde o navio atraca, não vejo nada, não sinto nada além das fumigações de cloro e de uma água avinagrada que pretende dissolver os fedores do porão. Sou desembarcado. Colocam-me à venda dentro de alguns dias com uma retomada da forma ou de uma maquiagem de óleo. Meus irmãos espalharam-se pelos engenhos do país segundo a vontade dos compradores. Preocupam-se em misturar as etnias, em proibir as línguas a fim de prevenir toda combinação de revolta. Esse sonho me tira dos trilhos e se repete como uma tristeza bloqueada.

---

17 No *Discurso sobre o colonialismo*, Aimé Césaire troveja: "Sim, valeria a pena estudar clinicamente, com detalhe, as formas de atuar de Hitler e do hitlerismo, revelar-lhe ao mui distinto, mui humanista, mui cristão burguês do século XX que leva dentro de si um Hitler e que ignora que Hitler o habita, que Hitler é seu demônio, que, se o vitupera, é por falta de lógica, e que no fundo o que é não perdoável em Hitler não é o crime em si, o crime contra o homem, não é a humilhação do homem em si, senão o crime contra o homem branco, é a humilhação do homem branco, e haver aplicado na Europa procedimentos colonialistas que até agora só concerniam aos árabes da Argélia, aos coolies da Índia e aos negros da África." [Aimé Césaire, *Discurso sobre o colonialismo*, trad. Anísio Garcez Homem. Blumenau: Letras Contemporâneas, 2010.] (N. A.)

> De Jacques Roumain: Contra o ressecamento de suas forças, buscar a fonte da vida, orvalho de seivas... - *Sentimentoteca.*

> De Glissant: Criar personagem com árvores, pedras, rios e paisagem e tua própria escrita; escolhe uma linguagem que trabalha como um relógio que ressoa suas próprias horas; não amoleças para os fáceis... - *Sentimentoteca.*

Era fácil para mim sonhar com o porão. Os poetas da Negritude me haviam gritado esse sonho. Mas precisei de paciência para arqueá-lo em um lento dispersar, nesse lugar onde morte e vida se recombinam a outras noites, outros sóis. Aí onde me via desconstruído no mais profundo, como para renascer flexível, em gênesis plurais. O escrever deve conhecer o ponto exato dessa vertigem.

> De Keats: Poeta, como uma vasta sensação do mundo, eterna-intensa também, nas redes dos perfumes. - *Sentimentoteca.*

> De Neruda: Contra a alta Verdade, se compreendem "muitos", em extensão horizontal, lotes de vida em uma... e o Canto geral que tece novamente a trama profunda do Lugar. - *Sentimentoteca.*

Aqueles vindos de diversas Áfricas, mais numerosos, não têm monumento e sua presença não está ausente. Eles não escreveram nada sobre seu sofrimento ou heroísmo. Mas o itinerário deles está aí. Inicialmente através do mar das Antilhas: os negreiros jogavam nele sua carga excessivamente pesada com as balas de canhão quando algum navio inglês surpreendia o tráfico.[18] Os poetas caribenhos Césaire, Édouard Glissant, Derek Walcott, Edward Kamau Brathwaite perceberam esse balanço de corpos e almas que religam essas terras por um tapete de dor e de conivências que nenhum mapa colonial jamais estabelecerá.

> De Glissant: Contra as fábricas de livros, faz da obra o princípio orgulhoso da tua vida; escreve em devir e em separação e funda o Escrever sobre a única lei autônoma de ti mesmo... – *Sentimentoteca.*

Estes se espalharam pelo país. Misturaram suas línguas[19] no concerto de outras línguas, misturaram sua carne à terra dos campos, misturaram seu coração à riqueza do açúcar, seu sangue ao esplendor dos grandes engenhos... Avancei nesses lugares de acordo com estranhas modalidades: *eu voltava*. Tornava a instalar meu corpo em ganchos invisíveis. Tocava nos musgos mais antigos, pisava os degraus mais usados, reencontrava árvores antigas que davam ao ar permanências de eternidade. Havia aí cargas emotivas, murmúrios, tremores, pequenos risos amargos. Eu já não sabia se os recebia ou se os emitia. Havia uma familiaridade com essas rodas de moinho, canais de irrigação, esses tanques de mandioca, que me habitava sem esforço. Uma proximidade com essas masmorras, correntes e coleiras de ferro grosso que me esmagava.

---

18 Oficialmente proibido em 1817, o tráfico de escravizados permaneceu clandestinamente até 1830. (N. A.) [No Brasil, a lei Eusébio de Queirós proibiu o tráfico transatlântico de escravizados somente em 1850. (N. E.)]

19 O fon, o jeje, o axante, o baúle... ou ainda o congolês na segunda vaga de imigração por contrato depois da abolição da escravidão. (N. A.)

Acontecimentos terríveis maltratavam minha sensibilidade. Arqueólogos encontraram um cemitério de escravizados no engenho de Fond-Saint-Jacques. Ossadas a céu aberto em posição de um ritual sumário. Outra visivelmente enterrada às pressas. A maioria conseguiu um caixão porque os exploradores escravagistas do engenho eram religiosos. Os pregos regulares à volta dos ossos são a testemunha. Encontraram também alfinetes de roupa, rosários de esperança, colares de orgulho. Dentes cariados ou dentes lisos, sinais de alimentos muito duros. As sepulturas se empilhavam. Exumavam restos para caber outros. Encontraram assim os ossos de um homem de quem me senti próximo. Ele achou a morte dentro de um barril cravejado de pregos que tinha sido jogado ladeira abaixo.

> De John Donne: O despertar, bela alma do Escrever. – *Sentimentoteca.*

Depois da abolição da escravidão[20] (1848), como muitos dentre os negros libertos, me dispersei pelos morros, declives, lugares altos, pouco propícios a uma agricultura rentável e desprezada pelos bekês. Para viver nessas terras virgens, eu sulquei o país em traçados: pequenos caminhos que se dobram, longe dos vilarejos e das cidades, subindo picos, descendo ladeiras, contornando ravinas desconhecidas que parecem terminar em uma vegetação espessa. Para segui-los é preciso declinar a oferta das rotas coloniais que

---

20 É preciso, na rota de Precheur, ao lado da cidade de Saint-Pierre, encontrar o pequeno painel de madeira que indica o lugar do engenho de onde partiu a insurreição que iria forçar o governador a decretar a abolição da escravidão em 22 de maio de 1848, muito antes de o decreto oficial chegar ao país. (N. A.)

foram projetadas para alguma utilidade. A trilha pode começar em qualquer lugar, isso não tem importância. Assinalar o pequeno caminho asfaltado que desvia sob um tufo de folhas. Seguir essa separação repentina onde os pássaros pousam. Subir por esse vão que parece furar o morro, descer pelos barrancos protegidos pelas samambaias. *Sair da evidência.* Meus caminhos conduzem à paciência vegetal. Suas dobras protegem as vidas imóveis penduradas irremediavelmente sobre as terras dos jardins. Nas secas do sul (onde as plantas tilintam como vidro de garrafa, e faíscam às vezes), ou nos delírios das águas verdes do norte que gotejam, se insinuam os contornos das mesmas permanências. Do sul ao norte, eu experimentava o próprio coração do país-Martinica, nos minúsculos bairros cobertos de arbustos, nessas rinhas multicolores onde se entregam, sazonalmente, combates impossíveis, nesses indescritíveis jardins crioulos, que emaranham desordens vitais. As erupções. As encostas. Silêncios plenos refrescados pela grama densa. Verdes e luzes. Nessas paragens, eu percebia a imanência de uma fonte.

> De Chester Himes: Nas noites do teu lugar, vai sem mestre, na alegria horror verdade e beleza... - *Sentimentoteca.*
>
> De Rabelais: O rir até rachar, como um mistério te ultrapassando imenso em uma busca sedenta. - *Sentimentoteca.*
>
> De Tagore: No desastre, buscar nova isca - é acreditar no homem caminhando para o humano. - *Sentimentoteca.*

As presenças africanas respingaram assim pelo país inteiro. Para Glissant, o conjunto de nossa paisagem é um dos seus Rastros-

-memórias. Aprendi, cedo, a ler os morros, os bairros, as árvores, as *cases*, os altos e baixos: eles me revelavam essas trajetórias negras na construção subterrânea do país. Seus Rastros-memórias estão também nos cantos, nas danças, nos tambores, na cozinha, nas casas, lendas da terra, ares e água. Estão nos nossos gestos, nesse riso que os mais velhos escondem desviando a face, em nossas aquiescências instintivas às falas, nosso rebolado, nossos olhares, nossos silêncios, nossos comboios, nossas cooperações no trabalho da terra.[21] Está nesse espaço potomitan[22] ocupado pela mulher, nessas crianças oferecidas a uma parente, nesse respeito quase ritual aos mais velhos, na nossa magia, nossas relações com a morte, nosso gosto pela vida. A Negritude tinha aberto caminhos para a África pura. Concentrados de identidade. Em meu sonhar-país, arrastava em torno deles uma sede plena. Aspirava tudo. Recebia ciclones de presença. Logo, me pareceu que esses Rastros-memórias de África estavam a todo tempo em ressonância com os outros, e afetados por eles. Eles não reconstruíam nenhuma África no país, mas o teciam com cintilâncias de Áfricas moventes, em deriva em suas diversidades próprias, e em deriva em todas as outras.

> O velho guerreiro me sussurra: ... de tempos em tempos, encontrei grupos de rebeldes, restos de cidades altas, sombras agitadas das igrejas, templos e mesquitas, últimos habitantes de sonhos

---

21 No original, "*coumbites*", termo de origem africana para designar o trabalho coletivo da terra. (N. T.)

22 Artefato religioso do culto vodu. Mastro de madeira que ocupa o centro do espaço e pelo qual as entidades baixariam à terra, tomando o corpo dos fiéis mediante a possessão. (N. T.)

antigos e de deuses esquecidos. Velhos hungãs das liberdades. Eles me acolhiam como irmão, cuidavam das minhas feridas, curavam minhas solidões... (*ele suspira, saliva azeda*)... Quando minhas lágrimas paravam para que eu pudesse vê-los, descobria suas pálpebras mortas e sua pele sufocada. Ao se oporem à nova dominação, viam-se desacreditados, porque a vincularam com as forças liberadoras que vinham do Ocidente: autonomia da consciência individualizada, democracia, laicidade, racionalidade eleita, igualdade homem-mulher, popularização da ciência... preocupados em se diferenciar, muitas vezes propunham apenas sombras regressivas à luz ocidental. Aqui a Negritude dizia "loucura uivante" contra "racionalidade", glorificava a "emoção" contra a razão; artistas da América Latina exaltavam canibalismos simbólicos; aí os tradicionalismos apagavam a mente com étnico-virtudes mortas; aí os etnicismos purificavam para destilar a brancura das Nações-Unidas; aí os integralismos oprimiam as mulheres com instrumentos antigos, assassinavam os espíritos autônomos... ó drama sem horizonte!... (*sua voz encalha, óleo enrijecido*)... Eu via esses horrores cobrirem os Centros dominantes de mil e uma virtudes... A cada uma de minhas pausas, encontrava assim meus vencedores reforçados... A cadela silenciosa forçava nossas resistências na direção de fanatismos sombrios, tradicionalismos-cadeado, folcloristas vazios, que ao fim reforçavam a sedução dominadora... (*ele suspira, grão de cascalho*)... Retomava minha rota, cada vez mais destruído, e me surpreendia às vezes entrando por uma fenda para evitar uma terra onde os irmãos guerreavam uns contra os outros... – *Inventário de uma melancolia.*

EU-INDIANOS, EU-CHINESES, EU-SÍRIO-LIBANESES – Esses sonhos se precipitavam, se misturavam, se desligavam. As outras trajetórias desfaziam seus silêncios. Os dos imigrantes depois de nossa escravidão. Os fazendeiros os trouxeram para substituir os negros que desertavam.

> O velho guerreiro me sussurra: ... vê, todos esses deslocamentos de homens são o pôr-sob-relações... (*ele suspira*)... E a dominação silenciosa de que falo nasce justamente das tendências à Unicidade operando no pôr-sob-relações... – *Inventário de uma melancolia*.

A imigração indiana (de 1853 a 1884) provinha dos enclaves franceses de Karikal ou de Pondichéry... Geralmente enganados por recrutadores, pressionados pela fome, ficávamos trancados até a hora da viagem. Muçulmanos, cristãos, hindus na maioria, falando tamil e hindi, desembarcávamos no país com nossas divindades populares, muitas vezes rurais: Mariamman, Madouraiviren, Kalimai, Nagourmira... E, para resistir a condições apavorantes (exploração de bekês, exploração dos negros e dos mestiços), nós conhecemos o isolamento. Mas nossa presença concentrada irradiou para todo o país, pela língua, cozinha (colombo, moltani...),[23] as práticas de um culto votivo e por vias ainda indecodificáveis. Seus Rastros-memórias espiralam no norte do país, às margens dos grandes engenhos, depois na Cidade, à mercê dos êxodos coletivos. Busquei seus templos que temos em partilha: Verde-verme-

---

23 Elementos da culinária indiana recriados nas Antilhas. O colombo é uma espécie de curry antilhano; e o moltani, uma sopa à base de lentilha e moringa (planta medicinal). (N. T.)

lho-amarelo, Azul-branco-vermelho, suas cores trazem a Índia, a Europa, a África no burburinho das histórias.

A imigração chinesa (1859) alimentou também o país-Martinica do pós-abolição. Fugindo das dificuldades, das fomes, trazendo apelos irresistíveis, vínhamos do Cantão, do Jiangsu, do Chequião... Os agentes recrutadores, mentirosos, enganadores, sequestradores, nos prometiam lotes do Eldorado por uma simples assinatura. E lá íamos nós carregados. O transporte era terrível. Promiscuidades. Arbitrariedades. Usuras variadas. As mulheres eram pouco numerosas, se bem que, uma vez instalados, nós as faremos vir, por nós mesmos ou pelos nossos filhos. Previstos para os campos, nós, os chineses, desertamos sem parar. Os bekês ficaram descontentes. Fracassei em postos de trabalho à beira dos engenhos, depois das aldeias e de cidades (carregador, acendedor de lampiões, garçom, cuidador de animais). Engenhosos, rápidos, enérgicos no comércio, meus irmãos desenvolverão lojas florescentes. Eu frequentei seus Rastros-memórias em mercearias impensáveis onde tudo pode ser encontrado em pequenas porções, todos os tipos de medida. Um festival de odores: barris, carne seca, petróleo, óleos, margarina, bacalhau salgado. Pilhas de sacos, montes de potes de conserva, pão velho, alho. Oh, essas garrafas escuras e essa poeira fina...

Mesmo périplo para os sírio-libaneses que hoje povoam aldeias e cidades com lojas diversas. Perseguidos em suas terras pela inveja dos De Fora, pelas guerras ou por alguma complicação. Eu chegava com alguns sacos de lona, vendidos ao longo da estrada, sem escolher o bairro, de casa em casa, com um virtuosismo que rapidamente soube me enriquecer. Os pobres imigrantes com seus carrinhos de mão tornaram-se uma comunidade remediada que trouxe suas mulheres e que – com seus filhos *precipitados* também – completava o mosaico desse país. Ouvi sua língua e mordi a cebola cozida com a qual fazem guloseimas.

> De Miguel Torga: Teu particular, sem os muros... Solitário--autônomo, transfiguração rebelde. – *Sentimentoteca.*

> De Swift: Ó benfeitor!... e esse sonho (diante do Outro) que lhe faz espelho... – *Sentimentoteca.*

Novos africanos vindos sob contrato. Madeirenses. Chineses. Indianos. Sírio-libaneses. Ao viver essas memórias, descobri neles uma partilha comum do mergulhar nos porões. Sonhar esses porões torna-se o ponto de aliança... Parecem os dos navios negreiros. As mesmas fumigações. Mesmo cheiros. Mesmas doenças. Mesmos micróbios. Disenterias. Escorbuto. Escarro. Tintura de iodo. Pó de quinquina. O toucinho e o repolho secos que ritmam o estômago. Os peixes salgados que estragam nos cestos. A água fétida dos barris avinagrados. O convés onde se dança para esticar os músculos. A água do mar à qual se entrega a pele murcha. A madeira do convés para esfregar. O abafamento dos cantos de repouso para dissipar. E o horizonte imutável sem antes nem depois que remete cada um a densas solidões. Dessa vez o porão é ventilado. A cada semana passam nele uma mistura de cal. Mas, quando o vento se levanta, e o mar balança, as ondas e o céu se misturam em barras de chuva, fecham-se as escotilhas. A penumbra começa. O sacolejo opaco que enterra cada um em si mesmo. Longo. Profundo. Sabemos onde estamos. Éramos mais ou menos reivindicantes sob o fogo de uma necessidade, a enganação de uma promessa, o medo de uma ameaça; assinamos contratos; sobre as esteiras, imaginávamos um futuro de possíveis e de esperanças de uma vida melhor. Mas em nós a terra natal fica imóvel, ela encalha nos velhos anseios de lembranças, depois no tabernáculo de sonhos que, mesmo não admitindo, ficaram perdidos para sempre.

Uma insidiosa, mas decisiva ruptura para dentro do caldeirão americano. Nós caímos.

> O velho guerreiro me sussurra: ... eu podia apenas seguir suas agitações até perder nelas o gosto do sonho... (*sua voz, bruta como chuvas do deserto, bolas de vapor*)... O mundo se transformou para Eles em viveiro de indústria. Eles inventaram o operário imigrante substituindo seus próprios trabalhadores demasiadamente organizados e hostis às velhas tarefas... Assim, no ritmo dos aviões e dos sonhos nas bagagens, novas colônias foram criadas dentro de suas altas cidadelas. Instalei-me com milhares de outros nos campos do futuro em gordurosas cidades, nas vênulas de minerais asfixiantes, atrás de grandes fornalhas tremulantes e monstros mecânicos que refletiam na pele. Recompúnhamos nesses lugares, em suas sombras e sua respiração, os farrapos dos povos, de línguas flutuantes, farelos de deuses, de ritmos, de músicas nostálgicas e de suores amoníacos. Quando essas endocolônias se tornaram pesadas, modificaram suas leis para melhor nos ejetar, em seguida instalaram suas usinas em margens longínquas (nossas terras periféricas) no coração da mão de obra explorável, tornada dócil pelas glórias do desenvolvimento-deslocalização... – *Inventário de uma melancolia*.

Os ocidentais chegavam sem suas mulheres. Os marinheiros negreiros colhiam prazeres nos corpos de suas belas africanas. Os primeiros colonos foram morar nas cabanas junto das ameríndias. Os fazendeiros abusavam do ventre de suas escravas e eram sensíveis às novas formas de suas índias. A Igreja combaterá essas misturas e fará vir da Europa mulheres boas para casar recolhidas nos portos ou em casas obscuras. Mas a mestiçagem biológica será como um sol. Ficaríamos esgotados com as tantas combinações surgidas nesse carregamento de povos. Apareceu rapidamente o povo desses povos: os mulatos. Degradados, insultados, amaldiçoados por seus componentes, tornar-se-ão uma classe particular, soldada pela ambição e navegando nesse conjunto social com uma bela eficiência. Foram a grande surpresa do rastro colonial. A imprevista proliferação esmagando o valor eleito da pureza das fontes. Uma desordem manchando o belo ladrilho dominante.

> O velho guerreiro me sussurra: ... o Maravilhoso dos países que atravessei se desmanchou em um *migan*[24] de crenças aleatórias, pulsando fora das referências, parciais, ressecadas, instáveis, despidas de legitimidade e de força interior. Esses povos só aceitavam as Maravilhas e os Sonhos através dos Dominantes, através de seus contos, seus livros e suas histórias... (*ele suspira*)... Os valores que os regiam em silêncio tocavam em seus desejos, suas necessidades, seus ideais, suas ambições, seus apetites, suas tentações, sua vontade, seu belo, seu justo, seu verdadeiro, na imaginação, no coração, no sexo, na mente, no sagrado, em sua seiva criativa... (*um tempo, sua voz se confunde em verbos desconhecidos, então volta, éter de manga amolecida*)... Coberto com minhas peles empoeiradas e minhas armas enferrujadas, eu tinha a impressão de esquadrinhar estranhos cemitérios... (*respiração de crepúsculo*)... Eu saía desses lugares como quem sai do berço de um infortúnio. – *Inventário de uma melancolia*.

---

24 Prato antilhano preparado com fruta-pão ou outros legumes farinhentos transformados em uma espécie de ensopado. (N. T.)

Às vezes escrevo no terraço onde os beija-flores vêm beber minha água açucarada. São seis ou sete. E minha primeira tarefa é preparar-lhes um banquete todos os dias. Escrevendo, sonho com essas presenças que descubro dentro de mim, minha mente é instável, fugidia, líquida, vagabundo-sem-senhor, eu me sobressalto com o desaguar das minhas ausências, tenho dificuldade em permanecer muito tempo nos meandros de um parágrafo, sonhador terrível, quimérico faminto, contemplativo fatal à beira de frases suspensas; ideias e palavras me deportam facilmente para o cintilar dessas chuvas que adoro, nas cores moribundas das buganvílias, no entrelaçar dessas plantas-amigas que rego a cada dia, ou no voo geométrico dos beija-flores. Pequenas maravilhas. Vidas minúsculas extremas. Césaire espantava-se que corpos tão frágeis pudessem suportar, sem explodir, o ritmo apressado de um coração que bate. E isso é espantosamente verdade. O voo do beija-flor é um alvoroço de imobilizações-relâmpagos. Desenham, em seus jogos (ou lutas, como saber?), geometrias fulgurantes. Poucas curvas: deslocamentos eretos e imobilizações em pontos de exclamação que abrem, por sua vez, outras voltas retilíneas. Eles ficam metade invisíveis, em alerta total, vigilantes e abandonados ao domínio explosivo das suas asas, com uma audácia preocupada e altiva, a intensidade da sua vida assemelha-se à explosão de um absoluto. Escrevo em sua presença, o mais perto possível deles. E minha mente, que não pode se juntar a eles, tenta envolvê-los em suas brumas.

> O velho guerreiro me sussurra: ... por vezes, encontrava povos mergulhados num lençol de silêncio. Sem um grito. Sem uma lágrima. Sem uma nuca que proteste. Eles não tinham ao seu redor nem arame farpado, nem muralha proibida. A dominação

silenciosa não contrariava nenhuma das suas preocupações linguísticas, étnicas, identitárias, folclóricas, culturais... Nada parecia ofuscá-la... (*ele suspira, água desatinada*)... Já não desfolhamos a árvore que queremos dominar, já não lhe podamos os galhos maiores, trabalhamos na sua raiz, nos próprios sedimentos da sua seiva - para nós, o imaginário. Vi assim, sob a alçada do Império Soviético, as crianças aprenderem em estônio, letão ou lituano a serem bons súditos da União e a louvar o que vinha do Centro. Fiquei enlouquecido ao ver essas liberdades oferecidas na celebração de velhas identidades e antigas armaduras. Havia ilusões atraentes para aqueles que se julgavam livres nesses envelopes! Eles desertavam de si mesmos, sua expressão não alcançava nem um pedaço de sua verdade própria, eles se "universalizavam" ou se "enraizavam" até a insignificância... - *Inventário de uma melancolia*.

Tais sonhos que me levavam em desvario me aproximavam de todos esses homens. Ameríndios. Europeus. Africanos. Indianos. Sírio-libaneses. Chineses... Ligar e religar. Juntar e tornar a juntar. Ser tudo isso ao mesmo tempo no próprio movimento de seus deslocamentos e acordos. Ir na direção dessas presenças despertadas, reveladas, em mim, sem perder nada do concerto de seus brilhos, e da cintilação distinta de cada um de seus rastros. Eu tinha desembarcado com eles, precisava reviver o que tinha acontecido nesta nova terra, adivinhar como aqueles que serão meus antepassados tinham resistido a este inferno. E os beija-flores acompanham essa vontade com suas breves eternidades.

De Glissant: Provar solidão-solidária e chorá-la tanto. Desconfia da tua caneta quando ela se agita com graça.

Permanece escrevendo para a criança, e para aquela que te encanta, e para os amigos. – *Sentimentoteca.*

De Frankétienne: A força vital, generosa, o canto na bela audácia de memórias esquecidas. – *Sentimentoteca.*

RESISTÊNCIAS E MUTAÇÕES – Eu queria então retomar meus sonhos. Mas aqui-acolá o tempo é uma luz que vai rápido. Nós a sentimos jorrar subitamente um azul da noite que esparrama os brotos das buganvílias, verdeja as plantas da varanda e depois alivia os papos dos melros em sua fome irremediável. Os beija-flores afundam nas folhas da mangueira, e respingam o orvalho de suas asas. Em seguida, aquele que lançou o Escrever em uma perpétua sombra percebe o estremecer do tempo através das persianas. Os livros (vigias das solidões) animam com reflexos a escuridão sepulcral do escritório; a casa emerge da confusão opaca; ao redor de gatas sonolentas, a varanda ressuscita. Contemplo o banquete dos beija-flores e acolho suas louvações; o farfalhar das asas e a coroa estridente; em seguida, volto à mesa dos sonhos e do Escrever. Então a luz já não avança; ou desliza em um ritmo mineral, suave veludo que entra no âmago das coisas em uma clareza fixa que pressiona cada ser e fascina a vida. Quem se dedica ao Escrever (ou ao sonho) a esquece até o pico do meio-dia, quando ela despenca do sol como estaca rígida e vitrifica (essa inquietude de calor) o coração das existências.

Ó *meio-dia!...*

Toda sombra talhada. Os melros se abrigaram famintos sob os galhos assombreados dos pés de fruta-pão. Os gatos rechearam de vigília as toalhas das mesas altas. Os cães se transformaram em estátuas dentro do refúgio musgoso da soleira e vertem a remanescente alma pela língua. Somente as borboletas amarelas e os beija-flores loucos ousam ainda um voo nessa parede de luz que ergue a fulgurante anquilose. As buganvílias expressam então seu gosto por esse calor nas ovações multicoloridas que saúdam cada meio-dia da quaresma. Caso possa, aquele que marca seus sonhos se refugia ao abrigo das persianas, perto de um ventilador também asfixiado, e imagina (sem ousar mais) o país ao meio-dia.

Meio-dia, raia!...

Meio-dia é o fogo, fogo de luz, fogo de céu, fogo dos primeiros cansaços. Os velhos-negros se aglutinam à volta do fogo de um *punch*[25] na penumbra de um bar. Eles recuperam esse gesto de girar o punho que açucara e citrifica a dose maior em quatro dedos. Sob a proteção das persianas, ao lado dos móveis de acaju que brilham como vinhos velhos, outros anciães (mestiços aposentados, joalheiros ultrapassados, costureiros decadentes...) executam também a tradição do *punch*, do copo d'água fresca, do pedaço de limão que se espreme sem olhar sob os ombros por medo de que ofereça um pedacinho de si aos nossos olhos. Nessa hora, a tradição permitia conversar, não para bater boca, mas para, com mais gravidade, fazer o já possível balanço da jornada, ou a presumível contagem regressiva de uma vida, ou de um destino cujo naufrágio se adianta. Como se o meio-dia (esse grito fixo de alta luminosidade que anula de branco o entorno) autorizasse uma suspensão da existência. O que não foi feito até meio-dia não será mais feito ao longo desse dia. A luz endurece a madeira, cava o asfalto, condensa o elã vital em um emaranhado surdo, árido. Apenas insignificantes poeiras, nubladas por um vento impalpável,

---

25 Bebida à base frutas, por vezes com rum e cana, que pode ser flambada. (N. T.)

conferem um nada de agitação ao mundo. E o entardecer permanece uma luz siderada sob a qual, à medida de sua aparição, se insinuam as primeiras sombras: sua extensão submissa está de partida até amanhã.

> De Junichiro Tanizaki: Entre diabo e beleza, a confissão, que espelha pela força da audácia – surpreender a todo momento. – *Sentimentoteca.*

> De Nietzsche: Contra o ser congelado, devir sempre, o fluido-caótico-conhecedor, cacho espiralino. E: Contra a ordem imóvel, a divina valsa dos acasos: grandes órgãos criadores. – *Sentimentoteca.*

Mas a tradição descuidou-se um pouco. Aquele que, há alguns anos, escreve livros ao sonho já não se senta diante dos *punchs* do meio-dia, seguindo o exemplo de seu pai. Nenhuma sede inaugura, para ele, esse momento. Tampouco nenhuma vontade. Nenhuma visita anuncia sua garganta seca como nos tempos de outrora. Caímos sozinhos, em plena armadilha, desconstruídos por esse raio de luz que penetra o núcleo dos sonhos úmidos. Um estupor faz lembrar a luz aprazível que dissipava a noite com tantas promessas e que, traidora, aí disposta em um anúncio violento, revela ao sonhador desarmado que o tempo passa também pelas eternidades. *Quem, mas quem pode escrever ao meio-dia, hein?*

> De Stendhal: O Escrever como um espelho que erra – ó esses sonhos! E busca a emoção, a palavra virá junto. – *Sentimentoteca.*

De Segalen: Mergulhar no inominável para sonhar o Uno.
– *Sentimentoteca.*

Nessa hora frequentemente reduzida a nada, componho meus sonhos com as resistências antigas desses homens que me habitam. Nós-caraíbas lutamos ao longo de um século. Não levou a nada. A varíola inicia o massacre, os bombardeios o completam. Nossos guerreiros fracassaram em seus ataques contra impassíveis projéteis. Eles refluem, retornam e depois refluem novamente. Entre 1635 e 1658, desaparecemos do país-Martinica. Alguns indivíduos errarão em um canto e outro – mulheres e pirralhos[26] aproximados pela morte, guerreiros estupefatos por esse descarrilamento do universo... mas o organismo social será destruído em pedaços nos fundos de estreitos santuários em São Vicente ou na Dominica. O padre Labat narra (uma pausa forçada no sul do país, em 1694) sua descoberta de um último grupo caraíba, guiado por um certo Larose. Era eu. Eu tinha me fantasiado com um nome ocidental. Tinha abraçado a nova religião. Fazia o sinal da cruz antes das orações para comer. Fui "civilizado". O padre Labat regozijava-se. Mas, de repente, o horror, na maloca de recepção o abade se sentou sobre uma esteira colocada no meio da *case*: *sacrilégio!* Aí jazia um guerreiro, enterrado, curvado com suas armas, de acordo com nossas tradições. O padre Labat ficou consternado com tanto obscurantismo. Esses sobreviventes formam um conjunto insólito que minha aparência de chefe reflete bem. Eu misturo os zemis[27] caraíbas ao Deus cristão, combino calções e coturnos, cubro-me de uru-

---

26 No original, "*marmailles*", termo caribenho para crianças de uso coloquial. (N. T.)
27 Como eram chamados os deuses e os espíritos segundo o xamanismo caraíba. (N. T.)

cum por debaixo de minha bela camisa, meus braços chacoalham caracolis;[28] minha mulher amarra um tapa-sexo na cintura, mas não come na minha presença; ao lado de meus arcos, porretes, flechas, se encontram sabre, fuzil, pistola. Sobrevivo da troca com a irresistível onda colonial que segue perfurando. O comércio que regia meus primeiros contatos com as gentes da Europa serviu de viático para minha lenta extinção. Um precipitado de valores novos confunde-se à minha visão desfeita. Eu, Larose, estou entre duas épocas, mas não estou em lugar nenhum. Minha memória desconhece a escrita, e a oralidade dos mais velhos foi sufocada. Nas chuvas, acredito surpreender a Gênese dos Homens, o vento esculpe nas nuvens morcegos pendurados, descansando, curvas de sapos, fêmeas germinadas de nossas cajazeiras, meninos grávidos paridos de um golpe de machado, pedras mortas e árvore semiviva... Tudo isso se move ainda a favor do vento, mas ao meu redor, vencido, todo o resto foi ofuscado: as pedras de três pontas perderam seus cantares, os amuletos mal conseguem reunir migalhas do universo, os adornos degeneram em caretas, as pedras verdes para o parto das mulheres já não encontram gosto nos nascimentos sem destino, e as esculturas com as conchas do lambi são agora menos belas que a própria concha nua. Eu-Larose, guerreiros, mulheres, crianças cremos que resistimos, ou pior: carecemos das quimeras de conquista para dar sentido ao sol que se levanta. O essencial sendo viver, vivo, sobrevivo, projeto meus filhos em um futuro que não posso imaginar, salvo em alguma hora mágica na qual, do mar, sobem rumores que o acasalamento primordial (Sapo e Morcego) não tinha anunciado. Eu-Larose sou

---

28 Do aruaque "*karakoli*", que se refere a ouro, prata e cobre. (N. T.)

para mim mesmo um mosaico de mundos desmoronados e de um mundo em impulso.

(Os Laroses foram inumeráveis em territórios ameríndios. Suas visões tradicionais tinham profetizado desastres, a chegada de homens de ferro portadores do fim do mundo, mas nenhuma categoria englobava o que iriam sofrer. Eu os vi fechados em si mesmos, olhando para dentro, dissociados de seus filhos que se lançavam em camisetas às cidades piscantes e às músicas tecnotrônicas. Eu os vi folclorizados em um espetáculo de si mesmos no qual a mentira dava ilusões à esperança. Me lembro de subir um rio na Guiana e de nossas passagens por aldeias ameríndias. A imobilidade. O silêncio. A decrepitude difusa. O mundo secreto das espirais de tempo imóvel, em que os povos se tornaram zumbis. Não é uma morte, mas já não é a vida de antes; é uma existência berrada por forças que nenhuma de nossas tradições pode conceber, e que precisa oscilar sobre uma trama obscura.)

> O velho guerreiro me sussurra: ... eu sei, eu vi esses povos e esses cemitérios dos vivos. Eu lhes virava as costas acreditando partir em busca das vidas. Ora, a vida está em toda parte e rumina suas surpresas... – *Inventário de uma melancolia.*

Os escravizados, ao fugir, encontraram refúgio ao lado dos últimos caraíbas. Participaram até dos ataques contra os bombardeios invencíveis. Eu sonhei com seus encontros. Esses homens arrancados da África que se apresentam em sua nudez desgarrada a esses homens da América. Eles estão próximos da terra, da água, do céu; suas traduções do invisível concordam entre si, mais do que com as dos conquistadores. O sentimento de uma perda comum os aproxima, e muitas vezes os une. Os caraíbas-negros serão numerosos pelas ilhas: sedimentações de identidades antigas formando um bloco contra essa balança do mundo. Levantam exércitos. Flechas e forças. Enviam suas crenças ancestrais contra os barris de pólvora. Adaptam deuses, línguas, costumes à sua visão de mundo. Mas esta não se estende ao infinito, ela vai rapidamente ao termo de suas audácias, mais além é a desconstrução. Muitas vezes sonhei com essa vertigem: o imaginário dos Territórios que se extenua ao conceber o mundo; que integra um enxame de elementos exógenos, enormes combinações, cada uma mais impotente que a outra para restabelecer o antigo assento identitário; e que constantemente não pode avançar sem jogar fora seus fundamentos. E que fica em suspenso, na angústia desejante, sob esse tumulto. Os crioulos americanos recolheram o destilado desse impossível. É Faulkner em sua obra. É Perse em sua fuga universalista. É Césaire em seu grito demiurgo de uma África impossível. É Glissant em suas solidões-solidárias de onde retira sua Relação com o mundo. É García Márquez embriagado de um tempo circular no conjunto dos possíveis. Um tremor profundo em nossas carnes, repercutido pelas ondulações do Escrever que tenta domesticar, por sua vez (longe das musas e dos sopros divinos), uma mutação inconcebível.

> De Cervantes: O real amplificado pela fantasia, pela desmesura, sob a lei do verdadeiro-outro, espelho incerto do Escrever que produz visão e conhecimento, e reinventa o mundo entre o real e o irreal – com conivência e emoção.
> – *Sentimentoteca.*

> De Tchékhov: A elipse em rio de ressonâncias, e musical.
> – *Sentimentoteca.*

A resistência africana à escravidão conheceu todas as formas, do suicídio no porão do navio à marronagem em companhia de uma família caraíba. A Negritude exaltou o heroísmo do negro marrom que constrói seu refúgio a partir de uma fuga na floresta. Esses rebeldes sempre existiram, mas, nas pequenas ilhas, suas trajetórias são, muitas vezes, curtas: são inúmeras as crônicas de esquartejamento em praça pública de um negro marrom; essas vítimas (decapitadas, chicoteadas, mutiladas...) não têm sobrenome, mas um nome pueril, que em nada resguardará sua lembrança. Como se a memória oral aliviasse os fracassos individuais para reter a energia de uma massa indistinta em luta pela sobrevivência. Ela também conservou o vínculo rebelde fora do engenho escravagista, mas sem lhe dar nome ou rosto. Glissant descreve tal fuga pela floresta, perturbada pelos cães de caça, que esbarra no mar. Aqui, para o africano continental, acorrentado aos rastros do Território perdido, o mar se torna carcereiro. Ele fugiu na ancoragem do navio negreiro, correu por essa terra desconhecida, procurou uma pista de retorno, uma orientação na direção do país perdido, e aí, diante dessa busca, o mar se levantou como um muro: ele condena ao novo entorno, nomeia esse outro destino, o impõe cruelmente. Mesmo quando o escravizado nascido na ilha fugir, carregará consigo o rastro desejante desse país perdido, e se lançará na direção desse país perdido, procurará a pista esquiva do Retorno para o Território: e aí mais uma vez, diante de tal desejo, o mar será carcereiro; e a ilha, clausura.

> O velho guerreiro me sussurra: ... nas democracias populares, o intelectual, o artista tornavam-se "úteis" para a instrução das massas. Ao contrário, sob a cadela silenciosa cujas pistas eu mapeio, ele se torna "inútil"... (*ele ri*)... Os coices da mente viam-se

dispensados em benefício da "ciência" da felicidade anunciada. Daí o economicismo ambiente, que anuviava nossas terras, a tecnocracia reinante, os experts gordos com altas taxas, os cooperantes endeusados,[29] o Sociólogo transformado em oráculo, o culto do "Desenvolvimento"... Um tipo de "realismo" dominado que me fazia passar por um louco delirante... (*ele ri, óleo pimenta quente*)... havia crianças para me jogar pedras nas portas dessas cidades – *Inventário de uma melancolia*.

Com certeza, alguns negros marrons se lançavam numa canoa à sorte das ondas, mas, na ausência dos comparsas caraíbas, não sabiam para onde ir e ninguém sabe a que fossa marinha se pode imputar sua desaparição. Eu sonhei com esses negros marrons à deriva sob troncos de árvores derrubados, presos num infinito do mar que se faz céu. O sol me oprime. O sal faz minha pele estourar. Eu busco o Território perdido. Eu creio encontrá-lo nesses pássaros que migram, nessas nuvens que arrastam a ferida de uma montanha. Sob minha frágil embarcação, as águas de breu e as formas famintas dos tubarões rasgam qualquer vínculo com o solo. Em mim, os códigos se confundem. Eu já não sou o que era, já não tenho essência, nem ser, sou um elemento do mundo por entre as ondas e a ondulação lisa do céu, bem como uma alga, uma espuma, um pólen carregado. Eu me torno um simples *ente* do mundo. Se sobrevivo, se acosto em uma margem, terei no véu dos olhos o brilho (um pouco glacial) de um primeiro amanhecer em um mundo virgem.

---

29 Técnico ou professor de francês, em geral soldado da reserva, colocado à disposição de países estrangeiros a título de cooperação. (N. T.)

> De Kafka: Contra os arames farpados do Verdadeiro, desviar as rigidezes do mundo e apreender o real no tremor de suas justezas reinventadas. – *Sentimentoteca.*

Os meus sonhos também acompanhavam os fugitivos pelas florestas. Ofegâncias. Correr pelo alto dos morros, encontrar uma pista de retorno à África. O olhar que se afia, que destrincha o horizonte. O pescoço esticado ao mais longínquo, ao mais alto. A mão que alivia a pupila perfurada pelo sol. O infortúnio descoberto ao redor: *o cerco de um mar indecifrável.* Então imaginei o lento refluxo, a decepção pesando sobre os calcanhares. Voltar. Descer novamente a essa terra e aí inscrever sua vida, plantar sua resistência. Mas o lugar é pequeno. A perseguição dos donos de terra desencoraja os acampamentos. Somos forçados a uma exaustiva mobilidade. Às fugas repentinas para lugar nenhum. Aos horários dos atobás. Onde achar tempo para se apropriar do solo, domesticar as árvores? Logo, o rebelde se enraíza no único espaço seguro: o país perdido lancinando dentro dele. Mesmo quando as aldeias se tornaram possíveis (floresta da Guiana, nas grandes ilhas, no continente...), os imaginários africanos vão se fixar de maneira idêntica, se americanizar contra a própria vontade e, acreditando assim se preservar, sobreviver a si mesmos. Eu já havia evocado o silêncio do negro marrom fechado em seu elã.[30] Ele já não grita. Já não dança. Já não grava nada na casca das árvores. O seu olhar se inverteu. Ele silencia como no porão de um navio negreiro, um dormitório de gulag, uma masmorra chilena. E esse silêncio tangencia um abismo que se estica até o

---

30 Patrick Chamoiseau e Raphael Confiant, *Lettres créoles: tracées antillaises et continentales de la littérature*, Paris: Editions Hatier, 1991. (N. A.)

limite, mas que recusa o salto. O silêncio do negro marrom não é um desespero. Ele colhe a recusa, verdade, desfolha uma ausência, sim, mas se alimenta sobretudo da suspensão de antigas certezas. Como um músculo contraído que implora longamente: mas onde saltar?

O velho guerreiro me sussurra: ... também eu poderia ter me feito essa pergunta, quando vi os Centros sugarem as competências e os cérebros dos países dominados... (*ele suspira*)... A serviço da expansão de um Centro, encontram-se carreiras, gratificações, loas internacionais... Raros eram nossos estudiosos que se ofereciam a seu país natal... Os povos sob influência eram assim lobotomizados... É por isso que, entre os que me acolhiam, que aceitavam conversar comigo, eu encontrava esse sentimento: ... *o país é pequeno... o país não vale nada... que podemos nós fazer de bom?... somos incapazes disso ou daquilo... não há outros caminhos, nem outros meios, nada mais a fazer se não se diluir no Centro dominante... que alegria dispor de um Centro para mergulhar seu infortúnio...* Eu achava esse sentimento um belo sintoma para se considerar atingido... (*ele suspira mais uma vez, absinto de sete lagartas*)... Falando do colonizado, Fanon me dizia: ele é dominado, mas não domesticado. Ele é inferiorizado, mas não convencido da sua inferioridade. Eu poderia dizer agora do dominado: ele é domesticado por autodepreciação, inferiorizado por autinferiorização. Banhado em valores cuja força sugestiva é quase indolor, ele começa a se subestimar, já não se pensa, já não busca para si meios e ferramentas interiores. E os ministros do Centro, constrangidos por esses povos cuja anestesia ninguém havia previsto, lhes perguntava: *O que vocês querem, então? Quais são os seus projetos?...* Ajudem-nos a ser como vocês, exigiam, auxiliem-nos em nossa caminhada em sua

> direção!... Ó Fanon, irmão, ai, fico contente que você não tenha visto isso... - *Inventário de uma melancolia*.

Nos registros das plantações, nos dossiês de justiça, descobri essa tristeza mortal que forçava à fuga na mata. À solidão das matas. A escuridão da mata. Esse lugar onde se acede à certeza de si, densificada em seu Ser, guardada em sua carne e seus ossos, buscando uma verdade estável. Enquanto, na plantação, experimentava-se o naufrágio de si em um caldo com milhares de Outros, as certezas encalhando no lodo, o desgaste dos absolutos. Uma deriva-forçada estendida deprime. Eu vejo esses negros marrons, abismados em si mesmos, no drama de um exílio fixo, transformados na múmia do seu Ser, ou de um Ser reconstruído, sem ousar pesar nos olhos a respiração ciclônica, que não oferece nenhuma curva ao gancho das resistências. Nem mesmo uma pista conhecida para a liberdade.

> O velho guerreiro me sussurra: ... Ó Senhor! Eu conheci isso... Eu conheci isso no desembocar das velhas independências!... - *Inventário de uma melancolia*.

As outras resistências à escravidão foram passivas: melancolia anônima, sofrimento assassino, preguiça, deboches, roubos sistemáticos, mentiras, desaparição da noção de bem e mal, suicídios, sabotagens, revoltas insanas, em que se saqueia, mata e queima sem projeto. Uma guerrilha nebulosa que o senhor afronta sem trégua. Aí, no engenho de onde não se ousa fugir, morrer se torna um ato de vida, morrer é resistência extrema, salto paradoxal da mais preciosa esperança. Mulheres abortarão para subtrair um número do gado do senhor: toleravam sua própria degradação, mas a de seus filhos era insuportável. É preciso imaginar esse buraco sem fundo: uma escravizada grávida, solitária no escuro do seu casebre, pressionada a suprimir a vida que carrega. Decisão. Ela executa o gesto. Abismo, (e no mesmo movimento) ascensão em direção a um sol terrível, uma evasão diferente, acampamos em nós mesmos e resistimos à morte, e melhor que resistir: *nomeamos a vida nessa morte oferecida*. À volta dela, o engenho dorme sem um único sonho. Nenhum verdadeiro sonho nessa vida de escravizado que é uma morte: a humanidade desfeita; a ausência que mal anima as mecânicas dos corpos; os capatazes que só chicoteiam as sombras; cada um desabado em si mesmo, procurando um dizer para o que está lhe acontecendo. Do impulso subitamente interrompido do negro marrom à deriva do Ser transformado em zumbi no coração das plantações: dois últimos resquícios de resistência. Eles alimentarão minha alma com seu rigor particular. Tomar meu banho de erva na água dessas energias. Colher o que guardaram de amor pela vida. Carregar suas forças mutantes e seu poder de adaptação. Fazer tremer o Escrever, se esta graça te foi concedida.

> O velho guerreiro me sussurra: ... nos povos que vi, a elite tornava-se o alvo dos valores do Centro. Sensível aos esplendores de seu consumo, importava os produtos, a marca do bem-estar, do conforto e do sucesso. De ano em ano, de faixa etária em faixa etária, eles importam um modo de ser global e, como se davam bem com esses novos valores, davam a eles uma preeminência... (*ele suspira, terra craquelada*)... Essas elites de difusão e de irradiação tornavam-se o *new-look*, amadores modernistas, arautos do "Desenvolvimento", antitradicionalistas, economistas, juristas e liberais de marca. A massa se virava, posta à parte, imóvel em suas velhas maneiras; logo cairia apática diante dos choques urbanos que desuniam o país e depois se retiraria agressiva ou se

> perderia desvairada. Os jovens, loucos com essa modernidade, imitavam ao máximo a bela via da elite... Os intelectuais (sempre desconfiados das sombras de suas culturas tradicionais) se viam expostos às luzes exteriores e, enquanto defendiam sua base cultural, o faziam ainda com os códigos decaídos dos valores dominantes. Resistindo mal, se alienaram tanto quanto se não resistissem. Ai, essa espiral!... - *Inventário de uma melancolia.*

Escravidão nos engenhos. Permanecer ali foi o destino comum da maioria. Ai, esse rumor em mim. Meu estado sensível detona um formigueiro de fel. Soluço de escravizado. Eu capturo o sonho. O êxodo de si começa; é o prêmio de sobreviver sob a mordida dos ferros. Alimentar-se de outro modo, engolir a ração concedida pelo senhor, mas também decodificar o novo universo, espiar os caraíbas e comer o que eles comem, pescar como eles pescam, construir como eles constroem com os materiais que eles utilizam. Cobrir o corpo já não é vaidade; o senhor entrega um uniforme, um farrapo de trabalho. Será necessário espiar para se refazer a ideia de uma beleza, espiar seus tecidos, suas cores, suas joias; espiar também os enfeites caraíbas; encontrar em si os rastros dos antigos ornamentos. Depois, seguindo a prostração, tentar um nada de orgulho com um colar de conchas, algumas sementes enfileiradas sobre uma fibra vegetal; mais tarde, comprar alguns retalhos com as cores da África e reerguer a espinha sob essa pele que flutua. Só estamos belos nas horas de descanso. Nas terras do senhor, ou no recinto da plantação, seguimos inexistentes no farrapo informe. Nas idas ao vilarejo nas caravanas dos domingos religiosos, nos arrumamos com a roupa do orgulho, reaparecemos nesse semblante de humanidade que põe em cena os trajes multicoloridos: nós os guardaremos a vida inteira e eles humanizarão nossos cadáveres.

> De Claudel: A desordem como delícia de uma medida secreta, o sopro do desejo no dom da Fé – total, entre real e símbolo, a palavra viva e a longa onda... – *Sentimentoteca*.

O senhor nos reúne em pequenos casebres. Ele nos dá algumas calabaças e uma bancada de quatro pés que nos protege dos vermes (vampiros terrosos de nossa força de trabalho). Nesse casebre, refugiamos nossa lassidão, mas não o habitamos. Claro, sob a violência de uma chuva, o reflexo do viver completará com uma treliça ancestral a cobertura do teto, colocará aí alguma gambiarra aprendida dos caraíbas, mas, sem ir além, não se investirá nada nisso, só se refugiará o corpo desgarrado. A mulher também ignora a casa, apenas limpando-a. Sua sobrevivência é a criança. Se não a sufocou em seu ventre, ela luta para tirá-la dessa condição. O imaginário das mulheres se projeta na criança a ser salva. Elas se reumanizam assim.

Um devaneio reconstituiu alguns objetos com a argila do país, mas geralmente uma calabaça cortada ao meio foi suficiente. As cerâmicas caraíbas foram produzidas sem as significâncias sagradas. Se esculpimos uma estatueta, se rabiscamos um desenho, se esboçamos uma escultura, o senhor ou o abade verão aí uma maldição. Então já não gravamos. Já não decoramos. Já não criamos. Comemos sem preparar. Furamos, cavamos e nos reunimos somente em situações restritas. Vivemos juntos sem ritual nem organização. Ficamos então grupo desagrupado, sem nada que nos reúna, a não ser a degradação comum e a falta de explicação que ninguém pode vencer. Lembramos o respeito a que os velhos têm direito: seus cabelos brancos testemunham uma iniciação nos ganchos da existência, uma frequentação dos incompreensíveis. Os gestos africanos despertam ao redor de suas ancianidades. Nós os abordamos com as pálpebras abaixadas. Eles despertam também ao redor da criançada: nós os protegemos, nós os projetamos. Esses gestos surgem nas duas extremidades de uma vida desenrolada que ainda vibra – em plena deriva.

> O velho guerreiro me sussurra: ... vi, sob essa dominação, os artistas caírem em desligamento, em abstrações inertes, em transparência desencarnada. Eles faziam intervenções para "Apelos à paz no mundo", contra certa doença pela qual os Centros se comoviam, mas se esqueciam da ferida na qual trabalhavam. Artistas plásticos, escritores, músicos não estavam "preocupados" com sua dor íntima. Os intelectuais pareciam desaparecer, não produziam, não escreviam, apenas dissertavam a propósito dos "temas" cuja atualidade a imprensa dos Centros louvava. O impulso artístico desfeito na raiz. Me dei conta de que vivíamos, para nós mesmos, sob a tutela dos valores dominantes; que era possível odiar esse Outro, mas adotar o seu imaginário sem perceber que desertávamos do nosso. O impulso criador se tornava mimético, ou nebuloso, ou esvaziado, ou implicado algures em um "Universal"... (*uma pausa, ele suspira*)... Vi também o efeito inverso: alguns se enclausuravam como um negro marrom na floresta, como cultura dominada. Um adensamento regressivo lhes servia de muralha, mas, à força de asfixia, depreciava o que neles deveria ser protegido. Eles praticavam esse retiro na rigidez de si que os exilados conhecem. Aprendi assim que, sob a Besta silenciosa, afundamos no mais profundo de nós, em exílio imóvel. E que essa é a mais mortal das petrificações.
> – *Inventário de uma melancolia.*

O trabalho mantém a consciência do sol nascente ao poente. Depois da exaustão do campo, trabalhamos sob a lua, ralando a mandioca ou fazendo obras intermináveis. Fadigas engordam o Ser. Escondemos em nós apenas uma semente de intelecto que permanece vigilante. À espreita neste lodo, ela espera seu momento, observa, escrutina, avalia, cria categorias, imita, recombina, entra em sintonia com o renascimento seguindo o curso da deriva. Ela é a chama da vida que não renuncia. Às vezes falha ou se rompe (suicídio noturno, ou desespero estilhaçado contra a pistola do senhor), mas, na maioria das vezes, permanece soldada nos apoios do corpo. É o corpo o arco principal. Cada pedacinho de suas carnes recebe os apetites da vida. A voz permanece muda, mas é o corpo que dança. Dançar. Dançar. Esse corpo derradeiro no qual desabamos completamente. Velhos ritos carnais ressurgem. Se a dança for permitida, será apoiada com tambores, ou ritmos feitos com a boca, com os pés e com as mãos. Se proibida, vai se refugiar em uma distância que só deixará escapar um tremor de ventos. E dançaremos, dançaremos. Dançaremos durante a lavoura. Dançaremos na volta. Dançaremos nas vigílias de trabalho. O Ser retorna na dança pela intromissão de gestos antigos, de posturas sagradas; cosmogonias apagadas geram então contradanças inexplicáveis. Nos entregamos às memórias do corpo, bambara, bamiléké, mossi, mandinga, fom, iorubá, as memórias tombam em seu único essencial: são pistas abertas – mas essas pistas não levam ao Território perdido; é ele, inversamente, que as carrega para retornar de longe.

> De Giono: O Lugar, construído como um segredo alegre, depois como a trama de uma lucidez. – *Sentimentoteca*.

Os rituais do amor, da morte, da fecundidade, os laços comunitários, as carícias da esperança... tudo se elabora pelo gesto dentro do gesto. Nesse formidável silo que é o corpo que se rememora na agitação do viver. Dançar. Dançar. Deixamos vir indecências, rupturas de moral, lascívias que rompem as modelagens da Igreja, misturamos deuses e costumes. O corpo se abre em luzes como nas noites duras, e muito violentas. As danças de guerra seriam numerosas, palco dos duelos noturnos que deixavam, no alvorecer, sobre as estradas, nos campos, cadáveres deformados por um chute milenar.

> De Augusto Roa Bastos: O real em perigo em sua estrutura estendida em espelhos – e a nota de pé de página que deporta. – *Sentimentoteca*.

O tambor tem sua grandeza pelas próprias ligações na memória do corpo. Na África, ele reinava em linguagens nas modulações das línguas tonais. Aqui, nas mutações dos mundos americanos, ele se inclina diante do reino solista do corpo. Ele lhe restitui sequências rítmicas que o põem em movimento, e esses movimentos semi-improvisados reativam a necessidade do tambor. Na medida das amplitudes da memória carnal, os tambores reencontrarão formas e funções variadas. Eu os sonhei-todos, observei, integrei, localizei seus mistérios que, folclóricos, balbuciam em algumas tentativas de domesticá-los. O gesto polirrítmico contém a voz destituída de palavra. Gosto dessa sobrevivência ancorada em ritmos. É como participar dos humores do mar, da incoerência das ondas, de fluxos e refluxos, desses recomeços sempre diferentes. Escreve-ritmos.

> De Jacques Stephen Alexis: Contra o golpe religioso e a lepra macoute,[31] os nós-batismos da linguagem, a orali-

---

31 Tonton Macoute foi uma milícia de viés fascista do ditador haitiano François Duvalier, o Papa Doc, e de seu filho e sucessor Jean-Claude Duvalier, Baby Doc, que governaram o país de 1959 a 1986. Até hoje a vida política da ilha

tura no vento caraíba e o real desvelado em Maravilha – e põe tua vida contra as armas deles se a obra não bastar...
– *Sentimentoteca.*

Os senhores-bekês proibiram os primeiros tambores. Eram fabricados segundo a tradição africana, em troncos de árvore escavados. Quando esses escravagistas descobriram que eram úteis às cadências do trabalho (os escravizados burlavam a proibição com rítmicas da boca), autorizaram tambores construídos em barris de salga. A seus olhos, o tambor de madeira escavada carregava uma presença africana simbólica, encantada de sagrado, e ameaçadora. O tambor-barril, nu, funcional, que subsiste hoje em nossos morros, neutralizava na aparência tais significâncias. Mas ele também foi forçado a renascer, dissimulado. Ele deve sua sobrevivência às tarefas escravagistas: seus ritmos serviam – em uma ambiguidade indesatável – aos interesses do senhor e à reconstrução dos corpos escravizados partidos. A memória desses corpos ressurge de pedaço em pedaço. Ela não é contínua. Ela também é partida. Sequencial. Heterogênea. Polirrítmica. Para expressá-la, reencontrá-la, e livrar-se dela, é preciso desatar o corpo em improvisos. A improvisação convoca a memória e a prolonga. Ela se faz imaginação e profecia. Estará presente na dança, nos cantos, nos ritmos, nos instrumentos, dará coerência sensorial às migalhas no entorno novo. Deixa o Escrever aberto aos acidentes, aos descarrilamentos, aos perigos improvisados que desfazem o Imóvel.

---

sofre efeitos da presença de forças paramilitares inspiradas nessa milícia ou em sucessoras dela. (N. T.)

De Whitman: O mistério e o maravilhamento do mínimo – acesso total aos indizíveis do Todo em um cio de alazão – e o livro cria um homem. – *Sentimentoteca.*

De Richard Jorif: Língua toda recapitulada. – *Sentimentoteca.*

Graças aos ritmos, a pessoa sufocada na escravização emerge. Ficamos orgulhosos de ser negro e de nossos talentos, portadores de um conhecimento técnico. Carregamos conosco, a todo instante, régua, esquadro, compasso, tabuleiro, tudo marca de nossa especialidade. Ficamos contentes de puxar um fio de vida nessa morte. Reconstruímos um pouco nossa autoestima nessa soma que oferece um saber de trabalho. As funções escravagistas recriam uma hierarquia humana à qual não nos subjugamos, menos por submissão ativa do que por uma centelha de estima. Os senhores e os abades, a milícia e os gestores veem nascer orgulhos excepcionais, suscetibilidades. Uma humanidade, retornada do nada, surge com as rutilâncias. Aquilo a que ela aspira reencontrar se exerce ao extremo. Ainda somos assim, sob as boas maneiras. O Escrever sob dominação deverá fundar nessa carne morta que urra inquieta em cada ser dominado: *Estou vivo! Estou vivo!...*

De Confiant: Contra as línguas que te engolem, cultiva tua língua primeira, e seja injusto por ela. – *Sentimentoteca.*

De Segalen: Alegrar-se com sua Diversidade. – *Sentimentoteca.*

Mais do que de um ataque de negros marrons, um levante de escravizados ou um surto de violência, os senhores temem o veneno. Essa resistência circula por sob as costas curvadas, os olhos apagados e os pobres sorrisos. Esse ódio queima de repente na água fresca da jarra, no boi do moinho que agoniza, no cavalo amigo que arfa, no fiel escravizado encontrado ofegante. Um suor lunar, uma febre de enxofre, então um soco no ventre, e esse grito: *Veneno!... You pouézonnen mwen... Me envenenaram!...* Bons e maus senhores descobrem a presença da recusa sob os farrapos dançantes. A surpresa supera a agonia do dominante. Ele reinava sobre o desumano, como desumano, e o desumano o atinge. Submetido a essa queimação, ele procura se agarrar à sua humanidade, ele a busca no fundo de si, e só se afunda na sua mais aberta ausência. O que o constituía – moral, princípios, consciência, valor de si e do Outro – se dissipou em sua prática escravagista. Estava em erosão interior sem nem suspeitar. Cada um desconfia do veneno: os senhores, mas também os negros acorrentados. Na Casa-Grande, testam-se os alimentos com os escravizados ou os animais. Nos casebres-senzala, cultivam-se as lagartas de trevo, seus sinais e suas reações ao que seria levado aos lábios. A resistência-veneno flutua, terrível, desumana, afetando dominantes e dominados: Górgona horrenda, rompendo amarras, erguendo um olhar-basilisco. Gosto de imaginar essa resistência flutuante, o horror dentro do horror, uma cegueira que força a viver (nem como senhor nem como escravizado) em homens ansiosos por vida entregues às mutações.

> De Bianciotti: Contra as identidades fechadas, pega a frase ofertada ao fim de tua errância, e a desenrola em volutas esplêndidas que guardam música de teu Alhures. – *Sentimentoteca.*

Aquele que manipula o veneno e sabe o antídoto detém um mistério sagrado. Reconstruído em gestos, alivia os sofrimentos do corpo. Ele está ali antes de tudo para curar quando as doenças rondam, quando os negros caem nos campos sob o veneno da cobra Besta-longa. Dele, os senhores e comendadores só veem as costas arqueadas, mas os escravizados – irmãos seus – desvelam a aura que o envolve: eis o quimbandeiro.[32] Esse feiticeiro se forja como uma concreção. Mineral de estratos psíquicos preciosos, possui as palavras, os cantos, trechos de invocação, os módulos de um saber que ele vai recombinar. Com um sonho da África, um velho-gesto sobre três folhas, a imitação de uma prática caraíba. Deuses, escoados da memória do corpo, reabitam-lhe as mãos, o quadril, o brilho da pupila. Ele amarra analogias entre vegetais daqui e aqueles do Território perdido, entre os deuses daqui e os deuses de lá. Superpõe as paisagens. Preenche seus silêncios da memória com o canto do entorno, densifica seus antigos barulhos com os barulhos daqui. Bebe das liturgias do abade cristianizador ou do xamã ameríndio. Blefa. Inventa lembranças. Colhe, em seus gestos, forças boiando cuja deriva ele interrompe e das quais forja um sagrado que tenta macaquear o Sagrado primordial. Na abertura do romance de Édouard Glissant, *La case du commandeur* [A casa do capataz], um camponês para e grita: *Odonô!...* Essa velha-palavra sem clareza, gêiser das noites da África, sacia-lhe a garganta. A aparição do quimbandeiro rememora esse saber. A carne carregando memória. O gesto obscuro que se lembra. A voz ritmada em palavras indecodificáveis. Imagens derretidas nas marcas do entorno. Através do quimbandeiro, a África se ergue nos espíritos fraturados pelo esmagamento escravagista. Ele

---

32 No original, "*quimboiseur*". Derivado do crioulo "*kimbwa*", que designa o conjunto de superstições ligadas às práticas medicinais com plantas, mas também à feitiçaria e à magia local. (N. T.)

garante permanência a essa fonte. Faz tabernáculo do Ser no caos das mutações em curso. Figura um Território que quer se preservar da tormenta. Resiste. E, em uma contradição de seu imaginário, torna-se o mais extraordinário negro marrom: aquele que não abandona o engenho.

> De Ernest Pépin: A poesia, generosa, oferecida no círculo de amizade. – *Sentimentoteca.*
>
> De Marco Koskas: A força infinita da história infinita – o mestre-língua multiplica os ecos e espelhos. – *Sentimentoteca.*

O padre Labat conta impressionantes histórias sobre esses escravizados-feiticeiros. Ele mandava açoitá-los. Pisoteava com grande espetáculo seus bastões de poder ou outros objetos mágicos. O negro-feiticeiro era vendido em uma ilha vizinha, sem que se assinalasse seu peso. Os relatos do padre Labat creditam a ideia de um poder aterrador em mãos dos quimbandeiros. Isso atendia a interesses. Podia então diabolizá-los melhor e legitimar o Deus que ele impunha. Nos relatos do rechonchudo abade, os negros-feiticeiros iam constantemente às missas e mendigavam o batismo. Queriam associar a seus sagrados da África – linha de resistência – a força divina dos senhores. Os negros-feiticeiros espalharam-se entre os escravizados ainda privados da fala. Sua resistência redesenharia a África nessas consciências apagadas e, melhor, abriria uma via de acesso a ela: a morte. A morte que carrega o exilado para o país perdido. Então, montes de escravizados se suicidariam para retomar o navio de volta para casa. Contra esses suicídios em massa, o padre Labat, os senhores desdobrando terríveis respostas. Um bekê cujos escravizados se matavam regularmente entendeu a razão. Decepou mãos e cabeças dos cadáveres, as guardou em uma gaiola gradeada, e suspendeu essa gaiola na árvore de enforcamento. No início, os escravizados zombaram: os mortos voltariam logo a procurar cabeças e mãos, pois nenhum homem chegaria assim ao país dos ancestrais. Infelizmente, as mãos e as cabeças apodreceram ali, imprimindo o inapagável pavor, ou ao menos a dúvida, diminuindo o impacto do Retorno encantado. O Território afastou-se novamente no distante. Foi preciso ficar ali, naquela terra estranha.

> De Thor Vilhàlmsson: No proibido, sacudir as altas muralhas com uma linguagem que os elfos acompanham saindo das rochas... à noite. - *Sentimentoteca*.

> De Char: O Lugar, inabalável movimento... - *Sentimentoteca*.

O quimbandeiro restaura os corpos. Curar, por certo, mas também proteger. Os amuletos foram muitos. Pedras. Sinais incisos na pele. Objetos incrustados na altura do coração, dos punhos, de um tornozelo. Vi na infância - sem entender coisa alguma - pessoas vestirem esses amuletos, punhos e pés "montados" cujo golpe diziam ser mortal. Eram no mais das vezes lutadores de Damier ou Laghia,[33] líderes do bairro, senhores à margem da ordem colonial, que aplicavam sem saber modos de resistência herdados da escravidão. Sob a mordida das correntes, era preciso dar potência ao corpo. Apurar o pressentimento da desgraça. Ele devia resistir aos raios e trovões da escravidão, e sobretudo reconfortar

---

33 Damier, ou Langhia, é uma dança que simula o combate a pontapés, com navalha entre os dedos. (N. T.)

o espírito fraturado nessa roda desestruturante. O quimbandeiro lutava contra esse infortúnio. Tudo se erigia em infortúnio no universo escravagista. Os contos crioulos ilustram bem a agressão absoluta que amarrava esse cotidiano: traição e desconfiança, medos e suspeições. O quimbandeiro enfrentaria essa lepra generalizada com suas proteções: banhos, colares, gestos a serem feitos ou evitados, palavras a serem ditas ou não ditas. Ele iria também *desamarrar* o corpo. Tirar suas amarras. Desatar seus nós. É em geral por um banho que se cortam as amarras invisíveis de um encantamento, de uma urucubaca grudenta, de um mau feitiço. Desamarra-se a si na véspera de um evento crucial, às portas de um ano que começa. Durante a escravidão, houve *desamarração generalizada*. Nessas mutações, o corpo se torna a baliza última do Território perdido, a derradeira chance de conservar seu Ser. Ele se faz banco de areia, essa casa de corais, sob as mãos convulsivas do náufrago. Fortificá-lo era favorecer a emergência do humano em uma carne coisificada. Mas essa restituição à vida favorecia também os contragolpes mutantes. Quem sobrevivia largava antigas amarras, desatava as conjunções nodais e cerradas do Ser (tão potentes em outros tempos) para *ir* à fluidez de uma identidade outra. A desamarração e os amuletos autorizam todas as formas de marronagem, até as mais simbólicas. Com eles, suportamos melhor a (acreditamos resistir melhor à) irresistível transformação de si em curso nessas sujas plantações.

De geração em geração, o frágil saber africano se difundiria em um mosaico mais incerto, e mil vezes mais complexo. Nenhuma cosmogonia sustentará de verdade essas práticas mágicas. Para aqueles que a elas se apegam, elas se farão flutuantes, esmigalhadas, incapazes de apreender esse mundo efervescente. De geração em geração, ao sabor da sorte, sobrevivências africanas parecerão intactas, tal morro será santuário de uma dança, tal bairro se tornará receptáculo de uma batucada de tambor, em alguma beira de mar velhos pescadores entoarão lamentos de lua cheia com palavras da África que funcionam como fórmulas sagradas. Alguns quimbandeiros perderão assim sua força inicial para se tornarem no mais das vezes charlatães. O Território perdido, em um momento densificado – tal qual tronco-boiando no tumulto de uma tempestade –, iria se desfazer na alquimia mutante.

O que encontrei de mais misterioso na resistência mágica foram os mentô. Esses quimbandeiros superpoderosos reinavam sobre muitos outros. Esses, nem o padre Labat, nem o padre Dutertre encontraram. Quem os vê? Ninguém os vê. Quem acredita neles? Ninguém acredita neles, mas suspeita-se de que estejam aqui. Esses não nasceram dos gestos. Eram sem dúvida africanos iniciados, ocupando, na origem, funções religiosas, instruídos de um saber complexo, que acabaram, ao acaso das razias, reunidos nos porões do navio negreiro. Suas memórias subsistiam para além das próprias carnes; seu espírito carregava imagens densas, códigos, leis, verdades tateadas. Esses (eu os vejo espessos de silêncio, penando para reexplicar o mundo no fundo da cloaca escravagista) deviam sem dúvida marronear ali mesmo para se tornarem um desses negros-das-matas, vagarosos, solitários, tenebrosos, fascinando bandos inteiros de escravizados. Quando continuavam em um engenho, se tornavam negros de ganho, ocupando-se em cuidados estranhos dos animais, de alguma máquina frágil, apagados e discretos. Enquanto todo mundo se ia em deriva, eles pareciam imóveis como chapéus em um pântano turvo. Tiveram que autentificar os gestos, reconhecer tal dança, assinalar tal planta que oferecesse alívio. A depender da compaixão, tiveram que confiar o segredo do Retorno à África, pela morte, última via da salvação. E meus sonhos se chocam com os primeiros escravizados que se suicidaram no enigma do navio, com aqueles que se enforcaram assim que pisaram a terra firme, que engoliram sua língua, que cortaram sua garganta... Nem todos eram mentô, mas todos dispunham de memórias diferentes daquelas do corpo que sofre. Todos manejavam certezas suficientes na apreensão do universo para ousar esse grande salto. Os mentô tiveram assim que se fazer mais raros muito rápido.

> De Ernesto Sábato: O Escrever, como uma visão do mundo, em consciência-emoção; prosa-dia, poesia-noite, o Escrever total. – *Sentimentoteca*.

> De Juan Ramón Jiménez: Ousar tudo, de ciclo em ciclo, até a depuração, sua alma entregue às almas. – *Sentimentoteca*.

Cabaça identitária preciosa que todo mundo protegia, o mentô cultivava a discrição de um tabernáculo. Seu saber alimentava os quimbandeiros empurrados para a linha de frente, escudos expostos e quase sempre queimados vivos. Mas, tanto em um caso quanto no outro, a memória vacila, os rastros desfeitos se combinam em proliferações. Cada velho-corpo levava consigo, ao morrer, um elo ancestral. Um pouco de Ser se indo, volátil. A memória do mentô recolhia esses saberes repartidos nesses homens e nessas mulheres de origens diversas. O mentô tinha que questionar, vigiar, descobrir seus segredos, tentar reconstruir uma velha realidade partida em mil cabeças, mil visões desfeitas, mil memórias estupefatas. Sem alicerces reais nesse exílio, seu saber um pouco desamparado, ele devia parecer esses sábios antigos que ornavam seu conhecimento com uma sacralidade solene.

Eles se sacralizavam dissimulando-se, sacralizavam suas sequências memoriais, seus silêncios, suas lacunas, mumificavam seu saber em um ritual inacessível, que resistia à transmissão. E assim iam de ano em ano. Gosto de sonhar com um mentô impossível, que tivesse agido de outra forma. Que teria *adivinhado* - nessa espantosa precipitação de povos - uma reavaliação total pela qual se renasce sem absoluto. Sonho com as incandescências de seu imaginário que se espalharia assim. Um deles deve ter vivido essa vertigem. Porque, assim que o pensamento no mentô vibra nesses extremos, aparece o juntador de todos os pedaços, o coletor de todas as fibras, nascido dessa asfixia, ah, essa força!..., aquele que dotará esses homens com as fundações de uma palavra: o Contador de histórias crioulo.

> O velho guerreiro me sussurra: ... eu, longe de ser mentô, ia mais como um desses quimbandeiros... (*ele suspira, pombo-torcaz grelhado*)... Minha língua dominada, minha cultura dominada, meu imaginário dominado forneciam poucas experiências estéticas, emoções artísticas, esses estímulos preciosos para a criatividade. Os filmes, telenovelas, programas de rádio, teatro, livros, esculturas, pinturas... - imagens desses Centros ou santificados por eles - forneciam o essencial das minhas efervescências. Nesses portos em que naufragava, nessas cidades de poeira onde errava, o crescimento estético (esse veículo de belezas em alarme de onde nasce toda expressão) era contido em proveito de rédeas modernistas, desenraizadas, que deportavam o espírito para os Centros, desnaturavam a emoção interior. Identificar no mundo locais consagrados às artes, ciências, literatura e saber me assinalava alguns fluxos dominadores. Mas, aí mais do que nunca, eu distinguia o que vinha do Estado e o que vinha do País... (*ele*

ri, sopro de chuva)... E sempre aceitei a amizade dos países... - *Inventário de uma melancolia.*

Hoje em dia, Contadores e Quimbandeiros estão ligados. Provêm de uma mesma resistência. Mas o Contador tem uma vantagem. Ele não carrega somente memórias africanas, mas todas as memórias que naufragaram aqui em mil rastros móveis. Todas as maldições e danações antigas que foram esquecidas. Ele tem que inventariar esses silêncios esmigalhados. Circular naquilo que queima os corações, os espíritos, os corpos, os pensamentos. Desde os sofrimentos da Casa-Grande até o casebre mais atroz, ele tem que acomodar o sofrimento de uns à arrogância dos senhores, costurar os destroços da alma, remendar o pacto das esperanças e das desesperanças. E, nessa trama que junta, ele tem que *falar*.

Sonhar com o primeiro Contador.

Teria surgido no porão ou no engenho?

No porão é impossível, ali se está suspenso nas memórias africanas, crispado na essência inicial. Vive-se na angústia do que está por vir. No porão, só dá para gritar, e depois se estender no silêncio em um desabamento sem fundo. Mas, no engenho, uma existência-zumbi leva embora as etnias, os Rastros-memórias, os deuses, dominantes dominados, a gente se mistura e se emaranha e deriva junto nas proliferações mutantes. A gente se revolta com o negro marrom. A gente se fascina com as maneiras dos senhores que, por sua vez, aspiram aquilo que os cercam. A gente reanima o corpo com gestos humanos. A gente protege a psique com a força do quimbandeiro. A gente junta os restos de essência e de Território e se agrupa atrás da grande árvore do mentô. Mas, alimentada de tudo isso, a imperiosa deriva continua, caótica. A loucura espia cada um nas ausências que povoam o grito perdido e o degolar diário dos silêncios.

Então, o primeiro Contador aparece no engenho.

No prolongamento dos dançarinos e dos negros-feiticeiros.

Ouço suas primeiras palavras, em uma noite de dança em que o esgotamento armazena as energias, ou então ao longo dessas madrugadas em que se prepara a mandioca. A piada desce. As brincadeiras vêm. Zomba-se dos brancos. Zomba-se dos senhores. Zomba-se de si. De repente, eu capto essas pequenas forças e as repercuto, eu sou o contador, e faço rir antes, pois só o riso é raro. Divirto a companhia, agarro as situações, as amarro e desamarro, sulco a astúcia, o se-virar, aniquilo a moral dominante, esquivo a escuta do senhor camuflando o sentido de minha palavra. Me levanto diante dos mortos, no quadro das vigílias, para apontar a vida a ser assumida, invento em cada desespero a recusa em brasa, a luta adivinhada, o possível de vitória inimaginável.

Os senhores não gostavam da aglomeração de negros silenciosos. Isso lhes parecia ameaçador. Eles incitavam os cantos, as cadências, as palavras soltas. Assim como haviam tolerado o tocador de tambor e o dançarino, autorizaram o Contador a falar. Este, cavalgando a alegria ébria dos escravizados, os tranquiliza. Mas eu, Contador, exalto os pobres sorrisos com as ardências da ironia. As incredulidades tontas, eu as alargo em ceticismo hilário que desfaz a ordenação do real. Levo as migalhas de sonho até as erupções da maravilha. Eu despisto o tempo-carcereiro no curso de um tempo-quebrado, sincopado, espiralado, que rodopia e se espalha em todo-lugar. Todo o mundo assombra minha palavra, os fantasmas caraíbas e as belas aruaques, os escravizados em suas diversidades, mas também os senhores, assim como os imigrantes que desembarcam a cada ano. Eu, Contador, dou palavra às vozes perdidas. Meu corpo se carrega de gestos, cantos, danças. Chamo tambor, falo com ele e respondo, e tambor lança voo com minhas caudas de palavras. Minha voz sabe perder clareza para hipnoses encantatórias. Transformo o salto rígido do negro marrom em heresias febris que invadem o engenho. Venero tanto os senhores que zombo deles, temo tanto a Deus que o visto com estranhas figuras pagãs, circulo nas línguas que me são oferecidas, imito as posturas opacas dos seres que me cercam. Misturo os homens aos animais, a terra à água, o sol à lua, a mentira a alguns modos da verdade, e tudo pirueta em tudo. Não falo sozinho, não falo por ninguém: falo em um concerto: me lançam, eu interpelo, me apoiam, eu questiono, me passam, eu ultrapasso, me procuram, eu fujo, me solicitam, eu desvio, se afastam, eu junto e pergunto, murmuram, improviso, me agarram a garganta, lanço voo, estalam os dedos, eu salto, ritmam os pés, me seguro ao chão, cadenciam as mãos, escorro em inundação... estou nesse sonho que me anima. E entendo de repente: o Contador faz *falar-junto* esses corpos restaurados pelos gestos, responder-junto, andar num mesmo passo, sentir as mesmas alegrias, medos unânimes, escapadas conjuntas. A luz das chamas ilumina o círculo à sua volta, e pressinto um organismo polirrítmico, com vozes múltiplas entre as quais uma – louca solista – faz a epiderme de todas essas que a habitam. Ah, esse sonho obscuro me acende: *o Contador fala com!...*

> De Kundera: Contra a absoluta Verdade, romancista em alta exigência, em preocupado saber, consciente da Existência em suas incertezas e tomando gosto pelas festas hilárias da imaginação... – *Sentimentoteca.*

Não tenho solução coletiva para a opressão escravagista porque o coletivo ainda não existe, preciso antes *religar* esses homens espalhados. Essa ligação não está nos heróis solitários amorais que se viram e povoam a fiação dos meus contos. Está nessa dinâmica pela qual todos comungam de um só personagem: Ti Jean o Horizonte (herói arquetípico do conto crioulo antilhano) é um solitário que luta apenas por seus interesses, mas o percebo como um povo inteiro, porque esses homens picotados se remendam nesse herói, se acalentam nele, se ligam e se religam nele e se veem transmitidos, inesperadamente encarnados no corpo de um magrelo emblemático que, com astuta paciência, empilhando desvios, acabará vencendo o poderoso. O Contador, nascido de uma desordem de homens e todo projetado em laços por criar, é inventor de povo.

> De Fanon: Contra a Besta, uma generosa violência, a frase que bate fascinante, santas cóleras, impulsos absolutos, indignação virginal até o fim. E a esperança. Intacta. - *Sentimentoteca.*

Minha palavra de Contador é obscura como a noite na qual intervenho. Vejo a distância do romancista ocidental que, este sim, escreve de dia. Sua expressão é oficial, esperada, estimada, e percebida como tal; ela reflete os valores da humana condição, elucida nossas almas, carrega a vontade de uma luz cuja trajetória ela calcula, em uma língua eleita, em uma História conhecida, na certeza já escrita de um Território. A do Contador não é esperada ali onde se aninha. Ela difunde seu enunciado no obscuro de uma diversidade de homens, não tem legitimidade anciã, reveste, consciente e inconsciente, as graças libertadoras de um riso que não provém de nenhuma terra conhecida - esse riso que rompe contraturas, desarticula a fixação mental desses que se agarram às origens perdidas. Ela não sabe o que virá de sua palavra, e sem dúvida ignora que ela abre para um improgramável renascimento humano. O Contador nomeia – obscuro – o que está vivo.

> O velho guerreiro me sussurra: ... o obscuro, no caso, me parece aceitável... (*ele suspira, então sua voz redemoinha, fumaça de tomilho*)... Olha só, aprendi que era difícil para uma dominação silenciosa integrar a heresia. Ela podia muito bem acomodar pequenas revoluções clássicas e outras resistências comuns associadas às luzes dominadoras. A heresia, ela, permanecia obscura em todos os níveis. Mas em quais simbolismos fundar nossas heresias? E quais habitar?... – *Inventário de uma melancolia.*

Para Glissant, a transmissão não se estabeleceu entre o Contador crioulo e os escritores que o sucederam. Quando o sistema das plantações se decompôs, a palavra do Contador foi imobilizada. A departamentalização[34] nos projetou do universo rural pós-escravagista para os sistemas inéditos de um país desenvolvido. A resistência dos Dançarinos, Tocadores de tambor, Quimbandeiros, Mentô, Contadores estirou-se em deriva nas calçadas das cidades. Uma catástrofe ecológica semelhante à dos dinossauros. Próximo desse mundo urbano, eu não estendi de nenhum modo, em minha primeira escrita, a mão aos Contadores. Me instalei de imediato nas luzes do dia. Fui como os outros – miméticos, duduístas, escritores-negritude – na construção reconfortante de uma memória-território caída das forças coloniais, e em ruptura com o real do entorno; eu ignorava essas humanidades vivendo

---

34 Ver nota p. 62. (N. E.)

das mutações na transformação, me recurvava à ossatura de identidades anciãs, e abandonava a palavra inaudível dos Contadores, suas urgências em viés, suas piruetas sobre um trágico indizível. Combati as certezas do dominante (o que era bom) com contra-certezas vestidas com as mesmas grifes. Assim, não considerávamos os espíritos carregados nessa maré noturna, abandonávamos seus efeitos por vir. As trajetórias foram paralelas: a voz dos escritores indo em curva solar para o brilho de um verão; aquela dos Contadores esgotando-se à medida que as forças dominadoras desdobravam suas corolas por sobre grandes sombras. Vê-las se apagarem uma a uma, extenuar-se, abismar-se mesmo tão jovens em velhice silenciosa, enquanto eu lançava em meus poemas adolescentes um voo triunfante, tanto quanto ilusório.

> De Verhaeren: Amarrar essa dramatização entre campo e espectros de cidades nascentes, "essas claridades vermelhas que mexem"... - *Sentimentoteca.*

> De Pessoa: Não creia nas mentiras do eu: espalhe-a em lotes de verdade, em um mesmo tanto de *relações criadoras*, é plenitude de uma corrida para teus próprios tesouros. - *Sentimentoteca.*

Eu tinha também abandonado o burburinho linguístico do Contador. Nesse sonho, o ouvi falar-desfalar em crioulo, e então caminhar para a língua dominante ao ritmo dos escárnios, e então manejar crioulo ou francês de acordo com os tempos de autoridade, violência, cumplicidade ou medo. A língua francesa seria a todo instante integrada, zombada e desconstruída em modos erráticos. Eu o ouvi agora como o murmúrio de um inconsciente:

esse *léwoz*[35] linguístico vibrava a língua crioula em uma ideia escolhida da língua francesa, rica em fases medianas e sequências sem aviso que isso autoriza. Essa prática refletia nossos espíritos esquartejados entre essas línguas, e tocava essa ferida. Mas, em minhas primeiras frases, distante dessa perturbação fecunda, eu escreveria devoto de um francês litúrgico.

> De Jean-Joseph Rabearivelo: Contra a infelicidade colonial e seus exílios internos, a ascensão da morte exaltada por um último poema, na presença de Baudelaire, na espera da criança... – *Sentimentoteca*.

> De Laurence Sterne: A errância em plena Escrita; o caos que questiona, novo estar no mundo. – *Sentimentoteca*.

(Gosto disto, sim: as acumulações enfileiradas do Contador. Ele nunca dirá: "está calor", mas: "... *existia, tá me ouvindo, um debate de sol um escândalo de sol dentro de sol sem vento sol por cima sol por baixo em toda a parte raia mamãe sol atrás do sol...*" Às vezes a fileira correria em maravilha: "... *um sol sem igual que te mela em mel e céu-fel ó Gabriel asas grandes convoca minha paz semestral no fundo da catedral...*" etc.! A acumulação preenche o espaço que o Contador precisa ocupar sozinho, cobre as fissuras fraturas e povoa a noite dos arredores. Entramos, de repente, em um mundo compactado que a maravilha atravessa como um lampejo de cometa. No Escrever, eu me interesso (é pouco) por bruscas acelera-

---

35 Ritmo e celebração em roda de Guadalupe, que reúne tambor, canto e dança, valorizando a improvisação. Prática coletiva, geralmente acontece em praças e espaços públicos à noite. (N. T.)

ções, ou para conter um calor asfixiante, e sobretudo para nomear sem nomear. A maravilha, quanto a ela, escapa ainda...)

Paisagens abriam-se nas perturbações desse sonho. Os contos crioulos assumiam ressonâncias novas. Havíamos os analisado sob o ângulo das resistências. Essa leitura era justa. A resistência estremece sob o que desespera, e nossos contos vão assim. Mas toda morte aciona pequenas vidas inesperadas. Toda desumanização arma uma curva para a humanização. Essa resistência não poderia se ver como salto no vivente? Quer ela vencesse ou não, ela animava-reanimava (no sentido elevado de dar alma). Comecei a considerar a emergência do Contador como *o esforço de vida de uma nova entidade coletiva* cujas modalidades rebeldes seriam apenas um dos sintomas.

> De Sergio Azténi: Irmão, ó!... - *Sentimentoteca.*

> De Kundera: Ir leve, na elipse essencial, cartógrafo em sete ritmos indiscerníveis. - *Sentimentoteca.*

A angústia do Contador me habitou: essa enlouquecedora diversidade de homens em volta de seu berço, esse cintilar dissonante nas margens de sua consciência. Nascido ali mesmo, ele escapava às necroses de um Retorno impossível à terra de origem. Ele só poderia amontoar o que liga e religa, em convergência, mas também em conflitos, abrir com sua palavra cada presença às outras, adensar cada homem em seu contato com o outro... se fazer tecido vivendo na interface dos inventários. Ele não dispunha de nenhuma biblioteca, nem memórias de griôs, nem velhos cantos de trovadores, nem sagas numeradas. Sua palavra gotejava desses homens laminados (e daqueles que os martirizavam) cuja energia vital, cega, errática, tendia indefinida para a organização. Ele precisava construir sobre brumas de memórias, éteres à deriva, trapos de lembranças agregadas-desagregadas segundo as leis da errância. Construir sobre uma diversidade que se abria em sofrimento para todos os continentes. Mais se conscientizava do que o cercava, mais se confrontava com os impossíveis de dizer. Ele não era um compilador de uma memória milenar que funda um Território. Sua palavra não fazia emergir linhas de uma Gênese, ou de um mito fundador, nem uma História ramificada em cantos literários; ela só tinha o tremor do navio negreiro, o deslumbramento sangrento dos desastres coloniais, o emaranhado das histórias vindas de todos os Territórios. Ela não estava sob a tutela de nenhum Sagrado, mas se via assombrada por múltiplos sagrados com "verdades" trêmulas. Eu o via tomar forma. Ele pulsava no gesto que reanima o corpo, e seu Big-Bang irradiava do grito de um revoltado no porão negreiro. A expansão silenciosa desse grito provocava sua palavra, que ia por si própria na extensão. Isso dotava essa palavra de uma audácia sem esperança ligada a todos os desejos. Assim, ele se erguia sem um deus, sem uma musa debruçada em seu ouvido para um murmúrio divino. Mas, espuma de uma sopa primitiva de criação do mundo, encarregado de *tudo isso*, erguido de *tudo isso*, ele inventava seu povo dentro do não-absoluto.

> De Petrarca: Procura aquela que te carrega, te levanta e te encanta, e livra-te total, construindo-a te construindo sempre insaciado. - *Sentimentoteca*.

> De Platão: o Ser-devindo (o Mesmo e o Outro em movimento e repouso, misturas e distinções) em relações vivas com todas as diversidades. - *Sentimentoteca*.

Eu me impregnava com as curiosas modalidades de emergência desse povo. Nas culturas tradicionais, o Relato do Mito fundador servia sobretudo para manter o Outro na oposição de si, a legitimar-se frente a ele, a construir-se em ruptura com ele. Aqui, a palavra inicial era um conto de mil facetas em que mesclavam o riso, a derrisão, o claro e o mistério, o próximo e o distante. E nesses contos crioulos que eu explorava agora o Relato adivinhava as "verdades" desses homens reunidos, colhia deles as remanescências, e seu querer seguia em dinâmica plural em que se denominavam *nos* e *com* os Outros. Era preciso se re-construir em deriva, em interação, em maleabilidade aberta, viver a troca disponível no apetite das fontes iniciais e em seus rastros recombinados. Ademais, esse sonho iluminou de outra forma uma cena vivida alguns anos antes. Eu estava em Santa Maria, em uma vigília tradicional. E Contadores contavam. Quando um deles se levantava para tomar a palavra, os Contadores erguiam-se, tiravam seus velhos chapéus, pegavam seus bastões com poderes, e contraíam os rostos solenes. Durante o conto, devotavam-se àquele que falava: antecediam seus desejos, repercutiam seus cantos, emprestavam-se a mímicas... A palavra não era anódina: *eles a erigiam em um ritual sagrado* com gestos quase imperceptíveis que vinham das liturgias cristãs, das iniciações africanas, das vigílias solenes dos povos ameríndios, de uma preservação do corpo que se quer realçar. Eu tinha observado o fenômeno sem perceber nada. Mas, ali, levado por meu sonho para o contexto escravagista, essa lembrança assumiu uma amplidão brusca: rico de múltiplos Sagrados, o Contador não estava sob a tutela de um Sagrado, mas de um valor psíquico que os reunia a todos, os relativizava: esses Sagrados perdiam origens verticais e funcionavam espalhados, em rastros proliferantes. Espantosa fundação. Eu descobria em mim a espantosa fundação.

De Agrippa d'Aubigné: Contra medo prudências realismo, o Todo-possível desde já no tumulto genésico dos sete ritmos. - *Sentimentoteca.*

Outra vertigem: o Contador falava à beira da escrita; eu a via à sua volta, ritmando o cotidiano do senhor (*cadernos do engenho, registros de exploração, livros de contas, correios, biblioteca...*); organizando o Sagrado do abade (*bíblia, cadernos de cantos, salmos, exorcismos rituais...*); transportando a imagem de uma França distante (*proclamações, leis, jornais, acontecimentos decisivos...*). O Contador conhecia a escrita. Ele sentia seu encantamento imperioso. Muitos eram os negros-feiticeiros que se revestiam de um livro (geralmente uma Bíblia, esse "papel que fala"). Assim, nesse sonho, vi nossos Contadores com um livro em mãos, abrindo-o, empunhando-o, rindo dele às vezes, servindo-se dele para conferir alguma vibração às suas palavras. Essa presença do escrito que dominava a busca de uma palavra nascente não era insignificante. Dada a vizinhança, essa palavra foi desnudada das legitimidades protetoras dos Griôs ou outros Falantes das origens; eu a via tremendo, não incerta, mas vibrando sem soberba no rastro da escrita; ela ressoava em sua presença, acusava o impacto de suas ondas, estendia-se em impossível em sua direção ao mesmo tempo que a combatia. O Contador crioulo falava verdadeiramente sem nenhum absoluto.

O velho guerreiro me sussurra: ... eu, eu não tinha mais palavras. Diante de seus jogos esportivos, seus gestos democráticos, seus heroísmos humanitários, suas incursões militares de justiça sem fronteiras, suas caridades televisionadas, eu atravessava povos tornados espectadores dos dominadores do mundo... (*ele ri e suspira*)... Você me imagina, eu, vaga-

> mente inapto e inútil, inerte e fascinado como aqueles que eu protegia?... – *Inventário de uma melancolia.*

Apareço no terraço. Os beija-flores estão aqui, mas a vertigem que o Contador sentiu se inverteu em mim. O oral, a oralidade estão aqui, no mundo e em mim, e seu espírito encontra despertar inesperado nas novas mídias. A escrita expressa hoje um fim solitário, e – quer ela consinta ou não – uma erosão de seus orgulhos. Luto hoje com isso. Nossos escritores passados não transmitiram o legado do Contador porque era impossível. As certezas da escrita (esse peso milenar de códigos e métricas) ofereceram-se a eles como um refúgio. A correnteza, o balanço súbito, as dispersões flutuantes, as fluências narrativas da palavra lhes pareciam de algum modo perigosos. Usá-los na escrita supunha a aceitação de uma zona muito instável. Foram-lhes necessárias certezas. Sua escrita iria acomodar-se aos modelos literários oferecidos pelo Centro dominante. Ela tenderia a imitá-los a fim de constituir para si uma linha vertebral no desassossego errante de nossa comunidade. Ela engoliria os dogmas do escrito para extrair para si um magma inominável. Nossa palavra, ela, seu espírito abandonado, encontraria refúgio no folclore das resistências. Encontro em mim, como um coração familiar, esses lampejos conflitantes do oral e do escrito. Recebo-as sem surpresa, prestes a ir além. *Malemort*, é verdade, iniciou-me cedo nessas zonas perturbadoras.

> De Faulkner: O Lugar, construído de si para si, imenso de todas as trágicas memórias desenraizadas. – *Sentimentoteca.*

> De Simone Schwarz-Bart: Contra a nadificação, atravessar as vidas como se embarca em sonhos, sem militan-

> tismo a não ser a atitude verdadeira, a língua justa forjada a partir das duas línguas atadas, o verdadeiro, o verdadeiro mesmo se ele parece te distanciar de teu papel... – *Sentimentoteca*.

Os imigrantes recrutados sob contratos após a abolição da escravidão encontraram-se em plantações inalteradas. Substituíram (nos mesmos casebres e nas mesmas condições) os antigos escravizados negros que, em grande parte, estabeleceram-se nos morros e nas cidades. O Comandante que dirigia as colheitas manejava ainda o chicote, e o "trabalhador do campo" nem por isso voltou a ser humano. Apesar dos contratos e das cláusulas que previam um retorno à terra de origem, os imigrantes indianos (como, aliás, os chineses e os novos africanos) acabaram em um tipo de escravidão. E isso em um relativo isolamento, pois a massa negra os tratava como cachorros que aceitavam o inaceitável. Quando, ao fim do contrato, ou assustado pelo tratamento que sofria (alimentos escassos, salários aleatórios, famílias separadas, serviços diversos), um desses imigrantes manifestava a vontade de ir embora, o fazendeiro-bekê o jogava na cadeia para que voltasse a ficar razoável. Os imigrantes desenvolveriam as mesmas resistências que os antigos escravizados. Aqueles que partiam em marronagem eram perseguidos pelos policiais a cavalo por quebra de contrato. Os fazendeiros, pouco respeitosos a esses mesmos contratos, faziam juras ciosas perante os tribunais. Os imigrantes-rebeldes incendiavam assim os campos de cana, as moendas, os depósitos de ferramentas, envenenavam animais de carga. Essa resistência silenciosa tornou-se a assombração dos fazendeiros como na época da escravidão. A tristeza e a melancolia, o desejo do retorno, a desorientação no novo ambiente tomavam da mesma maneira esses novos explorados. As crônicas coloniais os descrevem como indolentes, fracos, abatidos, jogados aos vermes e ao consumo compulsivo de tafiá.[36] Os suicídios foram inúmeros. Os imigrantes indianos (chamados *kouli* ou *malaba* em crioulo) enforcavam-se de forma tão recorrente que isso se tornou um dado de sua raça. Os sobreviventes firmariam sua comunidade em um culto votivo, uma prática religiosa hinduísta herdada das práticas rurais do interior da Índia, a que os fazendeiros concediam para aplacar rancores. Indianos, chineses e novos desembarcados africanos, refugiados em si-mesmos, tentando preservar seu Ser, iriam reavivar a palavra agregadora do Contador com intensos gametas de seu imaginário. Mas eles também iriam se banhar no não-absoluto.

> De Glissant: Contra o chamado das conquistas, o Escrever como ideia de grandeza em jogos de relações, não em atos de domínio. - *Sentimentoteca.*

> De Verlaine: Melancolia sábia, olhar total, o sonho-música por sobre a infelicidade não dizível. - *Sentimentoteca.*

> Da Bíblia: A palavra que alimenta a escrita e a escrita que se faz palavra, a infinita estrutura que se oferece. - *Sentimentoteca.*

---

36 Aguardente fabricada com melaço de cana-de-açúcar; espécie de rum popular. (N. T.)

ÚLTIMAS RESISTÊNCIAS E DERROTAS URBANAS – Em meus poemas negristas, eu tinha mergulhado (como todos os outros) nessas resistências costumeiras e triunfantes. No entanto, o fracasso estava ali. A entidade coletiva nascida no engenho, buscando seus equilíbrios, não encontrou oxigênio nos antigos canhões identitários. Espetaculares derrotas, essas dos negros marrons e de nossos rebeldes de porte heroico!... Com o passar do tempo, foram vencidos. O que restou deles após a abolição da escravidão? Tive dificuldade de encontrar o desfiado de seus rastros. Alguns espectros de Dançarinos, de Quimbandeiros, de Contadores me apareceram; mas, nem sequer desnaturada, nenhuma sobrevivência dos negros marrons. Seguindo minha busca fundadora, procurei resistências que teriam sucedido àquela do Contador. Todo o período após a abolição da escravidão me pareceu apagado. Exceto nas cidades que recolhiam todo o mundo. A Cidade de Saint-Pierre tornou-se uma profusão de biguines,[37] mazurcas, cantos e músicas. Descobri zombarias, sátiras sociais, provocações, cantos de amores perdidos, arrogância sedutora, feitos e malfeitos da vida urbana, representações populares de uma fresca vitalidade. Os imigrantes indianos e africanos vindos depois da escravidão são descritos sem simpatia. Ameríndios, chineses e sírio-libaneses quase não existem. O bekê circula ali cheio de arrogância, o mestiço, egoísta, a mestiça, sedutora e preocupada com conforto. O negro crioulo reina com más maneiras e fracassos nos amores verdadeiros. A *manman* crioula, devotada a seus filhos, é uma madona sob altas louvações. Nada parece subsistir da *Aliança* do

---

37 Estilo de música centrado no ritmo que se originou em Saint-Pierre, Martinica, no século XIX. Ele funde bèlè e passos de dança de salão francesa daquele século com ritmos africanos. (N. T.)

Contador: resta apenas a zombaria onde nenhum projeto prevê a desagregação geral. Como se o desmoronar do tempo das plantações tivesse liberado uma sobrevida irreverente cujo elemento estável era essa mãe crioula entregue a suas crianças. Essas músicas testemunham uma alegria de viver bem compreensível após o horror da escravidão, mas, ouvindo-as bem, percebi também uma nota de desamparo nascido das acelerações urbanas nas quais a crioulização prosseguiu. E o desamparo era compensado por um pouco mais de alegria, de cinismo, de problemas amorosos, de palavreado universal. O Contador crioulo continuou nas plantações ou se refugiou nos altos morros perto dos tambores e das danças guerreiras. Desde a Cidade lhe chegava talvez esse frenesi de bandolins e banjos, trompetes e trombones, que devia lhe lembrar a comunidade sem palavra diante da qual ele se havia reerguido. Depois da escravidão, é certo, o Contador começa a se calar e o músico dá início a seu drama alegre que ainda acontece. Escrevo com essas velhas músicas crioulas. Com esse trágico que não se nomeia. Puxo anedotas, descrições, nomes de mulheres e homens, pequenos casos míticos da vida em Saint-Pierre. Nos obituários de rádios, recolho os sobrenomes que vêm autenticar os nomes, e uso-os em meus relatos. Nada me parece substituir a radiância do vivido. Um nome que foi carregado destilará sua verdade no tecido do texto. Uma história autêntica ou cantada como tal por algumas gerações comunicará uma matéria vibrante no conjunto das palavras. Assim, nada invento, senão os ritmos combinatórios aos quais confio com gosto a missão de surpreender alguma dinâmica ainda despercebida.

Os provérbios também não são fontes muito bem-intencionadas. Anotei-os por muito tempo em meus cadernos. A resistência neles se perfila sob formas pouco desvendadas, mas preciosas.

Inalteráveis. São concentrados de língua crioula, talhados em terríveis estilhaços. Eu acho graça das antologias desses provérbios em que se tenta explicá-los em francês. Eles comportam tantos duplos sentidos, ambiguidades móveis, significações turbilhonantes, que essas traduções me parecem irrisórias. Empobrecedoras sempre. O provérbio crioulo não tem sentido vertical. Ele herda camuflagens do Contador crioulo. Mas nasce sobretudo da regulação dessa diversidade de homens forçados a viver juntos em uma violência sem nome. Cada provérbio crioulo curvará suas significâncias conforme os acontecimentos nos quais serão aplicados, pois ele informa e se forma no caos de uma mutação. Fiquei fascinado com tal massa proverbial que ao mesmo tempo revela (melhor até que os contos) uma filosofia, uma estética, uma prática literária, um desembaraço oblíquo, uma decisão mental que clama seus equilíbrios. Isso bate. Isso ressoa. Isso brilha. Isso desorienta. Isso espanta. Isso encanta. Isso regula nossas paixões, ilumina nossas tragédias, percorre nosso drama em uma reta lucidez. Encontramos alguns de seus princípios nessas adivinhações que são as *titimes*, com as quais o Contador desfila suas histórias. Contos, provérbios, *titimes*, histórias de ninar, canções crioulas: a entidade coletiva nova está aí, bebendo em cada uma das fontes, e acionando-as sob a maldição integral. É a palavra dos dominados, mas é também palavra dos dominantes. Aquilo que esconde a resistência, aquilo que renomeia o humano na iniciativa mortuária, que define esse conjunto novo em um espelho evasivo, palpita nessa oralidade. Uso os provérbios por sua força cortante, sua destilação imputrescível de uma cor coletiva. Eu os tomo como são, mas às vezes os desmancho para conservar apenas um sabor – desconhecido, mas familiar no delicioso, antigo no delicado –, e os reconstruo em alegres desvios, segundo as leis de suas estruturas. Mas tudo isso me deixava um pouco desencantado. Onde foi parar a resistência maior após aquela do Contador? Foi na distração de uma tristeza e de um sonho sem anúncio que descobri o *Drivador*:[38] este se fez receptáculo de resistências que haviam caído atordoadas.

> De Unamuno: A palavra que faz o homem, e o alerta, ó vigia, acerca das verdades. - *Sentimentoteca.*

> De Rabelais: Contra a pegada sorbonnista,[39] as cegueiras e belas miragens, levar a tudo, e a si-mesmo, a errância do riso salutar e dos "espíritos animais"; mobilizar ciência popular e ciência sapiente e afetar toda ciência a serviço do Escrever, sem fazer ciência... - *Sentimentoteca.*

A língua crioula chama de Driva[40] uma situação não muito brilhante durante a qual erramos sem fim. A maior parte dos negros marrons acabou em Driva. A exiguidade de nosso espaço geográfico e o desejo de retornar à África (fechada em um impossível) não haviam transmutado em liberdade as pulsões da fuga. Essas pulsões reproduziram-se em cada geração, cada uma parindo rebeldes. Estes não mergulhavam mais nas matas, mas se punham a subir-descer, a andar andar andar segundo o vaivém insensato da Driva. E os negros-habitantes (escravizados, depois operários das plantações, depois funcionários felizes e marcados com um

---

38 No original, "*driveur*". (N. T.)

39 No original, "*sorbonicoles*". Remetendo à Sorbonne, universidade símbolo de erudição ou ensino acadêmico clássico. (N. T.)

40 No original, "*drive*". (N. T.)

número do INSEE,[41] com uma casa, com um endereço e um nome) acreditavam ver um traço de miséria ao vê-los passar. Acabaram em Driva também alguns escravizados libertos por um senhor generoso em um ato de devoção. Para esses milagrosos, o desejo era cortar qualquer laço com as plantações ou os engenhos. Então iam, uma mão atrás, outra na frente, alugando seus braços, seu saber, sobrevivendo em tarefas efêmeras. Vimos também em Driva os imigrantes indianos sem contrato, ou que fugiam da execução lamentável do contrato ingenuamente assinado. Esses iam como vagabundos, carregando correntes invisíveis ao longo da poeira das estradas sempre sem horizonte. O imaginário crioulo posicionou essas Drivas entre os aspectos de uma infelicidade ordinária. Com o passar do tempo, isso se agravou. A Driva se aplicaria logo às desventuras dos enlouquecidos, aqueles que andavam sem parar, lábios batendo a apóstrofe para si mesmos, conversando sozinhos, abatidos por uma paixão ou qualquer desastre imparável da vida. Designaram-se também em Driva as infortunadas vítimas da cal maléfica de um quimbando, que consumavam sua existência em uma vontade de jogar-se sem trégua no embalo. A Driva atingia as pessoas como um mal, como um feitiço, como um maldoso despacho. E, de tanto drivar, acabava-se por "tomar-o-mar-como-grande-caminho" – na verdade: por desaparecer.

(Tem a Driva-Melro e a Driva-Mangusto, cada uma levando aos deslocamentos sem fim desses dois animais. O disse me disse nunca revelou qual é mais desejável, mas, com uma ou outra, tomado por uma obsessão animal, deixa-se a humanidade.)

---

41 Instituto Nacional de Estatística e Estudos Econômicos, na França. (N. T.)

> O velho guerreiro me sussurra: ... Fanon, esse outro errante, me dizia que o povo colonizado alimentava duas preocupações: a terra e o pão. O que fazer para ter a terra e o pão? Sob dominação brutal, a terra e o pão geralmente foram recusados. Sob dominação silenciosa, isso foi oferecido... Assim, aquilo que Fanon chamava de "*modelo mais enriquecedor e eficaz*" para a revolução funcionava também para nos assujeitar sob saciantes perfusões.
> – *Inventário de uma melancolia.*

A cultura crioula urbana tinha encontrado a Driva e lutava contra ela. O garotinho negro que eu era nas ruas de Fort-de-France dos anos 1950 ainda se lembra da bronca da mãe: *Ou kéy en driv? Ou sôti an driv? Ou téka drivé? Driv la pran'w!* Você vai pra Driva? Você tá voltando da Driva? Você tava drivando? A Driva já te carregou! Para uma criança, esse era o perigo mais próximo nas ruas e nas calçadas. Porque a Driva quase sempre desaguava nas ruas da cidade. Os relatórios da polícia do tempo da escravidão testemunham o fenômeno. Não havia um policial, um notável da cidade, que não reclamasse da permissividade dos fazendeiros e não os acusasse de aliciar seus negros por qualquer razão que fosse. Depois da abolição, a assombração se multiplica e é com as leis que se persegue o Drivador chamado de vagabundo. Aqueles que não pudessem se justificar com um contrato, com um vínculo, logo com algum tipo de raiz, eram condenados às obras públicas nas oficinas de disciplina.[42] A pista dos Drivadores me distanciava

---

42 Foi por meio de uma dessas oficinas que se construiu a fonte Gueydon, na margem direita do Levassor, uma fonte magnífica que domina Fort-de-France, e que poderíamos batizar como *a Fonte dos Drivadores*. (N.A.)

então das plantações para me mergulhar em uma nova matriz: o espaço urbano.

Por que esse desembocar dos Drivadores na cidade?

O espaço urbano é o pêndulo da plantação-engenho. A ordem do engenho canaliza suas produções para esse espaço em que se mobilizam os militares, fiadores do Centro-metrópole. Encontram-se ali também os comerciantes e os estivadores. Encontram-se até mesmo os libertos e os mestiços. A riqueza do fazendeiro-dono-de-engenho se concretiza aí, onde seu açúcar se transforma em dinheiro. Na cidade, a ordem do engenho não tem o mesmo peso, o fazendeiro não dispõe de nenhuma autoridade. Libertos e mestiços exploram algum dos seus talentos. Encontram-se cabarés, casas de jogo, músicas e danças. O biscate se permite viver disso sem precisar se alienar em um contrato. É uma savana de liberdades e aberturas: os jornais ali chegam, mas também os livros, mas também os barcos, todos os tipos de estrangeiros, todos os tipos de notícias. Pode-se iniciar qualquer espécie de relação. Todos têm a sensação de terem sua chance: o lugar não é imutável, ele mexe, ele é veloz, ele reage aos efeitos de fora. Ninguém está murado por penhascos de cana, é possível ver o horizonte, sentir o vento, ritmos. Ainda mais anônimo, escapa-se aos controles. Dispõe-se a cada rua de um monte de recursos. Percebem-se mais modelos. A Cidade me pareceu de repente como uma golada de oxigênio que alimenta e destrói ao mesmo tempo a ordem escravagista e o juramento colonial.

O velho guerreiro me sussurra: ... você está falando das cidades?... (*ele ri*)... Sob dominação silenciosa, o eixo central (*poteau-mi-*

> *tan*)[43] de nossos lugares e seus imaginários permaneciam voltados para fora, na extroversão: tudo (e as cidades ainda mais) se orientava para o Centro, como flores amarelas sob uma hipnose solar... (*ele suspira, cipó-diabo*)... Mas não se pode assim dispensar-se da honra de viver por si-mesmo em si-mesmo o que se é. A contrapartida então sai cara. Por isso encontrei em nossos espaços urbanos tantos olhares vazios, pálpebras trêmulas, almas musgosas como espuma suja na areia, tendo como poder apenas a gestão do mal-estar sob a abundância espessa. Você está falando de cidades? Eu vi nossas cidades!... – *Inventário de uma melancolia*.

Depois do colapso das plantações arruinadas, cada um se lançou a esse tanto de "possibilidades" que a cidade oferecia. E isso em um contexto de abandono da cultura crioula, associada aos campos de cana e à não-humanidade. Somente a cultura francesa, a língua francesa, a benevolência metropolitana davam a chance de escapar às remanescências escravagistas. A cidade reflete o Centro-metrópole ao alcance dos desejos. A língua francesa reina, as pessoas ouvem-na, podem repeti-la, aprendem-na, e tentam escrevê-la. Os marinheiros de Nantes, Bordeaux ou La Rochelle a povoam. Os funcionários e os administradores nela se reúnem. Os modos e os modelos nela circulam, fascinantes. É ali que chegam, desde a potência distante, as leis, as proclamações e as regras do destino. A cidade é reflexo amigável do Centro pater-maternal. A alternativa ao sistema das plantações que nada poderá substituir. Os Drivadores são, é certo, sugados por esse espaço onde se

---

43 Na cultura vodu, o poste central do templo; por extensão, eixo vital de uma comunidade. (N. T.)

decide o destino da entidade coletiva germinada das plantações. Mas a cidade crioula não é a cidade ocidental, ela não abarca a esperança que subentende êxodos. É uma ferramenta militar e administrativa, balcão gestionário sob as ordens do Centro distante. Ela não acolhe. Não tem fábricas. Suas oficinas estão cheias e sem grandes ambições. Ela não oferece nenhum contrato, nenhum trabalho para quem não tem um talento singular. Ela não pratica a gestão totalitária dos engenhos. Está ali, indiferente, sem fundamentos produtivos, sem interstícios reais abertos às ambições. O Rastignac[44] aqui não encontraria nenhum caminho para a conquista. Ele só teria a escolha da Driva ou do enraizamento precário na ilusão do biscate. Assim, aqueles que desembarcam acomodam-se em restos de pântanos, encostas, buracos, beiras de rios inundáveis, lugares espinhosos onde é possível fazer um abrigo. Devem tomar, nada lhes é dado. Instalar-se à noite. À noite, construir um pequeno casebre com a ajuda de uma mãozinha, discreta em um primeiro momento para não atrair a atenção, e dali começar a conquista da cidade. Assim se criaram os bairros miseráveis de Saint-Pierre, e a coroa quase clandestina de Fort-de-France que posso agora olhar de outra forma: Terres Sainville, Trénelle, Texaco, Volga, Plage, Sainte-Thérèse...[45] Hoje ainda, a cidade crioula não mudou. A cada onda tropical ou subida de rio, muitos são os haitianos ou dominicanos (esses recém-chegados em nossa crioulização) submersos pelas águas nesses lugares impossíveis que a cidade oferece a suas esperanças.

---

44 Eugène de Rastignac, personagem de *A comédia humana*, de Balzac. Estudante de Direito ambicioso, oriundo de uma família modesta de província, que chega a Paris buscando a qualquer preço a ascensão social. (N. E.)

45 Bairros populares de Fort-de-France, na Martinica. (N. E.)

> De Rilke: Sustentar-se no difícil. Cada tear do Escrever como uma vasta experiência... – *Sentimentoteca.*

> De Amadou Kourouma: A língua dominante perturbada por vozes mandingas – e lucidez, lucidez e ironia contra todos os poderes (mesmo aqueles que libertam)... – *Sentimentoteca.*

Mas, antes de segui-los na Cidade, eu quis entender a cabeça dos Drivadores primordiais, dos campos e das matas. Eles se sentiam livres, sem senzalas, sem contrato, sem Comandante que lhes apitasse um chamado. Ao sedentarismo, ou à imobilidade, ou ainda à desumanização enraizada no sistema da plantação que continuou apesar da abolição, eles opunham a Driva como um protesto, mas também como tentativa de emancipação de si. Ir-sem-parar (balançar-descer o corpo) era a forma elementar de resistência, a forma prostrada e atônita. Uma fluidez-vacina contra a crucificação.

> O velho guerreiro me sussurra: ... nas minhas temporadas em país dominado, eu enfrentava uma doce coerência, uma ladeira sensível na qual eu me deixava ir. Em mim, assim como em cada homem desses lugares, dois seres se emaranhavam: aquele que se observava permanecendo atento; e outro, ator do jogo social, que se curvava à dominação... (*ele suspira, reflexo prateado da embaúba*)... A cadela silenciosa usava a autoridade interior, não tinha nada meu, nada em mim, nada a expressar, nada a exaltar. Tínhamos que importar tudo do Centro e nos encher daquilo. Daí aqueles anos de demissão errante que me embranqueceram os cabelos. Minha vontade de lutar não se articulava com nada, não se alicerçava em nada. O pouco de estima que eu me tinha derramava-se nas publicações

turísticas. Tinha dificuldade de escapar da seiva. Encontrava meus devaneios solitários com belos prazeres e velhos desesperos, e sem nunca me virar... (*um tempo, sua voz macaye*)...[46] É isso o que você chama virar um Drivador? – *Inventário de uma melancolia*.

Drivar era também *ir-em-si*. Atravessar a névoa interior das novas condições de existência. Tamanha mistura de homens e culturas era insuportável em um mundo colonial coberto de agressivos valores: superioridade ocidental, modelo de humanidade, arquétipo de civilização, linha de evolução aplicável a todos os povos, pureza legitimadora, transparência do Outro, língua eleita que supera qualquer outra... Esses valores verticais perfuravam os Drivadores. No entanto, estes sentiam quanto a unicidade proclamada da raiz identitária não se ligava a eles: percebiam o rumor de uma África múltipla, de uma Índia profusa, o barulhento silêncio das multidões ameríndias seguindo seu caminho. Nos dominantes, percebiam a vacilação dos números originais, e isso os agitava. Sua língua, a língua crioula, nascida em consciência ativa das outras línguas do mundo, conservava-lhes a lembrança aguda. Então, lamentáveis do exterior, carregavam uma riqueza interior sem poder destiná-la a alguma liberdade.

O Drivador não tem certezas. Filho desses homens amontoados, coisas demais desmoronaram nele. E esses desmoronamentos banham seu imaginário com uma realidade psíquica inconsciente: *aquela do conjunto do mundo em suas diversidades*. O Drivador, apesar dos outros e dele mesmo, contesta a ideia colonial que serve de transmissão com o mundo, mas que o empo-

---

46 Palavra crioula para "recife". (N. T.)

brece na fórmula de uma Verdade. Essa fórmula expande seus próprios valores e não instrui nada em matéria de contato a não ser o silêncio do entorno. O Drivador opõe-lhe uma deriva móvel da qual recebe desconhecidos rumores.

> De Eugenio Montale: Quando a Força ameaça, estar em linguagem-combate, silêncio, elipses, rimas desmedidas, murmúrios opacos contra o inadmissível. - *Sentimentoteca.*

> De Rabelais: Instalar-te em qualquer língua como um devoto profano em um bacanal; não temer nem o artifício, nem o enorme, brinca com a fábula negando a fábula, arrisca-te nos impossíveis vindos dos quatro ventos - e, chegado o tempo, não te esquece de viver seguindo teu coração. - *Sentimentoteca.*

Compreendi a desgraça do Drivador. Ele é uma heresia. Opaco para si mesmo, pertence bem mais aos outros. Sua resistência nega o tabuleiro tradicional: não opõe o negro ao branco, uma língua a outra, uma cultura a uma contracultura, não ergue nenhuma rigidez substituindo outra. Ele vai além e mais rápido. *Mas em direção a quê?* Ele ignora. Só adivinha que precisa ser *móvel.* Disponível. Flexível. Os Drivadores fazem silêncio como esse homem encontrado por Glissant na praia do Diamante, ou então explodem com uma palavra contínua, desequilibrada, tipo de hosana verbal expressando o indizível de uma mestiçagem sem fim, de um mosaico identitário confuso, de uma extensão sem medida das raízes, de uma relativização das verdades-emaranhadas... Isso fulmina sua consciência, pois os valores reinantes a consideram loucura. Certo de que está louco, o Drivador nomeia como loucura tudo aquilo que nele ferve, e sofre para adaptar-se a essa desordem, onde trepida, no entanto, uma perspectiva inatingível que ele é o único a adivinhar.

> De Racine: A maravilhosa tormenta, doravante acima de seu abismo - alcançada. - *Sentimentoteca.*

> De García Márquez: Contra as muralhas do Verdadeiro, o dizer horizontal e as cortinas do Tempo, encanta com vaga-lumes, cheiros, improváveis naturais, círculos de desmesuras, borda a frase e prolifera, prolifera nos possíveis da mente; e toma cuidado com as mecânicas da Maravilha. - *Sentimentoteca.*

O Drivador não está fechado em si mesmo, ele sai, ele quer ver, ele quer ver tudo, observar tudo, tocar as paisagens, as águas verdes do norte, as pedras secas do sul, conhecer e reconhecer sua terra, sentir e provar o existente. Interrompido a cada vez pelo mar que lhe abre o horizonte e lhe barra o caminho, ele parte em outro sentido, na abertura da cidade. O negro-habitante, dócil enraizado ou aplicando-se em sê-lo, não poderia distinguir essa cálida poesia que os Drivadores experimentam ao extremo. Um pouco como esses patos de fazenda do poema de Richepin, que contemplam o voo desajeitado dos gansos selvagens. O negro-habitante enterraria a poesia de sua realidade (essa vertigem crioula do Diverso) no pedacinho de jardim que os fazendeiros-bekês lhe concedem: ele existiria sem ela, segundo termos e um imaginário que lhe seriam estrangeiros. O Drivador, por sua vez, se esquiva da ancoragem, permanece à distância, mas aberto - sensível ao desconhecido das altas diversidades. E esse sensível o fragilizará.

O velho guerreiro me sussurra: ... ah, esses negros-habitantes!... De volta a minha terra das Antilhas, descobri um fenômeno parecido. Os homens estavam coagidos, mas sobre eles não pesava nem um pingo de violência. Submetiam-se à sugestão de que não eram nada no mundo (ilha minúscula, mentalidade negra, pesos históricos, atavismos de incompetência, anormalidade, atrasos no "Desenvolvimento"...). Eram convencidos de que sua liberdade seria apenas um anexo do inferno. Eu os via enfeitiçados pelo Estado-dominante cuja vida cotidiana ocupava as mídias e servia de oxigênio à cela insular. Pensavam que Deus lhes tinha virado as costas, em um ultra-do-mar, ultraperiféricos, fora do centro, por fora das tendências: *desligados.*[47] Levavam, nos reflexos do Centro, uma vida de teatro. Em sua sombra, aspiravam à sua força solar. A cada etapa, a sugestão se reforçava: seus altos valores eram esmagados por aqueles do Dominante. Os ministros do Centro interrogavam às vezes essas sombras dotomizadas[48] que começaram a lhes pesar: *Mas quais são os seus projetos, o que vocês desejam?* E eles só podiam responder como eu havia ouvido muitas vezes no decorrer de minhas errâncias: subsídios, alocações, igualdade... para nos parecer melhor com vocês!... E esses ministros condenavam: *Por favor, tenham um pouco mais de ousadia, um pouco mais de vontade e imaginação!... - Inventário de uma melancolia.*

---

47 No original, "*débranchés*", com duplo sentido de estar fora de moda e desligado. (N. T.)

48 O velho guerreiro parece chamar assim os habitantes desses países empacotados sob a sigla DOM-TOM. (N. A.) [Sigla para os departamentos e territórios ultramarinos da França. (N. T.)]

Na Cidade, o Drivador encontra um belo espaço de fluidez que o aproxima do mundo. A cidade se derrama para o exterior, distende tradições e costumes, isola e libera. Os espaços urbanos são bulbos de conexões e acumulações que se difratam. Na Cidade, o Drivador sente a agitação de sua submergida consciência do Diverso, e esse Diverso faz mundo. A Driva pode então se transformar em loucura sem remédio, uma desregulação do desejo inicial sentido sem limite na abertura urbana. Esse desejo se consuma em seu recurso desacordado. Os Drivadores que podem domá-lo vão se dedicar ao biscate. O biscate é a Driva no trabalho. Pula-se de serviço em serviço, e cada dia o serviço é um. O biscateiro é versátil, se oferece a todos, inclinado à pechincha e ao vento, à espreita de alguma coisa que ele ignorava completamente. O biscateiro teme se enrijecer, especialmente porque à sua volta os não drivadores revestem a dor de uma raiz impossível.

> De: Jean Giraudoux: A palavra (lustrada preciosa) que faz imagem, e determina a ideia, a palavra que constrói o homem nos laços de verdade com o mundo... - *Sentimentoteca.*
>
> De Ogotemmêli: Ser sem palavra? A nudez terrível. - *Sentimentoteca.*

Na cidade, a Driva pode também se embrenhar louca no interior de um ser. A elite martinicana viu-se tocada assim. Ela drivou em seu uso florido da língua francesa que Fanon e Glissant descreveram. Ela drivou em si-mesma do mimetismo europeu à miragem africana, do Mundo branco ao Mundo negro, de uma raiz a outra, de uma cidadela a outra. Ela drivou fora de si ao escolher em cada geração Centros-metrópoles que não estão nela. Ela drivou com estardalhaço em um universal aéreo que não queria precisar de nenhuma terra, nenhum suor, naufragando sempre em padrões ocidentais. Nosso surgimento foi assim feito de modo a fragilizar em Driva corporal ou a consumar em Driva mental aqueles que não conseguem pensá-lo. E o sonho me mostrou aquela amarga praia onde todos nós naufragávamos, em diferentes níveis, tomados pela confusa apreensão de uma diversidade interior que recusamos e que, apesar de tudo, nos remetia para o mundo.

É por isso que os pais da Cidade são inquietos. Sabem que, nesse lugar de Drivadores, a criança é um tenro receptáculo. Eles a confinavam em uma rua, em um bairro. As crianças da François-Arago (canto da minha infância) não conheciam aquelas da rua Victor-Hugo. Aquelas da rua Ernest-Renan ignoravam as da rua Lamartine. Apesar dessas precauções, algumas crianças se descobriam Drivadores. Os policiais recolhiam nas estradas esses pequenos poetas de nossa condição. Esses pequenos músicos do mundo abandonavam sem razão aparente suas casas, as margens de sua escola, para se jogarem em uma aventura sem horizonte. Por mais que se lhes dessem banhos de ervas mágicas, eles recomeçavam, recomeçavam de novo, até que essa poesia se esgotasse neles - misteriosamente.

> De Lezama Lima: As misturas superabundantes cujos círculos de conhecimento se desgarram dos signos e se desgarram do Ser... - *Sentimentoteca*.

> De Antonin Artaud: Contra o passivo Entendimento, o sobressalto violento do *Total*, ali onde a palavra se esgota nos gestos, no som, no signo, no silêncio novo, no emblema obscuro e sem fim do símbolo... - *Sentimentoteca*.

Os bairros clandestinos se asfaltam, a cidade os integra, se desenvolve. Sensível às emulsões do Centro, ela se ocidentaliza, se submete às transumâncias do consumo, às neuroses participantes dos modos... Ao longo dessas transformações, o imaginário crioulo (que expressa a dor da Driva) definha. Os Drivadores desaparecem em seguida. Desaparecem ainda mais rápido quando são internados em asilos psiquiátricos. Mas a agonia do Drivador iria suscitar um ser difícil: o Major. Encontrei alguns na minha infância. Os pais de meus amigos tinham um bar chamado *La Source*,[49] no limite do bairro Morne Pichevin. Os marinheiros do porto, os estivadores, as pessoas das casas vizinhas iam ali se sacrificar nos rituais do álcool. Vivi a existência desse bar por uns bons anos, cuidei do caixa para Popo, a patroa, servi bebidas, encarei combates homéricos, suportei os flagelos da língua crioula. Essa energia popular habitaria depois meus romances. Foi então ali que vi meus primeiros Majores. Personagens muito dignos, de bom porte, com a fisionomia de uma dureza mineral, talhada às vezes por cicatrizes. Inspiravam um respeito imediato e, só de vê-los, atribuíam-se a eles reinos sem igual. Cada bairro era o território de um Major. Cada Major tinha seus protegidos. Temidos pela polícia, promulgavam as próprias leis, que aplicavam. Um Major podia sangrar qualquer adversário com uma ferocidade desconhecida até no inferno. Pareciam desesperados de viver, pareciam estar já mortos em um nó de fúria permanente. Eram um pouco feiticeiros, um pouco contadores, no sentido de que sua palavra (mais rara que a raridade) dispunha de uma energia grandiosa. Com uma palavra, o Major petrificava qualquer assembleia ou suscitava desordens imediatas: fuga, gemidos, ado-

---

49 A Fonte. (N. T.)

ração passiva, lágrimas... Acabaram, um após o outro, em prisão, ou executados por essas forças policiais cuja autoridade desafiavam. Esses homens, reencontrados em meus sonhos, suportavam uma Driva imóvel; entre a marronagem ancestral e a Driva-partida, eles se fixavam em si-mesmos em uma exasperação imortal. Carbonizados por dentro, projetavam no entorno uma violência em brasa. Patética resistência à opressão colonial e – sobretudo – a uma deriva sem bússola nessa mutação.

> O velho guerreiro me sussurra: ... sob essa dominação, em meu país, nada nos religa, qualquer necessidade solidária é desfeita pela dependência e o assistencialismo. O pescador, o agricultor, o funcionário, o escritor, o político, o empresário... cada um é confrontado aos mecanismos deliciosos instalados para ele; e nessa existência se está só; nenhum "Nós", nada a se fazer junto. É aliás por isso que nunca estamos juntos a não ser *com* o Centro. A aliança nessa perspectiva se torna um absoluto: toda luta engajada no Centro encontra imediatamente um eco aqui. Toda celebração também. Toda vantagem social. Em positivo ou negativo, nosso "conjunto" se elabora fora de nós-mesmos... (*ele suspira, sua voz ressoa como um arrepio de couro*)... Então como enchukar[50] uma resistência ou mesmo adivinhar sua urgência?... (*um tempo, palavras inaudíveis, então a calmaria se abre, terra seca*)... Por toda parte, nos barrancos mais distantes, vejo, em nome do "Desenvolvimento", o assistencialismo frustrar a iniciativa, aparar a frustração de onde nascem os ímpetos. O assistencialismo só desenvolve nosso assistencialismo. Ele carrega na aparência a

---

50 No original, "*enchouker*". Do crioulo "*anchouké*", fincar. (N.T.)

conta de todas as nossas necessidades. A não ser aquela de uma existência no mundo. Mas sou o único a reclamar de uma agonia na qual querer viver é algo irreal. – *Inventário de uma melancolia.*

EU-CRIOULO – Horrores. Negações. Sofrimentos. Aventuras. Enlace alquímico dos engenhos. Raças. Homens. Línguas. Concepções do mundo. Um surpreendente reflexo do Diverso no mundo. Minha errância-sonho bebeu disso sem limite. Eu não procurava mais uma pureza primordial, mas aceitava a ideia até então insustentável: havíamos nascido *dentro* do atentado colonial; ele é que iniciou nosso pôr-sob-relações; acionou as pulsões que funcionam entre nós; determinou nossas referências com o existente. Não possuíamos uma virgindade pré-colonial, mas a obscura deflagração dos primeiros contatos, dos porões-matriz dos navios negreiros, dos porões-ruptura das imigrações contratuais, dos sobressaltos de ilhas e continentes, das ondas emaranhadas em caminhos múltiplos. Perder um desses componentes, não colocar cada Rastro-memória em cumplicidade uns com os outros, e não tentar perceber o conjunto, equivalia a se condenar ao incompleto.

Essa combinação fenomenal fez nascer, no país-Martinica, uma das faces da *crioulização*: esses povos precipitados na cumbuca do Caribe, atravessados pelas histórias de suas origens, sob a ebulição dos atentados escravagistas e coloniais, catalisados por essa levigação generalizada de suas culturas tradicionais, esses povos não conheceram síntese, mas um tipo de incerteza mosaica, sempre conflituosa, sempre caótica, sempre evolutiva e organizando por si própria seus equilíbrios em crioulidades!...[51] Eu per-

---

51 Chamamos de "crioulidades" as resultantes particulares da alquimia das crioulizações. Resultantes que permanecem em movimento, porque submetidas

cebia então em mim os sinais dessa nova entidade coletiva que o Contador tentou nomear. Densidades antropológicas de bordas vaporosas se haviam atado-desatado em um espaço-diversidade quase amniótico. Ameríndios, bekês, indianos, chineses, mulatos, madeirenses, sírio-libaneses... Tentamos preservar purezas originais, mas nos vimos atravessados uns pelos outros. O Outro me muda e eu o mudo. Seu contato me anima e eu o animo. E esses desenquadramentos nos oferecem ângulos de sobrevida, e nos desamarram e nos amplificam. Cada Outro se torna um componente de mim tanto quanto continua distinto. Eu me torno o que sou em meu apoio aberto no Outro. E essa relação com o Outro me abre em cascatas de infinitas relações com todos os Outros, uma multiplicação que funda a unidade e a força de cada indivíduo: Crioulização! Crioulidade! *Na Crioulidade martinicana cada Eu contém uma parte aberta dos Outros, e na beira de cada Eu se mantém trepidante a parte impenetrável dos Outros*. Eu deixei aí, no auge dos sonhos, a identidade antiga.[52] Estava desamparado com a confusão de um tal

---

às eletrólises continuadas das crioulizações. Chamamos de "crioulizações" os mecanismos evolutivos do pôr-sob-relações, acionados de maneira complexa e acelerada no mundo americano, repercutidos hoje no conjunto do mundo. Passa-se da Crioulização para a Crioulidade quando – abandonando as leis teóricas abstratas do processo do pôr-sob-relações em uma região do mundo – se mergulha na carne aberta de uma de suas resultantes em um lugar específico. O pôr-sob-relações suscitou nas Américas processos de crioulizações: aquelas das pequenas ilhas do Caribe, aquelas das grandes, aquelas da costa da América afrolatina, aquelas da América central, aquelas do sul dos Estados Unidos... etc. Nas crioulizações das pequenas ilhas, pode-se apreender, estudando cada país, crioulidades particulares, irredutíveis entre si: a Crioulidade martinicana não é a Crioulidade haitiana, nem mesmo a Crioulidade guadalupense... (N. A.)

52 Ainda hoje, temos dificuldade de pensar nesse axioma. No entanto, o contemporâneo abraço de culturas e povos espalha pelo mundo esse fenômeno das

magma. Encontra-se em todo o Caribe esse Diverso que se agrega e prolifera em resultantes rebeldes contra as profecias. Ali, nenhuma dessas gêneses tradicionais que fundam etnias, territórios, identidades antigas, a bela História comum. Nenhum discurso das origens. Nenhum mito fundador geral. Nenhuma sacralização de um começo qualquer. Nada. Nada a não ser o fervilhar mutante do que

---

crioulizações e das crioulidades. A criança que nasce no Japão, de uma haitiana casada com um alemão, carregará o Japão, a Alemanha e o Haiti, em uma clarividente percepção de cada uma de suas fontes culturais das quais ela nunca será apartada. Ela terá que aprender a pensar esse esticamento linguístico, essa articulação em muitas terras e muitas histórias. Entender essa presença do Outro em si, e que justamente define o que ela é. Se ela não conseguir, as dificuldades serão grandes, e uma esterilização de sua criatividade ou mesmo um desamparo a espreitarão até o fim. Vê-se isso nos *beurs* [como são chamadas as pessoas nascidas na França de origem árabe, com pai ou mãe magrebina; inversão fonética de "*arabe*", "árabe" em francês] ou nos antilhanos da segunda geração, nessas bandas crioulizadas das periferias francesas, no coração desesperador dos urbanismos industriais, dos planos Marshall e das políticas "de integração". A Crioulização é hoje o grande desafio das megalópoles urbanas: organizar um pôr-em-comum de diversidades humanas que não pretendem renunciar ao que são. Os Estados Unidos construíram-se no mito integrador de um renascimento total, sonho em que cada um consentia ao abandono (ou neutralização) em um tipo de casulo. Hoje, o fenômeno prossegue nos espaços desenvolvidos sem mito integrador, sem enfeite de Estado-Nação, sem absoluto triunfante, sem sonho de um renascimento qualquer, apenas na perturbação aprochegada da Diversidade que alimenta seus inumeráveis casulos com a consciência que tem de si-mesma. Esses casulos irão em suas derivas caóticas, seus emaranhamentos e seus deslocamentos. Nenhuma essência será poupada. Nenhuma anterioridade de chegada ou de legitimidade territorial ou de "códigos nacionais" vai parar essas derivas. Kant, diante do cosmopolitismo, sonhava com um *grande corpo político sem igual no mundo passado*. Diante da Crioulização no Mundo-Religado, será preciso ser ainda mais ousado. (N. A.)

os povos carregaram para lá. Um enxame de cintilâncias móveis, inacessível às apreensões habituais.

Eu me abandonava a essa poesia para tentar entendê-la.

A Crioulização não começa nem em suas fontes, nem em seus pontos de pôr-sob-relações. O porão do navio negreiro não é um ponto de partida, mas o ponto de uma queda em possíveis inauditos; e o que se produz no coração das plantações só faz prolongar ou amplificar (*prolamplificar*) os primeiros contatos, antes entre os ameríndios das ilhas e os do continente, em seguida entre os ameríndios e as forças coloniais, depois entre estes e os homens da África... A Crioulização repercute a eleição do Diverso até o mais extremo das fontes originais, ela embola e relativiza os mitos fundadores dos povos que reúne, ela embola-e-tece as Palavras das origens e as relativiza, ata os Sagrados iniciais e os relativiza, desconcerta, no não-absoluto, as concepções unitárias, e fragmenta, e liberta dos grilhões uniformizadores. Eu não conseguia mais pensar o existente a não ser pelas lentes desse Diverso. Quando se elege em si a ideia da Crioulização, não se começa a ser, mas se passa de repente a existir, a existir à maneira total de um vento que sopra, e que emaranha terra, mar, árvore, céu, aromas, e todas e quaisquer qualidades... Por isso Glissant fala de *Digêneses*,[53] ali onde o ponto de impulsão é indiscernível, e móvel, e recapitulativo, e ali mesmo aberto, crescente, proliferante, presidindo ao nascimento sem começo das identidades crioulas.

---

53 Ver seu espantoso ensaio – *Faulkner, Mississipi*, Paris: Éditions Stock, 1996 – que expõe essa ideia. (N. A.)

De Kateb Yacine: Contra a aniquilação no fundo de uma cela e durante a guerra libertadora, o esplendor narrativo, a desorientação dos pontos de vista, o torvelinho do tempo, o emaranhamento das vozes; busca a complexidade fundadora da linguagem, das histórias, da outra visão, e guarda-te de abandonar as forças originais do Islã ou da tribo. - *Sentimentoteca*.

De Conrad: A epopeia que persiste silenciosa, inquieta... - *Sentimentoteca*.

De Giuseppe Ungaretti: Nômade entre mil influências, perturbado por ser múltiplo, procura assento no berço dos mitos. - *Sentimentoteca*.

Não podendo conceber esse caos identitário, esse mosaico cultural sem ponto de partida, eu havia tentado as reduções mais confortáveis inspiradas pelos valores coloniais em que se exaltavam a *Unicidade*, a identidade antiga, o Território e suas potências. De tanto sonhar, o país se tornou um organismo vivo, compacto e fluido, rodopiando sobre si-mesmo, quente e sensível: uma estranha *totalidade* impossível de encerrar. Essa totalidade-país (nem fechada, nem imóvel) infiltrava-se em meu imaginário e desertava as modalidades do Território, da Nação, da Pátria. Seu conjunto, fazendo maravilha a partir de sua diversidade e de uma solidariedade sensível ao Diverso, chamava uma concepção outra. Acreditando me enraizar profundamente, eu me encontrava capturado pelos quatro horizontes. Entendi que para resistir (ou existir) quisemos erigir nossas terras em Territórios, enquanto as crioulizações e as crioulidades se predispuseram a essas somas complexas que Glissant chama *Lugares*.[54] Esse conceito glissantiano do Lugar assumiu em mim sua amplidão em um rosário inesgotável que meu sonho triava:

> O Lugar é aberto e vive dessa abertura: o Território levanta fronteiras. O Lugar evolui na consciência das diferentes maneiras de pôr-sob-relações; o Território perdura na projeção de suas legitimidades. O Lugar vive sua palavra em todas as línguas possíveis, e tende à organização de seu ecossistema; o Território só autoriza uma língua e, quando as resistências lhe impõem muitas, ele as reparte conforme dispositivos monolíngues. O Lugar comove-se, reconhece e ativa suas fontes múltiplas em extensão; o Território impassível se alicerça em uma raiz única. O Lugar é Diversidade; o Território arma-se com a Unicidade. O Lugar participa de uma Diversalidade; o Território impõe Universalidade. O Lugar só se percebe em mil histórias emaranhadas; o Território conforta-se com uma História. O Lugar palpita em memórias transversais; o Território mantém-se na lâmina de uma memória exclusiva. Há no Lugar ecos, sombras, imagens, palavra, escrita; o Território sob a luz de um Estado visa à transparência, ao único e ao decreto das escrituras. O Lugar repercute-se em redes no conjunto do mundo, conforme o pôr-sob-relações; o Território coloca um Centro e periferias. O Lugar partilha e evolui nos acasos dessa partilha; o Território conquista...

... e poderíamos prosseguir assim ao infinito. O conjunto dos Lugares funda nossa Terra. Mas na amplidão do Lugar poderão sub-

---

54 No original, "*lieux*". (N. T.)

sistir sombras de Território, nunca um Território absoluto - e, no Território, algumas sementes do Lugar, nunca um Lugar absoluto. O Lugar protege-se do Território pela consciência que tem de si e dos valores que resultam dele.

> De Faulkner: A ausência-presença ameríndia, a opacidade dos negros escravizados, toda linhagem fracassada-emaranhada, a terra nova do mundo novo... - nessa trágica cegueira, tentar a impossível palavra... - *Sentimentoteca*.

> De Sciascia: O crime, a investigação, o conhecimento em curso - a resistência também no coração do Lugar. - *Sentimentoteca*.

Sonhar-esses-Lugares-possíveis sob os Territórios nos quais enfrentamos novas dominações. *Tender a transformar todo Território em Lugar*. Opor os princípios abertos do Lugar às ferramentas das conquistas, aos desejos de poder que amarram os Territórios. Escapar pela partilha, nos reencontrarmos nas mutações das trocas.[55] Protegermo-nos de suas unicidades, não pelo fechamento, mas pela emulsão do Diverso sob a plaina. A diversidade constitutiva (ainda vibrante) do país-Martinica ofereceu-me um pedestal precioso. Adensar esse Lugar-possível-Martinica na exploração minuciosa de uma diversidade erigida em valor. Seguir as trajetórias dessa crioulidade, louvar seus componentes, dar carne às ausências e palavra aos silêncios, oferecer visões às eventualidades ainda inimagináveis. Procurar a todo momento os níveis

---

55 No original, "*dans les changes de l'échange*". (N.T.)

simbólicos em que tudo tenderá a se renovar. Oh, os anúncios desse sonho!

> De Mohammed Dib: Contra a força colonial, a escrita-incêndio, que prolifera cega-visionária até os abrasamentos... - *Sentimentoteca.*
>
> De Segalen: A Existência, intensidade com gosto de Diferença e de Diverso. - *Sentimentoteca.*
>
> De Alberto Savinio: A errância fluida nos gêneros; fecundo-fecundante - *Sentimentoteca.*

Todos esses personagens (povos de meus romances) expressaram nossa Driva coletiva em uma mutação identitária complexa. A plantação a tinha acionado, a cidade recolhia o que podíamos fazer com isso. É uma infelicidade ser joguete, mas é um desafio quando, mergulhado em si e respeitoso à desordem que encontramos aí, caímos no Escrever, um pouco vento, um pouco água que corre, ao modo dos Drivadores, mas a salvo de seus sofrimentos. A Driva introduziu-me o "pensamento da errância" do qual fala Édouard Glissant. Ela inaugurou também para mim essa "itinerância" que Edgar Morin invoca. A errância sobrevém quando a presciência do mundo em suas diversidades desemboca na consciência, erige-se como valor. É um modo de conhecimento-participação desse inapreensível. Uma maneira de existir nas canções do Diverso. Glissant canta assim Segalen,[56] que expe-

---

56 Victor Segalen (1878-1919) escritor, poeta, médico da marinha francesa e também etnógrafo. (N. E.)

rimentou o sentimento desse Diverso e sobretudo a tragédia de seu desgaste. Com essa poesia, Segalen foi-se pelo mundo, não como um Pierre Loti ou como esses escritores-viajantes (enfileiradores de exotismos, "proxenetas da Sensação do Diverso", "turistas impressionistas", dizia ele), mas no voo rente da borboleta que se nutre nutrindo. Segalen não ia ao outro como se viajasse, nem como se conquistasse, nem como se procurasse "compreender"; ele não ia a uma confirmação desviada de seu ser. Ele ia em conhecimento de si religado ao Outro, em conhecimento do Mundo religado a sua terra de origem, em conhecimento de seu ser alargado ao Diverso e transformado por ele até a perturbação fecunda. Segalen ia *em devir*, com o que isso supõe de inacabamento e alta incerteza. A impenetrabilidade do Outro, aceita e louvada, o preserva de toda conclusão: é por esse tremor suspenso que ele espera conservar para sempre o sabor do Diverso. Glissant gravou belas páginas sobre esse homem que ele considera o "*começo dos começos*", e que se consumiria (como um Major) face a essa diversidade inatingível do mundo. O livro sobre *uma estética do Diverso*,[57] arrastado durante sua vida inteira, permaneceria em notas esboçadas, repletas de inúmeras formalizações como se ele só pudesse deixar a emoção desarmônica de pequenas notas que tateiam, irresolutas, acima das densidades impenetráveis que testemunham. Malvado Drivador, degustador de alteridades, poeta da errância, ho[58] Segalen...!

---

57 O autor deve se referir ao livro *Introduction à une Poétique du Divers* [Introdução a uma poética do Diverso], Paris: Gallimard, 1996. (N. E.)

58 Onomatopeia característica da poesia de Senghor e Césaire. (N. T.)

> De Paulhan: A inquietude extrema da linguagem-mundo em uma gramática em que o Um se faz múltiplo, os contrários se harmonizam e as verdades se povoam de sombras... - *Sentimentoteca.*

> De Cortázar: O conjunto vislumbrado de mil estilhaços, e deixado livre - aberto - à sua desordem... - *Sentimentoteca.*

(De onde vinha em Segalen essa propensão ao Diverso, ele que não era crioulo? Ele não sofria dessa lei interior e, no entanto, foi dela um iniciador... Milagre da vida que vive? Memória de um ser primevo que devemos reaprender? Segalen teve a graça. Saint-Jhon Perse[59] passaria por uma migração de outro tipo. Ele iria ao mundo como poeta, mas com um passo de conquistador; acumularia os espaços, os locais e os países, desdobraria uma extensão enciclopédica reticente às transparências. Mas buscaria mesmo assim um Universal que coage a diversidade do mundo em seu conjunto. Perse, com seus comedimentos dúbios, se situa ainda no coração de um Centro ocidental que absorve - e tenta agarrar - os desvios inebriantes de um planeta que se oferece.)

> De Proust: Contra a Unicidade do Ser, a fugacidade do real salpicando os estratos de nosso espírito cambiante, ali onde toda vida minguante, incerta, sedimenta em desordens imperceptíveis totalidades... E: A construção, como um rigor inapreensível... - *Sentimentoteca.*

---

59 Alexis Leger, conhecido como Saint-John Perse (1887-1975), foi um poeta e diplomata francês, nascido em Guadalupe. (N. E.)

Um anoli, às vezes, vem se juntar aos beija-flores nos ritos do festim. O pequeno lagarto bebe a água adoçada e pacienta à espera das formigas loucas pelo açúcar. Ele só espera isso, só enxerga isso. Os beija-flores voam em volta, sem o ameaçar com seu bico-agulha, nem o perturbar com um cintilar de asas. Eles o ignoram e bebem a seu lado. Estão preocupados consigo, seus jogos e suas batalhas, programados para disputar o butim apenas com seus congêneres. E o anoli os trata de maneira idêntica. Esses seres se ignoram, pois não são predadores recíprocos.

Fora da predação (ou da exploração), nada se toma, a bem da verdade. Do mesmo modo, estamos nós, presentes no Diverso do mundo, mas murados em nossos condicionamentos. Eu, crioulo, podia escapar à ossatura-fóssil, à linha das pegadas, aos limites da marca. Tentar escrever em solidão, nesse lugar em que tudo se dissipou (o conforto de casa, a quietude da terra, as certezas tranquilizantes, os reflexos costumeiros...), ali onde não sou mais o que era e ainda não em devir, em uma visão de céu, de mar, de sol, de passado e de futuro, livre de mim no coração inteiro de uma terra aberta: meus sonhos-países me abandonavam nessas espumas. A cada sonho em meu Diverso, eu reencontrava a motivação do mundo, o mundo-que-penetra, que-atravessa, que-ativa-suas-presenças, que reflete seu Diverso em nossas diversidades. Essa Totalidade-país sobrepunha agora seu tremor ao vivente desmesurado do *Mundo aberto em seu estranho conjunto*.

> O velho guerreiro me sussurra: ... ah, você chegou enfim! Estou há muito tempo parado na frente desse mundo que você acaba de descobrir... (*sua voz estremece, e se torna difusa como um arrepio de pedra*)... Sob essa dominação silenciosa, ainda não me era pos-

sível localizar os Centros. Cada um de nossos povos tinha o seu. A espada se transformou em tentáculo, mas eu adivinhava ainda a fonte do golpe... (*ele suspira, cinzas de moscada*)... No entanto, os Centros iriam ainda passar por outras mutações, para me jogar na frente da dominação furtiva sobre a qual posso enfim te falar agora... – *Inventário de uma melancolia.*

IIII

ANABIOSE SOBRE A PEDRA-MUNDO

Onde o Marcador de palavras vai balbuciar uma estranha poética...

A única pátria, estrangeiro,
é o mundo que habitamos.
Um só Caos produziu todos os mortais.
MELEAGRO DE GADARA (SÉCULO I A.C.)

O domínio de uma ação se dá em seu ato.
O sentido-pleno de uma ação se dá em seu lugar.
O devir de uma ação se dá na Relação.
ÉDOUARD GLISSANT

Então, Senhor-Mundo, para onde virar a cabeça?
VICTOR SEGALEN

Nos dias de chuva, eu abordo melhor o Escrever. Céu noturno. Nuvens caídas. A luz, derramada seiva, molda o país de outra maneira. Essa ruptura com os cortes solares é para mim a chegada de uma festa, o choque de um renascimento. Melros e beija-flores interrompem seu voo embaixo dos galhos do jardim. Caules que se levantaram rápido demais se inclinam sob o peso do céu. A terra exala estranhos aromas sob a debandada dos alísios. Quebrada pelo tempo, mundo apagado, a chuva tem doçuras ou vontades firmes. Quando ela se acalma, um silêncio embeleza aromas desconhecidos - de grama revirada e húmus escorchado -, então uma vida se afirma com algum vigor.

> De Char: Sem aquiescência sempre, com apetite pelo indizível, conservar imaculada a energia excessiva do desejo... - *Sentimentoteca*.

> De Edmond Jabès: Abrir os olhos, encontrar o mundo, e procurá-lo então... - *Sentimentoteca*.

Às vezes, a chuva se impregna de sol (é quando o diabo se casa na igreja). A luz fica verde-garrafa. As gotas cintilam entre retalhos de eclipses. As folhas arvoram pérolas exageradas. Melros e beija-flores prolongam suas pausas para esticar as penas no frescor. Mantas sombrias e claridades nascem de uma mesma substância em um fluxo contínuo. A chuva suspende meus sonhos, e meu Escrever vai bem: acácia entre as ondas, à vontade até demais em si-mesmo e agora suspeito. As frases erram nos escombros de meus devaneios. Eu, que queria mergulhar no mais fundo do país, me encontro exposto a um mundo totalmente aberto. O Diverso, que explodiu em nossa crioulização, nos dá o apetite pelo conjunto da terra. Quando não elucidamos essa sede, permanecemos no escuro perseguidos por ela, universalistas beatos, cidadãos vazios do mundo, vagamos ao grau dos exotismos, capotamos com o corpo e a alma no alhures, imitamos e mimetizamos, derivamos e deliramos sem libertação nenhuma: nos cantos da terra, até nos mais insólitos, encontrei crioulos antilhanos acometidos por estados semelhantes. Quando, por outro lado, a inclinação de viver o mundo[1] se clarifica em nós, só podemos nos expandir na consciência valorizada desse Diverso, a qual oferece a apetência pelo mundo que Segalen conheceu, mas também Saint-Jhon Perse, Paul Gauguin, Lafcadio Hearn, ou ainda nosso Frantz Fanon, na causa argelina e naquela dos condenados da terra. Toda digênese inaugura assim tensões no conjunto das realidades humanas. Mas o que fazer com isso tudo? Minha Escrita ia um pouco desencantada sob os fogos tão densos quanto sombrios. Então, olhando

---

1 A inclinação a viver o mundo é móvel, e a concebemos móvel ao extremo. Essa mobilidade pode ser física (nos mexemos, viajamos, vamos, voltamos), mas ela pode também - em um corpo ou em uma obra de aparente imobilidade - ser mental. O imaginário é que é agarrado, sacudido, dissipado: não a raiz. E é o imaginário, não as mudas geográfico-jardineiras, que alarga o assento da raiz. Soube de uma escritora de Guadalupe que decidiu introduzir, em cada um de seus romances, episódios que transcorriam em diferentes cantos do Caribe e do mundo, a fim de escapar ao "confinamento insular", e dar significado *ubi et orbi* ao território alargado-universal de sua inspiração. Eu me mantenho afastado de tais voluntarismos. Podemos fazer com que capítulos transcorram em cada uma das ilhas do Caribe, distribuir lapões, mongóis e fulas em cada uma das linhas de nossa obra, e ainda assim não dispormos do imaginário do mundo. Pergunto-me se não haveria mais presença no mundo na movimentação constante da escrita de François Villon ou de Rabelais, ou ainda nas fulgurâncias de Arthur Rimbaud, do que em toda a obra de Pierre Loti ou em todos os demônios que drivaram desse caro Conrad. E mais de imensidão terrena no minúsculo conto dos camponeses de Faulkner do que na cócega livresca dos "escritores viajantes". Segalen não se tornou Segalen porque se deslocou; seus deslocamentos só têm sentido porque ele dispunha - ó arrebatadora graça desse poeta que não é filho de uma digênese! - de um imaginário sensível ao Diverso do mundo. (N. A.)

para dentro, retornei a um último olhar nessa fratura que me tinha, na época, mergulhado em grande desamparo.

> O velho guerreiro me sussurra: ... eu, eu queimei meus olhos em terras ácidas e amargas solidões. Empurrado por ventos amarelos, eu tinha voltado ao balcão das grandes cidades, onde tive, de repente, consciência das mudanças do mundo... (*ele suspira, se cala, então sua voz volta, branca*)... Na labareda das comunicações, as formas de pôr-sob-relações tinham atingido uma globalidade, uma sistemática e uma velocidade-flash. As telas, os cabos, os satélites, os telefones, os modens, os faxes interativos, os celulares, as autoestradas de dados, as fibras óticas, as multimídias totalitárias...: esse velho mundo cujo conjunto eu raramente tinha imaginado se desenhava nas teias de um Eletromundo... Os circuitos de comunicações se agregaram em redes, as redes em megarredes, as megarredes em um rizoma tecnotrônico que cobria o conjunto da terra, e me mergulhava, a cada instante de minha vida (por meio de um cartão de crédito, um celular, uma pesquisa de internet, uma antena parabólica...), e a cada ano um pouco mais, na névoa onipresente de um ciberespaço... – *Inventário de uma melancolia.*

MIRAGEM POLÍTICA – Em 1946, enquanto os povos do mundo, levantados contra os colonizadores, lhes opunham diferenças ancestrais, a assimilação da colônia-Martinica à França parecia a única via para escapar aos latifúndios. Esse assimilacionismo (esse desejo de ser o Outro e se fundir) vinha de longe. Eu tinha vivido a departamentalização durante meu período poético-negrista. O país se tinha modernizado em abundâncias a serem consumidas. Nossos costumes tinham mutado ao ritmo de deliciosas importações, enquanto nossos poemas denunciavam violências coloniais obsoletas. Essa transformação não ergueu nenhum obstáculo, nenhuma barreira primária, mesmo irracional. Uma mutação, no mais íntimo, de uma surpreendente facilidade. Afundado em minhas questões, não tive a condição de admitir que tal fascínio brotava de um desejo coletivo inconsciente. Agora, eu via a energia: *essa identidade de assimilação nos poupava do caos identitário herdado das plantações*. Minha anábase tinha me revelado a espantosa fundação, seus desconfortos, suas extensões latentes; com ela, eu podia novamente revisitar a fratura de 1946 e melhor inventariar as causas das usuras assassinas.

> De Joyce: Escrever com tudo, língua em túmulo aberto sobre tuas sombras profundas, em porvir, em tudo arriscando com tudo, no tremor das certezas e dos ossos de teu crânio; não a exposição de si, mas todo o si na matéria do Escrever; o personagem tecido em linguagem, e a linguagem tramando o mundo em múltiplas consciências: é o épico novo, em sentido aberto, inesgotável. - *Sentimentoteca*.

> De Lewis Carroll: Contra as muralhas do verdadeiro, maravilha-se, ah, maravilha-se. - *Sentimentoteca*.

O escravizado, no mais sombrio de suas correntes, via o Centro distante como fonte de benevolência. Os embelezamentos de seu destino provinham de lá. Os fazendeiros-bekês (como todos os colonos em conflito de interesse com as metrópoles) combatiam a emenda das regras escravagistas - porta aberta para a ruína, diziam. No dia da abolição (lançada no 22 de maio de 1848 por uma revolta sangrenta), dezenas de escravizados brandiram uma fita com as cores da França e clamaram gratidão à entidade distante. Essa liberdade os aproximava dela, a tornava acessível. A massa que irrompeu das correntes sem o contorno da resistência (os negros marrons tendo fracassado) juntou -se aos mulatos bekê: comércios, jornais, cargos políticos, lojas de maçonaria, contatos diretos com a França... Falavam alto, despejavam nos escravagistas o fogo da Revolução Francesa e dos Direitos do Homem. O povo das plantações (náufragos-boiando nessa onda cidadã pela qual o Contador viu reduzir-se sua audiência) adotou essa palavra mestiça amarrada ao Centro tão amado. Reivindicavam a única via de humanização discernível: a cidadania francesa, e mais que isso: o próprio Ser francês. As lutas políticas lideradas então pela batuta mestiça[2] visaram ao pleno exercício dessa cidadania. E o impulso estético geral foi somente um apetite por essa cultura e essa língua.

> O velho guerreiro me sussurra: ... (*ele ri*)... isso que você fala tem a ver com as dominações silenciosas de meus anos antigos... (*ri ainda*)... Hoje, enfrento algo novo: os Centros econômicos, comerciais, culturais e financeiros... tendem a uma expansão desmaterializada no ciberespaço. Seus tentáculos desertam da base de um Território e se transformam em impulsos que assombram o rizoma-de-redes. Abandonam a antiga soberania,

---

2 Os mestiços superestimavam a parte branca de si, e seu vínculo com a França era, na verdade (no coração perturbador de uma crioulização), um exorcismo visando à pureza de uma fonte. Fariam disso uma crença cultural, um canto econômico, uma filosofia política e social. Eles desenvolveriam mais laços com as forças civis, intelectuais e políticas da França do que os próprios bekês. Quando a vida política se reorganizou a partir do sufrágio universal, dispunham de uma boa vantagem. Da abolição aos nossos dias, esse exorcismo continuaria sendo a única bússola de nosso destino. (N. A.)

suas fronteiras desbotam, redes geram outros poderes e novas dominações, agora furtivas... (*um tempo, sua voz se faz murmúrio de água verde*)... Essas influências se derramam tanto que criam um Centro único, uma entropia grandiosa, difusa, que apaga lentamente os outros centros pegos de surpresa na lâmina de sua lógica desgraçada... (*sua voz se faz solene*)... Então me escuta, Marcador: a dominação furtiva emana desse Centro difuso. É uma constelação cinética de poderes, pois ela não funciona ao ritmo de um coração único à maneira antiga... Aqui, a hipnose não é mais em direção a um Centro particular, como você viu nesse momento, mas em direção a uma zona imantada de uma entidade ilocalizável, uma névoa de valores guardados pelo conjunto dos Centros dominadores, e boiando-circulando no ciberespaço. – *Inventário de uma melancolia.*

1946. Césaire, tendo que formular seus desejos políticos, veria à sua volta a miséria desses campos de cana, o analfabetismo, os vícios urbanos diversos, o sangue nos olhos dos nostálgicos da escravidão. Ele sentiria a falta de resistências verdadeiras onde deveriam ter se acumulado posturas de diferenciação coletiva e de autoridade interior. A entidade fragmentada crioula sendo um tanto desorientadora, Césaire só viu nela um esfarelamento: *um povo precisava ser inventado*; ele precisava de uma fonte de pureza fundadora, e foi a África. Com esse mito instalado, o anticolonialista podia então se entregar aos valores de um humanismo ocidental, e considerar uma assimilação ao Centro-metrópole respeitosa de nossas "especificidades" negras. Temendo um enfrentamento acirrado com as forças neoescravagistas ainda capazes de nos aniquilar, ele fez correr no cimento de uma lei essa velha barreira antibekês erguida pelos mestiços: a cidadania do Centro.

> De Césaire: Da energia das cinzas, sopra escombros, a poesia ainda (em esperança)... – *Sentimentoteca*.

> De Montaigne: Nascer no mundo e no Outros, pelo mergulho em si – tua carne dobra (olhada gentilmente) te oferecendo a carne do mundo, estranhezas desarmadas em comum condição... e o afastamento saudável diante das certezas... – *Sentimentoteca*.

Sete anos antes de meu nascimento, a Martinica se tornou um departamento francês na América. Minha infância transcorreu no terreno movediço de uma transição. Fomos projetados de uma sociedade rural a uma sociedade em urbanização, de um substrato crioulo-mosaico, vago e obscuro, para o enquadramento solar de um projeto franco-ocidental. Miragem acelerada: civilização, cultura, valores, identidades encarnaram-se no "Progresso" que dispensava o Centro. Uma vez conquistada a departamentalização, a luta política (e a resistência em sentido amplo) só terá como preocupação obter do Centro o respeito pelas promessas. Cada degrau assimilacionista ganho cerrará um pouco mais a garganta dos bekês. Ouvi-los se lamentar, vê-los íntimos dos prefeitos assassinos especialistas em chacinas, vê-los mandar que executem pessoas incômodas, ver também os deputados franceses colonialistas descumprirem promessas de erguer escolas, moradias e outras demandas elementares dava o sentimento de uma luta justa. Nossos políticos "de esquerda" se convenciam de uma retomada intacta das rebeliões marrons: o próprio Césaire bradaria para a estima de todos: *Eu sou um negro marrom!...* Os grupelhos independentistas e as veleidades nacionalistas (retráteis, desprovidas de firmeza identitária) não pesarão nesse vento aspirante.

O velho guerreiro me sussurra: ... hoje em dia seria ainda pior para eles: ninguém tem muito peso no ciberespaço... (*ele suspira*)... Ele pode nos projetar ao outro lado da terra, em contato instantâneo com os cantos recônditos. Mas o que ele transporta não é a generosa profusão das diversidades humanas, e sim um apanhado dos mais vivazes valores dominantes... Dominação furtiva!... (*garganta brumosa, então sua voz se embeleza*)... E não é só isso: os satélites tendem a se organizar em redes. O ciberespaço se torna hiperespaço. Os povos subequipados encontrarão assim (como se caíssem em uma teia de aranha) acesso direto ao rizoma estabelecido pelos países abastados. Essas redes tendem à tecnociência, e até a uma inteligência que lhes permitiria tratar de forma autônoma sóis de informações. Seremos então grudados nesse córtex eletrônico que funciona com as concepções, valores, pressupostos de sua programação... Você entende por que tenho o olhar desvairado. – *Inventário de uma melancolia.*

Durante a Primeira Guerra Mundial (éramos então apenas colônias especiais), houve petições para reclamar o direito de sermos incorporados ao exército francês e por ele derramar nosso sangue. Quando – Segunda Guerra Mundial, França ocupada – De Gaulle lançou o chamado para nossas populações, centenas de pessoas juntaram-se à França livre por meio das ilhas inglesas para dar suas vidas. Nos anos 1960, em pleno drama da descolonização mundial, o mesmo De Gaulle, visitando as Antilhas, preparava suas respostas às reivindicações separatistas. Ele encontrou somente uma maré humana vibrando com um sentimento filial. Surpreso, exclamou: *Meu deus, meu Deus, como vocês são franceses!...* O Centro distante nunca foi percebido como uma base colonialista qualquer, mas como uma mãe distante, benevolente, que não sabia das torpezas locais dos malvados bekês e administradores.[3] Então – *resistências invalidadas, palavra apagada, valorização impossível de nosso mosaico identitário sob a chapa dos valores coloniais...* – entramos na assimilação ao nosso Centro com almas ocas, desativadas, ocupantes de um inesperado corpo de História e cultura, abandonando no exterior nossos ouropéis informes... todos desvalorizados.[4]

> O velho guerreiro me sussurra: ... meu caro, atravessando a treliça desse Eletromundo, os valores dominantes chegam até as telas domésticas. O individual é tocado, saciado, manipulado em uma escala massiva bem mais que silenciosa: *imaterial*... Furtiva mesmo... (*um tempo, algumas palavras inaudíveis, então sua voz volta difusa igual a vapor*)... A moeda (e muitos outros laços nossos: correio, contratos, mensagens...) se transforma em signos projetáveis. Os signos fazem emblemas. Os emblemas fazem presságios. Suas soldas fazem símbolos. Todos esses bipes funcionam bem nas noites primitivas adormecidas em nós. Pensa nessa sensibilidade involuntária, obscura de

---

3 Percepção eterna: o comandante era mais malvado que o gerente; e o gerente, mais malvado que o senhor-bekê; e o bekê, mais malvado que o governador ou prefeito; e estes, mais malvados que o ministro das Colônias ou das DOM-TOM; e este, bem mais malvado que o presidente... Quanto ao presidente, ele nunca atingirá a extrema bondade da entidade materna central. (N. A.)

4 Eu quase marquei: assimilar-se ao Centro de corpo e alma. Mas nenhuma de nossas reivindicações assimilacionistas teve essa autolítica ambição. Detalhávamos as vantagens desejadas e, ao mesmo tempo, cantávamos "as especificidades a preservar". No entanto, banhadas nos valores dominantes instalados pelos "Progressos" da assimilação, cada vantagem obtida arrastou seu cortejo de influências, seus efeitos secundários de impregnação driblando os clamores verbais sobre as "especificidades a preservar". A assimilação é então como algumas flechas: sem travas; mais fácil de introduzir do que de extrair; começando por uma unha ela perfura cedo ou tarde o corpo e a alma. Sem esquecer o coração. (N. A.)

> ti, submetida ao canto dos signos-bip-bip... (*ele ri, algumas palavras inaudíveis*)... espera, escuta ainda: as redes são fluidas, flutuantes, moventes. Elas acompanham os indivíduos em seus deslocamentos, ludibriam os estancamentos autoritários, atravessam o poder dos Estados. Instituem nós de decisões, intuições, reações individuais, em diferentes níveis de modos de pôr-sob-relações. Isso transforma o Mundo-Religado em uma massa boiante, gasosa, furtiva, quase irreal... Essa massa não é mais legível para ninguém. Mas ela tem um instinto... (*modulação de canto ou silvo*)... Conheço bem esse velho instinto selvagem, conheço bem... - *Inventário de uma melancolia.*

Assim, a departamentalização nos esterilizou. Entre dois pulsos diferenciadores, nos tornávamos outros. Abandonávamos nossas aptidões íntimas. Nos amputávamos dos entrelaços de nossa diversidade para um enxerto devoto dos valores do Centro. Os efeitos de uma dominação (descritos por Albert Memmi ou Frantz Fanon) nos atravessavam, atônitos: complexos diversos, desejo de embranquecer, perturbações mentais, desvalorização de si, brutalidades internas, despersonalizações invalidantes, mimetismos, drivas e derivas... Mas se desdobravam sem violências coloniais. Somente agia a convergência de uma incompreensão depreciativa de nós-mesmos e a atração dos valores dominantes. Uma ejeção de si-mesmo, das realidades biológicas, geográficas, culturais, mentais estava sendo realizada. Era a neutralização de um imaginário de diversidade tumultuada com o corte de um desejo de Ser em alta claridade. Nos declarávamos Homens com gosto - parcelas da humana condição - e exigíamos respeito, dignidade, liberdade... mas essa generalidade confortável era buscada na sujeição assimilacionista e no autoapagamento. Falo desta dominação silenciosa: o indecifrável fervilhar de um Diverso que suscita a aspiração triunfante ao Um.

O velho guerreiro me sussurra: ... ah, gosto de te ouvir falar assim, porque reencontro a emoção de meus vinte anos!... (*ele ri*)... Agora, peguei os teclados (*ele ri de novo*)... Esse estranho campo de batalha me espanta. Os fluxos telemáticos reforçam a atração do Centro difuso. É como se houvéssemos procedido ao mais formidável deslocamento (de homens, mulheres, cérebros, conhecimentos, expertises, capitais e informações) que pudéssemos imaginar para um polo dominante... e a seu serviço... (*um tempo, murmúrio ensimesmado, então sua voz volta, aérea*)... E eu percebia que há nesse Eletromundo mais modos de saber do que de agir. Eu era contemplador, passivo ou impotente, de genocídios e atentados, espíritos que se rasgam, imaginários que se desgastam na hipnose relacional... (*ele suspira*)... Minha força era apenas saber. Saber verdadeiramente. E usar a energia desse conhecimento... - *Inventário de uma melancolia.*

(Essa dissolução no Centro dominante podia operar por assimilacionismo beato, ou por assimilacionismo inquieto (*reivindicando a preservação das "especificidades locais", resguardos e proteções*). Mas ela podia também se efetuar por um contra-assimilacionismo furioso, ainda que alinhado aos valores dominantes: trocar *essa* bandeira por *minha* bandeira, *essa* língua por *minha* língua, *essa* tradição pela *minha*... Uma construção de si em negativo,[5] inscrita na lógica das dominações brutais e das identidades antigas, que iria

---

5 Penso nesses jovens professores, militantes-anticolonialistas, que lutavam contra a alienação cultural invertendo os termos que lhes eram oferecidos: "alto como três maçãs" virava "alto como três mangabas", "magro como um lobo no inverno" se transformava, por exemplo, em "magro como um saruê na quaresma"... Uma contradependência ao modelo, tão alienante quanto. (N. A.)

se prender na própria armadilha: a dominação se acomodando cada vez melhor a um simbolismo ostentatório de pequenas diferenças. Tanto que, para fundar essas diferenças, devíamos nos reportar a ancianidades (*da África, o mais das vezes*) das quais não dispúnhamos a não ser em rastros incertos e em deriva crioula.)[6]

> O velho guerreiro me sussurra: ... eu mal conseguia acreditar, Ti-Cham!...[7] (*modulação, que parece um grito de pirata*)... O que eles chamam de "comunicações" é um fluxo em sentido único de propaganda política sutil, um golpe quase mitológico em teu ima-

---

6 Penso em Frantz Fanon, que adotou a causa argelina com mais convicção que muitos autóctones; ele encontrou no "Nós" e "Eu" argelinos certezas atávicas inexistentes no mosaico-turvo de seu país natal. Os entrelaços moventes de nosso Diverso (nossa Crioulidade) não permitiam impulsionar uma luta de libertação nacional semelhante àquelas que aconteceram em outros lugares com base em identidades antigas. Teria sido necessário recorrer à mentira de um atavismo de adoção, de uma diferenciação redutora, de um integralismo regressivo, que não confere aos povos crioulos energia verdadeira. Nosso fôlego de liberação exigia outra percepção do mundo: outro imaginário. "O Diverso decresce", dizia Segalen, "aí está o grande perigo terrestre. É contra essa degradação que é preciso lutar, se debater – morrer talvez com beleza." Nossas lutas anticolonialistas poderiam ter cabido (e se amplificado) nessa simples frase. O crioulo (cujo imaginário é de Diversidade) pode assim se sentir refletido em mil aspectos das realidades do mundo. A luta anticolonialista inflamou o fervor de Frantz Fanon, mas, em outras circunstâncias, este poderia ter abraçado outras causas com a mesma intensidade. Por outro lado, o imaginário nascido da diversidade, quando ignora a si mesmo, se separa das realidades das quais o próprio Diverso é constitutivo. Ainda usamos sua maleabilidade, apenas para nos adaptar às situações em que as ancianidades milenares traçam linhas cavalgáveis. Assim, portador da generosidade inegociável de Fanon, podemos nos descobrir soldados em qualquer ferida do planeta. (N. A.)

7 Um dos nomes pelos quais Chamoiseau se faz chamar, como Oiseau de Cham e Chamzibié. Há referência a pássaro ("*oiseau*", em francês) e a Caim ("*Cham*", em francês). "Ti" é pequeno, em crioulo. (N. T.)

ginário, que instala a dominação do emissor. Isso não tem nada a ver com troca, relação enriquecedora, que o termo recobria na época em que esses selvagens ainda não o haviam colhido... (*o mesmo grito, mais prolongado, esgotado em um suspiro de orvalho*)... Eu visitava um Eletromundo o mais das vezes povoado por uma extensão de solidões inchadas, submetidas ao padrão dos valores dominantes. Ali, eu descobria apenas o simples pôr-em-relações: o Único ia abrindo sua boca de lobo na hipnose falsamente interativa das telas... – *Inventário de uma melancolia.*

A departamentalização nos separou de nós-mesmos. O apoio ao "Desenvolvimento" (palavra-culto) suscitou a extinção dos espíritos autônomos. Tudo ficou mimético, atado ao modelo central ou sobredeterminado em ilusórias descentralizações. A atividade política exigiria não mais a simples aplicação das vantagens do Centro, mas (por medo de uma distância qualquer) a obtenção em *tempo real*. O apoio, ano após ano, se converteria em assistencialismo: as estruturas, os reflexos, as atitudes, a energia e as astúcias mobilizadas não visariam a nenhum querer responsável em uma economia verdadeira, mas se afiariam no olhar esperto do oportunismo, na sabedoria do agarra-subsídio e da acumulação ilícita das seguridades, na expertise em desvios de auxílios, na sugação das solidariedades maternalistas implementadas pelo Centro para suas crianças das Américas. É preciso dizer que o sistema das plantações que estruturava nossos países não comportava nenhum fermento de mudança. Era um mecanismo enrijecido na hidra escravagista e depois na exploração de uma massa esmagada. Os senhores-bekês desse sistema eram menos chefes de indústrias do que animadores de uma sucção vampiresca. A estreiteza do país não lhes permitiu nunca, como nas grandes terras americanas, o enriquecimento massivo que, não obstante a inércia estrutural, poderia ter difundido algo mais vivo. Sob a departamentalização, passaram mais tempo lutando contra as aquisições sociais importadas do que refletindo sobre as estratégias de uma produção real. Seus arcaísmos rompidos pela legislação de um Centro desenvolvido refugiaram-se na baia das proteções e subvenções, as quais são hoje mais rentáveis que a mais maligna das indústrias. Portanto: escravagistas ferozes, depois patrões retrógrados, enfim subsidiados beatos culpabilizando os assimiladores. Dialética de uma morte que se estendeu ao conjunto de nossa economia. Hoje, o assistencialismo alcança a caricatura; nossos povos morrem na opulência. Digo: uma felicidade obituária na qual o Escrever está de antemão condenado.

> De Pound: Os entrelaços bárbaros de um canto de errância no mundo novo, rupturas, sombras, ritmos e fragmentos síncronos, decadências e luzes; a imagem como deflagração de razão, emoção, ensinamento e hipnose, unidade e diversidade, memórias e beleza. - *Sentimentoteca.*

Assim, caído de meus sonhos, eu margeava, solitário, essas abundâncias de ruas, imóveis, galerias comerciais, luxuosos automóveis. Margeava em solidão esses amparos ao turismo, ao rum, à banana... supostas produções que alimentam nossos bekês - os assistidos mais prósperos do mundo. Margeava essa modernização cega, nosso naufrágio cotidiano. Passava por baixo dessas perfusões vindas de um Centro distante que nos mantém em "Desenvolvimento" artificial. Eu ia por entre esses atravessamentos contemporâneos que sofremos lobotomizados: o urbano proliferante, distorções familiares, desamparo das juventudes, desemprego congênito, alheamento das drogas, êxtases trôpegos das seitas, padrões americanos, cinzas e queima das tradições, das "pequenas" línguas e das "pequenas" culturas... Mais do que qualquer povo do sul, essa modernidade nos comprime em uma espécie de angústia. Um insano-consumo nos massifica nos centros comerciais em gastos recordes. Como se, socados nessa inexistência, quiséssemos assujeitar o mundo engolindo-o inteiro – único ato autorizado pela absoluta dependência e o vazio de responsabilidades.[8] Somos ligados ao nosso Centro (e – através desse Centro – jogados no mundo) sem viver uma troca verdadeira, um florescimento qualquer em um terreno profundo, nada a não ser a deglutição gulosa-consumista que esculpe em sentido único, na irresponsabilidade mole. Entregues inertes, solitários, sem futuro conhecido nem destino possível, às transformações do mundo.

> O velho guerreiro me sussurra: ... nesse Eletromundo, o tempo ocidental dominante se projeta agora (em real instantâneo de nanossegundos) no tempo dos povos até então poupados... (*ele suspira*)... Eu podia imaginar esses tempos, esses ritmos, essas percepções que colidem! Eu podia sentir o tranco! A irrupção de Cristóvão Colombo retomada em uma escala sem nome!... A produtividade se funda agora nas economias relacionais e na amplidão das conexões... (*um tempo, a voz retorna, morna como uma garoa*)... Aqui, o crescimento e o lucro suplantaram o gosto de sangue. Mas a mandíbula, embora virtual, continua a mesma... (*um tempo, a voz retorna, carregada*)... espera, ainda outra palavra: era impossível para mim ver como eles controlam essas redes,

---

8 Penso na fórmula de Michel Louis, economista: "consumo, consumação." (N. A.)

porque essas redes emanam deles. Eles são a própria essência delas. Ou melhor: o Centro difuso é a essência de suas garras sobre o mundo. Basta a eles amplificar sua atração, e ir se aumentando assim como que por delegação... – *Inventário de uma melancolia.*

Eu ia em solidão por entre essas rádios privadas, outrora orgulhosas de uma liberdade dada, e que servem apenas de transmissão, dia e noite, em um tempo real ovacionado, às antenas do Centro. Em solidão, sem um olhar para essas televisões submetidas às cópias desastradas e que desertam a carne viva de nossas feridas. Em solidão, entre esses anúncios publicitários e essas festas oficiais em que se desertam nossas justas realidades. Em solidão, em meio a esses independentistas que reivindicam Nação, Estado, Identidade, Cultura, História... em modos integralistas, corroídos pela cal do racismo e das xenofobias, perdidos em místicas ecológicas, linguísticas, tradicionais..., presos nos arcaísmos de uma resistência legada das dominações rígidas, e que só percebem o mundo, ou só o aceitam, como predadores das agruras do Diverso. Eu atravessava um país fustigado pelo mundo que faz Mundo, fustigado no estupor inoculado de uma dominação desnudada de qualquer violência. A cada dia, no ritmo secreto de nossos desgastes, uma dominação um pouco mais invisível.

O velho guerreiro me sussurra: ... eu sei, eu te entendo, eu conheço essa velha peste... (*palavras desconhecidas, tipo de ritmo linguageiro*)... Mas abre teus olhos porque hoje é pior... (*ele ri*)... Seus canais de televisão se tornam as mais universais de nossas babás ou *babysitters*. A internet e mais tarde seu rizoma se fazem companheiros de jogos de nossos netos. Temo que eles sejam suas mais cativantes referências... (*ele suspira*)... Família, Escola, Igreja, Exército, Sábios,

Anciões, Estados, Parlamento, vigílias... *et cetera*, essas instâncias tradicionais se veem invalidadas pelos dragões normativos que essas redes difundem. E essas forças nos drenam para sociogramas que não posso imaginar. – *Inventário de uma melancolia.*

Margeio ainda, em solidão, essas antigas resistências (ativas em muitos pontos do globo), fracassando em conceber uma dominação generosa para seus assujeitados, inaptos em identificar o predador na própria abundância. Ali, nenhuma sugação de vampiro, mas o dom angelical que difunde genes: "Eu te dou o que tenho, você tem direito, porque você é eu..." O Território dominador se alarga dessa forma nas planícies mentais, sem conquistar solos. Tende-se ao Mesmo, ao Único, desde Centros que difundem suas ondas benevolentes. Vou em solidão, dominado entre os meus – em estranho-país dentro de meu próprio país, como me murmura Aragon.

O velho guerreiro me sussurra: ... sim, é verdade, os antigos Centros tinham, de maneira brutal ou silenciosa, anestesiado nossos povos. Mas hoje sua massa inerte pesa sobre os dominadores. Estes suspeitam um pouco que seu destino está atado a esses povos desligados. Que se deveria dar livre curso a seu gênio íntimo. Que esse é o meio de sanear um Mundo-Religado que empobrece de tanta fluidez... e de tanta dominação furtiva... (*ele ri, cor amarga*)... Mas o furtivo que esmaga não para assim facilmente, nem se controla com um dedo ou um piscar de olhos. No ciberespaço, não há mais Estado, nem capital, nem geografia (ou então isso não conta muito mesmo). Não é uma Ciber-Pátria ou uma Tele-Nação, ou uma República-Mundo... (*ele suspira*)... É um Império tecnotrônico em que o imperador seria a névoa de valores dominantes, de coloração ocidental, tendendo a uma concentração empobrecedora que os torna mais hostis à autonomia criadora de nossos imaginários, quer se esteja ao norte ou ao sul da escala... – *Inventário de uma melancolia.*

A ILHA ABERTA – Eu via isso à minha volta: sob dominação silenciosa, se produz um afastamento dos escritores e dos artistas. Um desapego insensível os coloca fora das feridas de seu povo, um pouco indiferentes, capturados pelas preocupações da Arte universal, preocupados pelo que preocupa outros artistas em polos dominantes, e vivendo seu pouco impacto interior-exterior como o sinal do gênio incompreendido ou de uma liga dos poderosos.

Esse afastamento é a maior das vitórias.

Neutralizados, logo aqueles que deveriam se levantar na linha de frente!

Desviados de sua batalha na diluição de uma abertura no mundo!

Eu me agarrava então ao país – meu Lugar em devir –, farejando verdadeiras feridas, cartografando danos. Tive esta surpresa: elas estavam em mim, enfiando-se em uma parte de mim entrincheirada contra os raios ativos de meu imaginário. Eu reativava essas feridas. Essas queimaduras sagradas. Esse mal-estar. Essa pequena vida inquieta que piscava em mim. Eu estava me reinstalando em cheio na minha carne e em meu espírito. Tomar posse desse espaço conhecido-desconhecido, familiar e distante como um bufê abandonado. Enfiar-se, entranhar-se e tentar entrever, como que à distância, o influxo dos valores dominantes. Estava como esses escravizados-dançarinos, entregues aos arabescos de uma memória. Estender-se em si mesmo, no mais extremo, com o vigor trançado das fibras do coqueiro – haste de uma bela liberdade.

De Saint-John Perse: Na virulência do sal em que tantos contrários se amotinam, se fecundam, se prolongam, soletra o mundo inteiro em material do Escrever: na menor de suas migalhas, abre o símbolo imenso; mas não louva conquistadores altivos, preocupa-te com as humanidades quebradas, insonoras, cor de papaia e tédio que te cercam; e não faça livros, mas uma obra. – *Sentimentoteca.*

De Patrice Delbourg: O Irônico desvio de si em uma incandescência... ó melancólica rocha. – *Sentimentoteca.*

Um de meus primeiros tormentos foi a percepção do todo que eu podia ter de meu país natal. Essa percepção que condicionava minha escrita, ela estava livre? E, livre, ela era justa? De quais hipnoses eu era vítima, a exemplo desses poetas-dudus que, em plena escravidão, só viram à sua volta o comedimento paradisíaco? Minha terra natal era uma "ilha": quais forças e quais armadilhas se louvavam nessa palavra?

De Cendrars: O chamado do mundo em sensações, ondas e quebras secas, rimas e fugas – a desmesura acariciada, para além dos pele-vermelhas, para além da sede, para além dos desertos, para além das montanhas... – *Sentimentoteca.*

De Rimbaud: A errância entediada, propulsionada pela energia primária, o apetite fundador se desgastando com uma saudação de Driva no mundo, ó consumado... – *Sentimentoteca.*

Diante das ilhas, sobretudo daquelas das Antilhas, o olhar dominante só distingue a evidência paradisíaca de vocação – e até fatalidade – turística. Uma vez saboreada essa visão, esse olhar obscureceu: fora dos veraneios mar sol sexo zouk, a ilha se torna um canto de estreito isolamento. O insular seria esse homem perdido no oceano amargo, abandonado em sua ilha como uma concha que jamais se abre. À margem, um pouco imóvel em si mesmo e em suas tradições, ele deslizaria aos poucos fora dos progressos da Humanidade continental. A insularidade, seu espírito, seria a estreita maneira de ver o mundo pelas molduras marinhas e celestes do azul. O sonhar-país me iluminou de outro jeito.

Os primeiros descobridores, ao chegarem às Antilhas, não se encontraram – segundo seu sentimento – diante de terras reais, carregadas de histórias, povos, *possibilidades*. Eles como que as apagaram de uma existência autônoma chamando-as *Antilhas* – ou seja, *terras-antes-do-continente*, espécie de antessala, escadotes, bancos de areia, poeiras..., na estrada dessas margens onde a vida é permitida aos homens. Eles se refrescam, beliscam alguma carne da caça, retomam contato com um *ersatz* de terra firme antes de partirem em busca de uma Índia continental. O imaginário ocidental contemporâneo conservou da ilha essa função-percepção. A insularidade, em termos de emancipação, de desenvolvimento econômico, de importação, de exportação, de abertura artística ou sensível, seria uma deficiência; o problema é que esse imaginário domina hoje os espíritos por todo o mundo – e condiciona, infelizmente, o nosso também.

> De Valéry: A "carga de maravilhas" levada ao infinito – nessa massa de sentido e música, tentar a palavra precisa, reagrupado em si-mesmo em altas densidades, e desafiando a seca; a mecânica acordada à fluidez do sonho. – *Sentimentoteca*.

De Émille Olivier: O exílio como presença no coração do país, e a força de estar no mundo. – *Sentimentoteca*.

Retomei minhas leituras deste insular ilustre, Aimé Césaire, pai como outros do grito negro que abalou as bases coloniais e racistas do mundo. Paradoxalmente, em *Caderno de um retorno ao país natal*, Césaire se vale dessa visão. Seguindo-o linha a linha enquanto retorna à sua ilha, o país-Martinica, percebi que ele descrevia a região como um "pequeno nada elipsoidal que tremula quatro dedos acima da linha do horizonte". Em seguida, tratando de nós, seus insulares compatriotas, ele nos via como "alguns milhares de mortificados que andam em círculos na cabaça de uma ilha".

A estreiteza do pequeno nada.

A clausura da cabaça.

Mais adiante, por outro lado, nesse poema mágico, as ilhas antilhanas irrompem com as imagens das literaturas exótico-duduístas: "ilhas cicatrizes das águas, ilhas evidências de feridas, ilhas mudas, ilhas informes, ilhas dos papéis ruins rasgados nas águas." Eu sabia a que ponto, para Césaire, a paisagem suporta a marca da chaga colonial, e quanto a ilha descrita assim significava em grande parte o jugo de uma dominação rígida.[9] Mas os poetas da Negritude, epígonos e escribas-repetidores, erigiram em paradigma essa visão césairiana; e, se acaso tentaram um elogio de suas terras insulares, foi para deplorar sua fatalidade enclausurada ou seu deletério afastamento do mundo. O todo ainda se

---

9 "Toda ilha é viúva", diria Aimé Césaire em *Cadastre*, Paris: Éditions du Seuil, 1961. (N. A.)

embolou nas denúncias do colonialismo que, na época, cada um carregava nos ombros.

> O velho guerreiro me sussurra: ... ah, a época da qual você fala era simples afinal!... (*ele ri e suspira*)... Agora, sob dominação furtiva, o dilema é terrível: estamos ou conectados-passivos e consumidores-em-desenvolvimento, ou desconectados e entregues às antiguidades das dominações brutais ou silenciosas... (*um tempo, sua voz retorna como uma sombra úmida*)... No deserto de neve do Grande Norte, me contam, os inuítes reencontram nos CD-ROMS, nas televisões, nos videocassetes, a bela dinâmica de sua cultura de imagens. Seus grupos isolados podem se comunicar com seus Sábios e seus Anciões, por fax, telefone ou videoconferências. Sua língua agonizante encontra até um pouco de alegria. Está bem, pode até ser... (*ele suspira*)... Mas me falam também de suicídios massivos na Groenlândia, de espíritos destroçados pela invalidação completa das referências... Ó povos, ó irmãos, ó expostos ao perigo das redes que derramam em vocês o golpe dominador misturado às suas luzes. O elã está no perigo, a renovação se mistura a restos de morte. Remédio-veneno. Veneno-remédio... (*sua voz afunda em um respingo d'água*)... Eu choro por essa complexidade, embora tão antiga... – *Inventário de uma melancolia.*

Com Saint-John Perse as coisas se transformaram. O crítico Émile Yoyo mostrou a que ponto o bekê Perse,[10] descendente dos primeiros colonos brancos, investiu em sua cultura crioula. O quanto boa parte de sua visão expressa uma Guadalupe natal. Relendo-o

---

10 Émile Yoyo, *Saint-Jean Perse ou le conteur*, Paris: Bordas, 1971. (N. E.)

de mais perto, percebi que Saint-John Perse dispõe, em terra crioula, de uma liberdade fundamental. Partindo de uma posição dominante de bekê, ele não tem nada a provar a denunciar a recusar como o negro Césaire – negado em sua humanidade – precisa fazer. A língua crioula, a cultura crioula, a visão crioula do mundo habitam de fato (e "na estima") seus primeiros textos; e só no fim da vida (em sua maturidade de escrita em que ele "põe em cena" sua obra) ele tentará passar a borracha em seus efeitos. Eis porque, face ao mar cantado continuamente, Perse teria a visão não do muro de isolamento das imagens ocidentais, mas de uma vasta perspectiva sobre uma conquista do mundo, ou melhor: de um espaço vibrante em direção à universalidade altiva que conduz com seu sopro. Eu recolhia então todos esses trechos de *Amers*:

> E vocês, mares, que liam em mais vastos pensamentos... O próprio mar, nossa vigília como uma promulgação divina... O Mar, em nós, carregando seu barulho sedado da costa e todo seu grande frescor das benesses pelo mundo... O Mar, em nós, tecendo suas grandes horas de luz e suas grandes pistas de trevas...[11]

Em Perse, o mar é *elemento de potência*, *fonte de conhecimento*, *pressuposição do espírito*... Nele, sua mente se abre, alça voo, se ilumina. Serve-se dele como uma corrente profunda ligada a seu respiro poético do mundo; batimento de seu imaginário, ele o decodifica e o habita como um texto formidável. Estamos bem longe de uma massa aprisionante. Apenas – e nisso Perse continua ocidental – ele separou o mar da ilha em cujos flancos ele batia. Segundo ele,

---

11 Saint-John Perse, *Oeuvres complètes*, Paris: Gallimard, Paris, 1972. (N. A.)

o mar é uma vitalidade, um chamado à viagem, ao horizonte, à aventura. Chamado pelo mar, Saint-John Perse usará a ilha natal como impulso para o voo. Na ilha, ele não está no mundo: é de lá que ele se lança. Assim, sua insularidade natal inaugura sua obra (*Images à Crusoé* [Imagens à Crusoé], *Éloges* [Elogios]) antes de sumir dela. Ele passa, como ele mesmo disse, a *habitar seu nome*, para melhor buscar sua universalidade desencarnada que coleciona riquezas inesgotáveis.

> O velho guerreiro me sussurra: ... o Mundo-Religado se vê assim soprado para o polo da Unicidade pelo rizoma que lhe dá sua mais tangível realidade... (*ele suspira, bambu ancião*)... Nos tornamos espectadores das *mesmas* imagens e das *mesmas* informações, e da *mesma* hierarquia que lhe é infligida. Não é mais o monólogo de um centro para uma periferia, é a tirada grandiosa, *urbi et orbi*, de um Centro difuso que descerebra o Mundo-Religado... – *Inventário de uma melancolia.*

Com Édouard Glissant e a "Antilhanidade" que visava, entre outras coisas, a declinar as generalizações universalizantes da Negritude para reinvestir o domínio antilhano, surgiu outra percepção do mar, da ilha, da insularidade. Em Glissant, uma cena perdura: aquela do negro marrom que, ao fim de sua fuga, esbarra no insuperável desconhecido do mar. Para os escravizados perseguidos por cães e milícias armadas, o mar devia representar o que significava a floresta para os fugidos da Guiana: uma massa viva e cercante que engolia suas presas. Uma verticalidade sem perspectiva e sem promessa de liberdade. Mas há também em Glissant a ideia do abismo. O negro continental da África, jogado em um porão do navio negreiro, inaugura sua relação com o mar na angústia da terra africana que se afasta dele.[12] Através do casco do navio, ele experimenta o marulhar das ondas, o rumor sepulcral e abissal. Quando os navios negreiros (caçados pelos navios ingleses após a interdição do tráfico de escravizados)[13] não podiam mais fugir, eles jogavam seu carregamento ao mar. Essa imagem de um tapete submarino de cadáveres que religaria as ilhas antilhanas assombra toda a sua obra. Ela aparece também em Derek Walcott, o santa-lucense, e em Edward Kamau Brathwaite, o poeta barbadiano. "*The unity is sub-marine*", dizem eles, alucinados. E foi por aí que os poetas antilhanos, esses insulares, romperam com a insularidade vista ao modo ocidental. Desfeito pela experiência do abismo,[14] o imaginário que mobilizam para se descrever, para descrever sua ilha ligada ao mar e para viver o mar como área de relação, espelha um mosaico de imaginários. Para se dizerem, esses poetas mobilizam a África, a Europa, o mundo ameríndio, a Índia, o Levante... Isso mostra a que ponto o estreito não deveria ser sentido; quanto a clausura deveria ser recusada. E os horizontes, em majestade, conquistados.

---

12 E esse abismo atravessado nessas condições é o lugar de morte do continente, e aquele onde nasce o insular, seja ele branco, amarelo ou vermelho, colono ou escravizado, com ou sem memória. (N. A.)

13 Em 1845, entrou em vigor a chamada Lei Bill Aberdeen, que autorizava a marinha inglesa a afundar navios que transportavam escravizados, marcando o acirramento da Inglaterra no combate ao tráfico transatlântico de africanas/os capturadas/os. (N. E.)

14 Édouard Glissant, *Poétique de la Relation*, Paris: Gallimard, 1990. (N. A.) [Ed. bras.: *Poética da Relação*, trad. Marcela Vieira e Eduardo Jorge Oliveira, Rio de Janeiro: Bazar do Tempo, 2021.]

> O velho guerreiro me sussurra: ... um Centro-Território pode encarnar o Centro difuso aos olhos de um povo dominado; este aspira ao cotidiano desse Centro que constitui seu horizonte, sem perceber que ele se alinha através dele, por meio do rizoma, aos valores dominantes do Centro difuso. E essa relação sem fronteiras no ciberespaço proporciona um sentimento de liberdade vertiginoso; escapa-se da hipnose do Centro antigo. Sob sua antena parabólica, estamos "ligados no internacional"... Você percebe essa miséria?... (*ele suspira, mangue sob lua*)... Nos enésimos "Planos de Desenvolvimento", os políticos do meu país reivindicaram a seu Centro-parceiro a ligação à internet como se pede a hóstia ou um suplemento de alma: para se preencher. Não para trocar, transmitir ou existir. Para se preencher... - *Inventário de uma melancolia.*

Para compreender melhor essas múltiplas percepções, eu precisava, mais uma vez, voltar às épocas fundadoras. Quando os colonos europeus chegaram às Antilhas, encontraram caraíbas, sobreviventes aruaques. Ao desembarcarem, o primeiro gesto desses "descobridores" foi o de reproduzir o espírito-aldeia continental: fincar bandeira e cruz, tomar posse do solo, nomear, assentar capela, erguer fortins, plantar mudas de povoamento. Essa prática iria se opor à dos caraíbas. Para estes, as ilhas não eram isolamento, mas polos de uma temporada arquipelágica ao longo da qual, de margem em margem, ao sabor dos acontecimentos, festas e alianças, navegam sem parar. Seu espaço englobava o arquipélago e tocava os lábios continentais. Para eles, o mar ligava, e religava, lançava em relação. O colono europeu, ele, se entrincheira na ilha: rival de outros selvagens colonialistas, levanta guarnições, desenha fronteiras, cores nacionais, divide, se enraíza, confere força religiosa a seu enraizamento: *ele cria um Território*. Ele encerra em sua cabeça as grades do exílio. Longe de sua fonte natal, se vê afastado, e funda a aceitação dominante da insularidade. A aceitação ameríndia, por sua vez, é antes a obra estilhaçada das ilhas com o mar em uma derme viva: que *reúne retransmite religa*.

> De Kateb Yacine: Contra o drama das duas línguas, saltar nos fogos da linguagem, tua palavra em condições extremas... - *Sentimentoteca*.
>
> De Segalen: O impenetrável como conivência... - *Sentimentoteca*.
>
> De Yves Bonnefoy: O verdadeiro Lugar, onde "o absoluto se declara" por força de olhar novo, mas sem acesso, só em desejo a saciar de desejos... E: O maravilhamento em justa-conta sensível, puríssimo. - *Sentimentoteca*.

Eu procurava então nas sagas islandesas o sentimento da insularidade tal como ele castiga hoje o espírito dominante. Segui as trajetórias de Njall, o Queimado, Grimr, o Calvo, Eirikr, o Vermelho, e de outros..., sem jamais encontrar o espectro de um mar aprisionador. Esses aventureiros conheciam o mar, se lançavam, se perdiam, erravam, estavam em sua própria essência em ruptura com a grande terra. O mar não os enclausura porque esses continentais justamente não têm o espírito continental: eles romperam a amarra das costas escandinavas; para eles, a ilha de gelo é uma iniciação às geografias fluidas; eles têm a mentalidade ilhoa como quem tem a asa do pássaro migrante; uma cabeça que tece em fluxos marinhos as extensões sonhadas da terra adotiva. Assim, os insulares islandeses originais não submetem os ombros à carga dos isolamentos (hoje, isso pode ter se modificado sob o impacto dos valores dominantes). Eles desembarcam, querem firmar o pé, mas a ilha é árida, não se oferece, sua virgindade é indiferente à algazarra fundadora, é preciso se agarrar, se embrenhar, reger as desordens da demência humana, celebrar frágeis vitórias sobre si e sobre esse solo duro. Para isso, o melhor é falar, contar, dizer e, sobretudo, Escrever. A partir de velhas histórias continentais, celtas e germano-nórdicas, a partir das tradições bíblicas e dos gestos medievais, os *sagnamenn*[15] iriam recriar o enraizamento--Território no apetite da errância que o mar autoriza. A literatura islandesa se consagra (desde os *Livros das colonizações*, passando pelos poemas escaldos até as sagas modernas) a enraizar nessa terra de fogo e gelo esses homens vindos do continente, e a fincar nela, além deles, suas casas. Ela fundou uma legitimidade mitológica que confere ao povo da Islândia uma espessura de dar inveja a muitos continentes. As digressões genealógicas, o jogo dos personagens de uma saga a outra, a exploração minuciosa dos sítios geográficos, a presença pagã que anima as rochas e os fiordes, a importância da lei, da palavra, da honra, da reputação, tudo isso no prolongamento infinito que oferece o mar... O inimigo é o gelo, a neve, os furores vulcânicos, as paixões humanas, as vitórias ambíguas... não o oceano. É como se, instalando-se nas Antilhas, os colonos europeus tivessem nutrido seu ser continental com a arte marinha dos caraíbas: uma associação paradoxal, complexa, que (de tanta riqueza) reúne sem excluir, alarga-sem-isolar. As sagas

---

15 Autores de sagas, geralmente anônimos. (N. T.)

islandesas, assim relidas, me desvelaram esse fremir singular que carrego em mim nos fermentos indecifráveis. Escrevo em sua sentimentoteca, suas vozes e suas presenças, comovido por esses islandeses que souberam escapar às dominações norueguesas e dinamarquesas (cinco vezes centenárias). Apoiaram-se na articulação operada pelas sagas entre a história, a lenda, o poema, a ambiguidade fundadora do mito, os rumores pagãos sob o comedimento do cristianismo. Elas enredam o realismo sóbrio nos assaltos ferventes do espírito, atestam que as abundâncias jubilatórias da palavra podem se associar às preciosidades da escrita. E, nos meus sonhos, elas dizem sobretudo que toda ilha é aberta. Eis porque, na Islândia dominada, as sagas tiveram força libertadora e densidade fundadora.

> O velho guerreiro me sussurra: ... ah, esses queridos islandeses, tenho plena confiança neles!... (*tipo de grito de pássaro marinho, então um suspiro*)... Sob dominação furtiva, o enfraquecimento dos antigos Centros autoriza os impulsos que a colonização tinha anestesiado: fúrias étnicas, dramas fronteiriços, tragédias territoriais, choques de sangue, de raças, de linhagens. Lágrimas, furores sociais nascidos de guetos e exclusões novas. Raivas vindas das religiões, das identidades, das lutas de castas e de classes... (*palavras inaudíveis, tipo de enumeração estranha em que sua voz se vai nua*)... Um movimento de compulsões obscuras que a flutuação fora-do-solo, fora-do-Estado, fora-das-identidades-antigas, induzida pelo ciberespaço, reaviva simplesmente. O Mundo-Religado se apresenta no que tem de pior: nas garras e nos instintos que oferecem suas antigas soluções. E estas, difundidas pelo rizoma, se ativam sem os freios costumeiros que a distância e o tempo instituíam... – *Inventário de uma melancolia.*

É preciso escutar o escritor continental Hector Bianciotti[16] contar-se nos Pampas. O sentimento tradicional presente no insular (esmagamento, solidão, paralisia do tempo) erige-se nele, terrível, como aconteceu inclusive com Borges. Bem, libertado pelos sonhos e observando a mim mesmo, nunca tive esse sentimento diante do mar. A língua crioula não diz ilha: a palavra "*Lilèt*" designa minúsculas concretudes quase inabitáveis que servem apenas de pouso aos grandes pássaros do mar. Ali reina a abertura: a maravilha marinha, o correr dos ventos rebeldes, a flecha celeste dos bichos migratórios. Cada costa se oferece como tabernáculo de objetos carregados pelas correntes, animais naufragados, cobres de cidades engolidas. Ali, tocamos o mundo adiante, atrás, ao lado, em todo lugar. Ali, pedaço de montanha, pedaço de argila desértica não fagocita o imaginário: exalta-se somente uma disponibilidade às revoadas dos horizontes. No jogo dos sonhos, consegui rever tudo, me ampliar sensível a essa insularidade outra. A antiga, dominando nossos espíritos, não me dizia mais respeito.

> O velho guerreiro me sussurra: ... do fundo podre de um cibercafé, em uma megacidade, eu olhava nossos senhores viverem... (*ele ri*)... Esses nadas, padronizados, uniformizados em seus polos dominantes, arriscam a paralisia de seu pensamento imaginativo. Consomem-se a si-mesmos, empobrecem-se em sua gordura. Alguns já querem murar as massas esfomeadas desejosas de uma vida melhor a fim de sobreviverem em espaços estéreis... (*ele suspira*)... A criatividade humana se vê abandonada às agitações místicas e ao murmúrio das resistências integralistas em que a

---

16 Hector Bianciotti (1930-2012), escritor nascido na Argentina e naturalizado francês. (N. E.)

vida se refugiou... (*sua voz encalha, eco afogado*)... *Terrae incognitae* do ciberespaço. – *Inventário de uma melancolia.*

Agora eu conseguia: marcar "país", e não marcar "ilha", para evitar melhor o peso da palavra. Pensar país e ver país: viver meu país em profundidade, nesses ecos que levam ao Lugar. Carregar essas espessuras que me aumentam para além dos estratos geológicos, esses espaços que me habitam para além dos horizontes, e que nascem de minha vida nas fortunas da existência. *Estou vivo! Estou vivo!...* O Escrever pode revelar os infinitos que a dominação insiste em nos fazer chamar *ilha* (ou *país pequeno, país periférico*) com as estreitezas que a ela associam. Logo aqueles que exaltam as redes de comunicação praticam tamanha percepção de seu "claustro" insular, ditado pela dominação silenciosa, que eles não conseguem tirar vantagem dos novos dados do mundo. Eles não imaginam como essas redes, ativas por meio de nós, permitiriam (como o mar para quem soube vivê-lo) vislumbrar o conjunto-mundo. A dominação silenciosa não nos predispõe às benesses da Terra religada, do mundo lançado nas relações; de maneira simbólica, ela põe rédeas no imaginário e encolhe as amplitudes de si sob a chapa dos valores que difunde. Ela insula da pior maneira possível.

De Heráclito: Procurar sempre a harmonia invisível na desordem dos contrários, única dinâmica de vida – e a Unidade, sua lei secreta. – *Sentimentoteca.*

De Shakespeare: A irrupção das demências no reino ordenado, e o tumulto de terror e piedade onde (os próprios deuses tendo desertado o horizonte) nenhuma certeza se oferece... – *Sentimentoteca.*

(Nunca escrevi de frente para o mar, mas posso passar horas assim em letargia contemplativa; por muito tempo, percebi essa atitude como uma pequena morte, um desligamento estéril, quando, na verdade, o mar me lançava na existência: ali eu me torno mineral, vegetal líquido ou aéreo, com uma paciência que se esquece das histórias e das necessidades. Dissipado e compacto.)

O velho guerreiro me sussurra: ... escuta isso, Marcador: a dominação furtiva não se opõe a nada. Suas forças uniformizantes nascem de poderes desmaterializados que pouco se importam com as velhas armas. Eu podia falar minha língua. Alçar minha bandeira. Clamar meu deus. Fechar minhas janelas... (*ele ri, cor sal*)... Eu continuava uma presa dos poderes comerciais: imagens, mídias, finanças, medicamentos, consumismo... Seus pontos de impulsão não são mais apenas os Estados-Territórios, mas, no coração do ciberespaço, nódulos de interação que propagam padrões aos quais você terá que aderir. E pior, *Ti-Cham*: esses nódulos boiam, flutuam... (*um tempo, então ele suspira, vento de mar em concha quente*)... Assim eu vi os mais ardentes rebeldes, dedo paralisado no gatilho, aderirem à padronização furtiva com um sentimento de liberdade... (*ele ri, terra queimada*)... Nossos radares nos vêm da dominação brutal e (um pouco) da dominação silenciosa. O Centro difuso dominador se torna indetectável para essas velhas vigilâncias... (*um tempo, então sua voz retorna ampla como onda e vento*)... mais umas palavras: nesse Mundo-Religado, a interdependência é crescente: a fome de um afeta a saciedade do outro, as guerras de um atrapalham o desenvolvimento do outro. Os dominantes desconfiam desses vasos comunicantes. Por isso, eles têm seus *povos-clientes*, conformados a seus modelos, espelhados com eles. Eles têm seus *povos-parceiros*, menos conformados, mas aspirando a seus modelos em via mimética. Enfim, eles têm seus *povos-perdidos*, espécie irrecuperável, no mais das vezes em hostilidade integrista sem alternativa. Em torno destes, eles bloquearão sem dúvida o ciberespaço, e levantarão altos muros protetores... (*ele suspira*)... E, se isso não bastar, derramarão neles o fogo de sua potência científico-militar... – *Inventário de uma melancolia*.

LÍNGUAS, LINGUAGEM – Eu devia escrever com este país, tomado em sua totalidade, redesenhado com meus sonhos. Minha dor primeira foi com o drama das línguas: entre a língua crioula e a língua francesa. O velho desafio da autenticidade. Em qual delas Escrever justo, e como? Agora já posso me furtar à estreiteza dessas questões e compreender melhor o que me ensinaram *Malemort* e *Dézafi*. A língua dominante, quando aprendida como exterior a si, se conserva à distância. Nós a manejamos como demandantes; querendo conquistá-la, solicitamos o que ela tem de ortodoxo. Era difícil para os poetas sob dominação (penso nos escritores duduístas) não agir como num ritual venerante; mesmo se essa veneração se pensava como um contrarritual como para os escritores da Negritude. Os Centros colonialistas tinham projetado suas línguas como malhas.[17] A língua, nesses tempos de expansão, não servia para questionar o mundo. Ela se tornava uma peneira da ordem pela qual o mundo, clarificado, ordenado, deveria se submeter às decifrações unívocas de uma identidade, que, por sua vez, desde seu Território, lançava "legítimas" con-

---

17 No original, "*filets*". Fios ou redes como as de pesca ou de arapucas simples, artesanais. Optamos por "malha" em oposição a "*réseaux*", que traduzimos por "rede", designando redes cibernéticas, sem fio, mais complexas e virtuais. (N. T.)

quistas. O Escrever devia sacrificar-se ao bunker linguístico, exclusivo e dominador que a expansão colonial nos tinha imposto. Nós nos encontramos presos aí dentro com nossas línguas maternas e nossos bárbaros falares. Alguns remendaram suas línguas nativas para fazerem delas também uma malha. Outros quiseram reprojetar a malha vencedora contra os Centros emissores. Nós consideramos as línguas malhas a serem projetadas. Uma língua era julgada em suas virtudes em termos de malha. Nós a recebíamos como excludentes uma da outra; os colonialistas as brandiam em armas conquistadoras, e (ainda que alargadas em uma trama mais complexa) nós as empunhávamos da mesma maneira. Submetido a esses valores, tal escritor diria: *Essa língua é minha pátria*, ou *Essa língua me escolheu*, ou *Eu habito tal língua*: ele se refugia em uma das folhas da árvore quando esta se oferece por inteiro, até os últimos ramos.

> O velho guerreiro me sussurra: ... o rizoma coloca a nosso alcance extensões individuais (autoestradas de informações, telefones celulares, telas-mercado, cartões de crédito, modem, fax...) pelas quais o furtivo nos aspira. Nós nos engrandecemos, um a um, em fragilidades padronizantes... A proximidade se desenvolve tanto quanto o anonimato; o contato se amplifica no ritmo da exclusão; dispositivos coletivos proliferam em sopros egoístas; a Unicidade se exerce enquanto as etnias, os grupos e os "pequenos povos" (liberados dos Impérios) reconstroem suas vozes; os acessos eletrônicos amplificam nossas solidões no ritmo de contatos modelizantes. É verdade que estamos mais sós em um continente do que em uma ilha, e terrivelmente sós em um Mundo-Religado que ejeta referentes tradicionais... (*sua voz faz remanso, então retorna na maré de palavras*)... Essa perda cria

> angústias à altura exata das liberdades assim postas ao alcance. A fragilidade do indivíduo hipertrofiado aumenta a sedução dos valores achados no ciberespaço. Ele encontra em sua adoção alguma aparência de ligação aos outros que atenua a perturbação de uma individuação solitária empanzinada por um mundo superficial... *Ti-Cham ho*!... o flash midiático-cibernético suplanta a longa (e lenta) onda das influências silenciosas ou simbólicas...
> – *Inventário de uma melancolia.*

Frankétienne, do Haiti, conta que, antes de ousar uma frase em língua crioula, ele teve que, em um pequeno exorcismo, queimar seus manuscritos em língua francesa. Raphael Confiant, da Martinica, nos confia uma história similar. Invertendo as determinações habituais, ele escrevia na língua crioula, de dia, de maneira decidida, e então, à noite, imbuído novamente de sua complexidade, escrevia em língua francesa. Ele também teve que queimar alguns manuscritos em língua francesa para confortar sua escrita crioula. Oh! o drama desses manuscritos que queimam, essa parte de si tornada cárcere e que se precisa neutralizar! Esses escritores crioulos, Frankétienne e Confiant, souberam driblar esse impossível: sua expressão triunfa na riqueza conciliada de suas línguas. Mas quantos outros, em mil cantos da Terra, ainda se debatem confinados à morte? Assim, o corte monolíngue das identidades antigas nos enclausura em uma língua-una, constitutiva e insubstituível de nossa "essência". Se os riscos de um exílio ou de uma escolha de país, ou de uma história particular, nos deslocam de uma língua materna para uma língua de acolhimento (ou para uma língua de construção, ou para uma língua de liberdade, ou para uma língua sonhada, ou para uma língua de afeição-forte...), adotamos a aparência recurvada dos traidores. Nos justificamos.

Dramatizamos. O abandono da língua materna para uma língua escolhida se deve a um holocausto necessário para a divindade monolíngue que nos sustenta. O domínio da língua nova passa pelo ressecamento em si da língua primeira, e apressamos esse ressecamento, chave para a crisálida, promessa para uma transformação. Mas eu vi essa miséria: como aquele que em seus velhos dias reaprende sua língua materna para reencontrar um resto de si-mesmo, e aquele que volta, cuca-monolíngue, para o outro prato da balança... ou como aquele que, sem querer, esgotará o resto de seus dias combatendo seu apequenamento em uma língua conquistada. Eu percebia agora essas atitudes como as Drivas sob as dominações invisíveis da Unicidade, essa velha musa do sabre colonialista.

> O velho guerreiro me sussurra: ... sob dominação silenciosa, rompíamos a relação hipnótica com o Centro dominador nos refugiando em uma transparência universal no mundo. A dominação furtiva, com seus meios excepcionais, amplifica esse fenômeno. Muitas reconquistas-de-si são tentadas em uma relação global, irreal, inconsistente e desmobilizante no mundo... (*ele suspira, pedra quente*)... De tanto comprar remédios, descobri que o mais vendido no mundo é um antidepressivo: ó*, esse desamparo das individuações solitárias!*... Pensa nessas fortunas colossais, portanto nesses poderes, que se fundam no simples consumo medicamental. Nossas doenças e angústias se uniformizam, nossas medicinas também... Um poderoso laboratório no início, um circuito de difusão e de promoção em seguida, cooperativas farmacêuticas de recepção que concluem o trabalho... E o ciberespaço que acelera esse ciclo... (*um tempo, palavras inaudíveis, a voz retorna carregada, mais ampla que as palavras*)... Ó, pequeno Cham, para

ser franco, em meus sonos partidos, choro muitas vezes por essas crianças do mundo que se eriçam todas, da mesma maneira, diante de um McDonald's padrão... (*um tempo, então sua voz se levanta, terra mexida e seiva verde*)... Escuta esta precisão: eu digo "redes", mas sem atribuir a essa pobre palavra alguma importância. Porque adivinho serem possíveis complexões religadas entre si, autoadaptáveis, moventes, espalhadas na terra inteira segundo tessituras que nos escapam ainda... A Diversidade nos reserva surpresas, e o Vivente também... Só o incerto nos oferece seu suporte alarmante... – *Inventário de uma melancolia*.

Eu via como os Centros dominantes erigem sua língua em Centro. Do alto de sua Língua, eles olham o mundo e o submetem a suas explicações; sua Língua se basta, ela decifra o existente, e essa demiurgia lhe confere vocação para se impor aos povos do mundo. Toda uma literatura (que se esqueceu de Rabelais ou Villon) se alicerçou assim até que Joyce começou sua derrocada. Erigida em Centro e manejada em malha, a Língua nega as outras línguas.[18]

---

18 A língua por si só constituía o emblema de uma presença no mundo. De todas as projeções das culturas, são as línguas que suscitam os maiores ódios e amores, e que mais são usadas como armas ofensivas. Os ameríndios acusavam os intérpretes de terem a língua bifurcada. Dispor de duas línguas os transformava em detestáveis serpentes. A dupla língua os difratava em dois mundos. Na atmosfera colonial em que ser densamente *Um* constituía o aríete da ideologia reinante (*uma* língua, *uma* pele, *um* território, *uma* História... o todo tendo vocação para se espalhar no mundo), o duplo se tornava detestável. Aquele que não era nada em sua sociedade tradicional adquiria uma importância inimaginada oferecendo sua língua ao Outro, o qual, em geral, o tratava melhor que seus irmãos; os intérpretes passavam muitas vezes assim para o campo do Outro; eles não montavam em duas línguas, mas iam renascer em uma língua-outra tendo por nutrimento a língua de sua carne. A língua está no coração dos contatos. Por ela, tateio em

No espaço dos Estados-Territórios, o verbo oficial plaina sempre acima de um cemitério de palavras. Mas as línguas dominantes começam a sofrer essa lei das feras que só favorece uma delas: *ó predadores, ele é o Predador!* A lógica da malha, celeiro da expansão linguística dos Centros, se volta contra as línguas conquistadoras para eleger uma única. Vendo morrer sua língua, esses Centros fomentam ministérios da Malhafonia que cada um precisa sustentar conforme suas alianças (ou as pressões sofridas). Mas o próprio *Predador* se empobrece de vitória em vitória. Ele faz ciência. Técnica. Economia. Comércio. Informática. Ele faz rápido. Útil. Código. Ele se desidrata. Se resseca. Se encarquilha nos silêncios que espalha e que aos poucos o necrosam. *Ó línguas, só há vida em seu concerto!* Eu via quanto era preciso abandonar esse páthos das línguas exclusivas, desviar dos bunkers linguísticos dos Centros, pensar sua língua em correlação imantada com as outras línguas, dominantes ou trituradas, e dizer simplesmente: uma língua não é uma rede de gladiador e não se impõe. Mas era difícil: estávamos banhados na Verdade predadora dos vencedores e aceitávamos o círculo de sua arena.

> O velho guerreiro me sussurra: ... na selva dos Centros ocidentais, poderes midiáticos, poderes políticos, poderes econômicos, poderes financeiros, poderes culturais engalfinham-se para se

---

tua direção, minha alma apresenta seu rosto, e é também o que nos aproxima, você fala comigo como falo com você, estabelecemos o laço em sonoridades mutuamente bárbaras e familiares. A língua é o umbigo da junção e a guarita mais frágil das cidadelas identitárias. O ato antigo das dominações se erigia no silêncio, peça-voz, peça-palavra: em cada boca mutilada, a castração das línguas. E os lábios, muitas vezes, eram apenas cicatrizes abertas. (N. A.)

> oprimir. Esses organismos, agora complexos, desenvolveram (para além dos Estados) suas próprias redes de influência furtivas, como certos monstros; submetidos às leis da evolução, se adaptaram a seu entorno... (*grito de batalha e pequeno riso*)... Cada um desses poderes desenvolve seu apetite pelos outros. Tendem à concentração e engolem-se uns aos outros. Os cidadãos encontram-se em um tabuleiro em que os avanços, os assujeitamentos, os genocídios são invisíveis, simbólicos, furtivos... (*ele ri... um tempo, então sua voz retorna preguiçosa, em matéria mole, inaudível*)... No meu país, como em muitos outros que pude atravessar, não se está ainda na dominação furtiva. Através de nosso Centro-metrópole, nossa implicação passiva na Europa, estamos banhados em uma zona movediça entre a Silenciosa e a Furtiva. Quanto à Brutal, ainda não é bem uma história antiga... Oh, sempre essa total resistência a ser feita!... (*um tempo, palavras embrulhadas, tipo de pequeno canto, então sua voz retorna, corrimento de seiva em casca de* árvore)... Uma palavra mais e paro de te perturbar: fui atingido no mais íntimo. Alimento. Roupas. Sexualidade. Organização familiar. Leituras. Lazer. Gestos cotidianos... Valores se difundem e nos condicionam, tanto na escala coletiva quanto na dimensão individual, uma reforçando a outra. Sem fortificar um Território específico, isso se agrega em modelos dominantes que tendem à Unicidade. Na pior deriva, eu me preparava para enfrentar algo pior que o padrão e o uniforme: o empurrão insidioso para a eletrônica transparência de um código de barras... – *Inventário de uma melancolia*.

As línguas das nações coloniais escoaram de suas fontes, não são mais suficientes para designar uma nacionalidade, uma identidade, nem mesmo para dar o contorno a alguma justeza antropológica. Elas não reúnem nada que não seja redutor. Não sustentam nenhuma comunidade homogênea. *A comunidade está agora no ativo relacional das línguas, das culturas e dos homens.* As conivências de línguas traçam histórias, encontros, solidariedades, mas são apenas o signo de uma diversidade-mundo que, buscando seus acordes, tende a ultrapassá-las em outras complexidades. Por toda parte, os homens se apropriam de suas respectivas riquezas, habitam uns aos outros segundo leis íntimas. Eu, crioulo americano, me descobria mais próximo de qualquer caribenho anglo ou hispanófono do que de qualquer outro falante de francês como eu, naufragado pelo mundo. Duas línguas me haviam sido dadas, como me haviam sido dadas a palavra do Contador e sua oralidade, a literatura e seus séculos de escrita. Eu devia plasmar em cada palavra, em cada frase, essa perturbação-riqueza, esse Diverso interior: *o que era meu*. Essa tensão na direção de minha totalidade na lei do Diverso me jogava em direção ao Total do mundo; estava repentinamente rico com o conjunto das oralidades e suas oralituras (mesmo sem as conhecer), com todos os Mestres da Palavra, com todas as literaturas, e com cada língua surgida na indústria dos homens. Na interface de tal zumbido, a língua utilizada explode no *chamado da linguagem*, ou seja, na amplitude tumultuada pelos sopros do Diverso. Também isso *Malemort* me havia mostrado, e um tanto de livros adormecidos despertaram de uma vez.

> De Caryl Phillips: Duzentos e cinquenta anos de consciência-caribenha, o coro de línguas múltiplas, o retorno impossível, a mágica e dolorosa consciência prometida a toda fraternidade. – *Sentimentoteca*.

De Axel Gauvin: O sinal-irmão – nosso embelezamento nas mazelas das línguas... – *Sentimentoteca*.

Adivinhar na linguagem uma palavra minha não é crioulizar as línguas, nem tocá-las em uma mecânica de pequenas misturas, nem mesmo oralizar o escrito.[19] Eu precisava experimentar o enxame contra as reduções, a inspiração a plenos pulmões contra o encolhimento das posturas côncavas, o multiplicante contra as amputações, os quatro-caminhos ventaneados contra os claustros-rígidos. Era preciso me subtrair da Unicidade pela alegria efusiva do Diverso em que todas as línguas me são oferecidas, como o repete Glissant. Me lembrar desses mortos, suas dores, que rondam sem sepulturas nas sonoridades das línguas dominantes, e que viriam povoar a menor das minhas palavras. Acolhê-los, honrá-los. Me lembrar das esperanças e dos desesperos que tecem as palavras das línguas dominadas e que raspam meus silêncios. Acolhê-las, honrá-las. Uma *tensão em direção ao Total* que não se fecha em nenhuma totalidade. Eu me nomeei então "Marcador de palavras" para evocar quanto eu margeava um mover fluido, intempérie de ondas e fluxos, em que nenhuma condução altiva do Escrever era vislumbrada. Nem mesmo a palavra solitária do Contador. Nem mesmo a matéria primordial de sua voz.

A *linguagem total* somente, nascida do concerto desses componentes: *Literatura* em suas amplidões inquietas, *a oralidade primordial* (antiga deusa no silêncio do mundo), *a oralidade crioula* (mista presença dos barulhos do Homem, da morte, do renascimento e da escrita), *a oralidade nova* (imanência das máquinas mi-

---

19 Vejo, nas Antilhas, essas escritas que se afundam nisso ou esses autores que se bestificam em fala mecânica em que a ossatura toma o lugar da carne. (N. A.)

diáticas), a original matéria d'*a voz* (criadora misteriosa do mundo, sopro de vida e de alma, além da carne e do Ser, desejo primevo e acabamento não formulado de todas as nossas expressões)...

Entregue aos impulsos da linguagem, eu desvio de muitos impasses. Essa liberdade me reenviaria à língua crioula, na qual eu poderia sem dúvida, um dia, Escrever sem precisar de defesa nem de ilustração. À minha volta, a escrita em crioulo estagna, alguns autores dominados procuram seu caminho na iluminação de uma essência linguística. Os milagres enraizados de Frankétienne, de Confiant, de Castera..., que drivam essa língua em fluidas heresias, deles não chegam nem perto. Não veem neles a perturbação, o disponível, o circulante opaco que faz deles agora uma linguagem pertinente em qualquer língua. Só retêm deles a nervura de resistência em uma língua esmagada e fazem disso uma mística. No entanto, manejada por uma vontade de contradominação, contraexpansão, contrapretensão-ao-universal, contradeificação..., a língua se rebela contra a escrita. Não se escreve mais, se é escrito por ela. Da mesma maneira, instalar-se em uma língua sem empatia, simbólica ou não, com as outras línguas é agora asfixiante. Não se escreve mais, recapitula-se a memória reptiliana da língua escolhida. Marcam-se suas conquistadoras durezas e deixamos de lado as fluidificações que animam a abertura total do mundo. Eu podia então me aproximar dessa ideia: a memória reptiliana de uma língua se atenua ou se combate na recapitulação de suas memórias, nas roçadas, nas colagens, nas derrapagens linguageiras de onde nasce a impressionabilidade multilíngue. *Malemort* ainda, infinitas deiscências.

> O velho guerreiro me sussurra: ... eu não tinha tempo de ler... (*ele ri*)... Eu precisava surpreender as invariantes da neblina onde as

> resistências seriam tramadas. Escapamos de nosso solo, nossa língua, nossa identidade, nosso molde cultural, para viver uma modelização telemática do mundo. Encontramos liberdades às custas de uma dominação... (*ele suspira, então sua voz reflui, carregada de algas*)... esse rizoma nos transporta um sentimento da diversidade do mundo, mas também algo de nós-mesmos: vemos, somos vistos, existimos. Ele se faz espelho. E esse efeito-espelho nos condiciona. E condiciona a diversidade que apreendemos: ela nos chega por meio do prisma dos valores dominantes. E nós nos avaliamos em uma luz que deforma... (*ele ri, cobre quente*)... Eu passava minhas noites questionando essa alquimia em curso sob a sombra projetada do Ocidente... (*ele ri ainda, caldo de palavras e sons*)... meu prazer mais delicado era pensar nesse negro marrom do rizoma-de-redes:[20] o hacker, que circula, atravessa, penetra por efracção, exulta na formidável galáxia de dados... (*ele ri*)... Sutil rebelde. Bem belo guerreiro... – *Inventário de uma melancolia*.

Voltei, nesse estado de espírito, ao leito de minha língua dominada que eu tinha compreendido tão mal. Ó minha língua crioula: mosaica, rica de fontes à deriva de suas fontes. A mais jovem, a mais aberta, a mais inimaginada língua, pois surgida de um burburinho linguístico, ela tem que se adaptar o tempo todo às misturas aceleradas. Ela jamais conheceu o peso orgulhoso da experiência. Ela viveu no coração dos genocídios e das conquistas violentas. Não possuiu o espaço-tempo das solidões altaneiras. Nunca ocupará um lugar dominante. Seguiu, frágil, fora da escrita, fora da ilusão de expressar sozinha o mundo, difratada, desconhecedora

---

20 No original, "*réseaux*". (N.T.)

das conquistas, com pontas agudas e desmoronamentos, sensível a suas fontes linguísticas em permanências ativas e próxima daquelas que docemente desaparecem. Eu não a via indiferente às outras línguas da Terra, mas a todo tempo preocupada com o que poderia confortá-la em seus duros passos. Ela sobrevivia maleável e frágil, mutante, impressionável, lábil, já carregada de profecia para as línguas humanas.

> De André Schwarz-Bart: Para cada vírgula, seu braço por cortar... e você pode parar de escrever, precisa saber parar. – *Sentimentoteca.*

> De Gide: Levanta algumas lendas e frequenta mitos; sobressaltos de futuros em cores antigas... e então jogar fora o livro – sair, sair de tudo – *Sentimentoteca.*

Ela instituía a relação entre os senhores e os escravizados, dominantes e dominados. Era realmente uma língua de pôr-sob-relações. Ela criava o espaço comum em que o dominante tentava eliminar a irredutível opacidade daquele que ele queria assujeitar. E o dominado encontrava nela um aspecto de acesso a esses seres que o desumanizavam. Com o passar do tempo, os senhores conservariam a funcionalidade primeira dessa língua, pois eles dispunham, eles, da língua francesa. Os escravizados, porém (depois os negros libertos, depois cada onda de imigração), se investiriam inteiramente nela, até a morte, enfiando nela rastros de suas línguas primeiras, mas também fecundando-a de palavras novas, palavras tortas, símbolos móveis, emoção e erotismo frondoso, violência subvertida, ênfase orgulhosa, e, sobretudo, uma reopacificação do que estavam se tornando. Eles aceleraram-lhe o ritmo: repetições, reduplicações, semicanções, efeitos sonoros, gaguejos, deslizes silábicos, múltiplos estratos de cadências... Dissimularam-lhe os sentidos sob tonalidades instáveis. Trouxeram-lhe de volta migalhas do francês fascinante que lhes restava conquistar, e que abordaram pelo viés da zombaria. Criaram uma embrulhada linguística[21] que escapou aos senhores (estes diriam justamente que é a "língua dos negros") e que multiplicou as facetas do crioulo de um engenho a outro, de um canto a outro, de uma época a outra. Descobri uma estrutura complexa que o Escrever ameaçava empobrecer ou imobilizar. Mas essa estrutura complexa me sugeria a poética do que poderia ser uma escrita aberta em toda língua dominada.

> De Flaubert: Em toda parte na obra, mas sem estar nela, projetar-se sem nada trazer de si, e desconfia das paralisias do óleo. – *Sentimentoteca.*

---

21 Essa apropriação, no entanto, nunca foi consciente (e suspeito que eu esteja acrescentando – alegremente envergonhado – um pouco de minhas releituras). Ela permaneceu, ao longo do tempo, a língua-cadela, aquela ligada aos campos de cana e à antiga decadência escravagista; ela se imobilizou com o colapso das plantações e com as dominações triunfantes da cultura do Centro. Ela permaneceu como tabernáculo de uma forma de resistência alicerçada no tradicional, tendendo, sem o querer, à paralisia da existência e se vendo invalidada à medida que a assimilação nos arrastava para uma modernização acelerada. Uma escapada de resistência iria investir a língua francesa, e começar (apenas começar) a mesma estratégia de ocupação e de reopacificação. Mas esta, golpeada sem parar pelo feixe assimilacionista, iria rapidamente se atenuar, se desregrar em um francês floreado, de retórica hipertrofiada, de satisfação hipnótica e estéril, paradigma do uso da língua francesa por nossas elites e nossos escritores... (N. A.)

De Cabrera Infante: Pouco importa a língua, mas nunca abandona a tua. - *Sentimentoteca.*

Mas a língua crioula carrega um fardo de fragilidades, ela não é ensinada, nem transmitida de modo valorizado, e seu léxico desmorona. Na mente dos jovens, ela só é válida para as conivências; ela não lhes traz nenhum canto científico, intelectual ou cultural do mundo; modulações que só lhes vêm das línguas dominantes. Alegrias e sopros estéticos já não se fazem sentir por meio dela. Isso esmaga o Escrever crioulo que se apoia em virtudes que essa língua supostamente possuiria. Eu presentia quanto seria preciso recarregá-la com relâmpagos, poeira de estrelas, cometas sem aviso, desagregações elétricas e simbólicas.

Onde acionar tal comoção?

Escrever em língua crioula - Escrever aberto em toda língua - convida a um mergulho no *vivo do mundo*. Não no espaço comum tecno-comercial-científico,[22] mas nos teares cintilantes em que se experimenta o extremo vivente-que-vive: os homens que se emaranham, povos que se religam e se atravessam, e se alegram em diásporas ou se apertam em grupos, as proliferações vitais tramadas entre si por átomos e somas, e que repercutem em um conjunto cuja expressão lírica ainda não se atinge. Adivinhando esse caos-poesia dos homens-povos-mundos-religados (já rondando nela), a língua crioula segurará firme o eixo das vitalidades, das emoções, das audácias estéticas. Ela viverá ali onde a vida se arrisca. Ela se arrepiará no auge das altas fusões. Neutralizará o insidioso desvalor que a mina e que invalida (como em

---

22 Esse mundo iria dispor de seus códigos (caídos das línguas dominantes) que parecerão línguas. (N. A.)

toda língua hoje dominada) as resistências habituais levantadas a sua volta. Transbordando o Escrever, ela reencontrará a heresia das linguagens, se vestirá com um léxico de tempestade, e irá pelo *todo-possível destino* em que as línguas se conhecem, se afetam e vivem um belo perigo.

O velho guerreiro me sussurra: ... gosto dessa ideia do *todo-possível*... (*gargalhada*)... Muito rapidamente pude conceber uma projeção eletrônica através do Mundo-Religado, sem sair do meu lugar, e dali provocar seus efeitos. Cada ponto do mundo pode então se revelar tão extenso e eficiente quanto qualquer Centro poderoso. Mas isso exigiria dos países atualmente dominados uma inscrição performante no rizoma, um nível de audácia imaginativa e de competências autônomas excepcionais, aptidões que não serão possíveis sem resistência esclarecida nos fluxos da dominação... (*ele suspira, areia*)... Em contrapartida, imagina o que pode fazer o Centro hoje dominante, o qual dispõe do maior potencial de acesso ao rizoma, das maiores competências, do maior apetite... hum... Do fundo de meu buraco, para espantar essa ideia, eu contemplava o mundo... (*ele suspira, sua voz se esgota um pouco*)... A Ásia embarca no rizoma louco retomando a lógica dominante levada ao extremo; a África, minha velha mãe, se encontra no essencial marginalizada, ejetada do rizoma, enquanto suas populações lutam sob terrores obscuros, doenças, guerras étnicas, desregramentos demográficos, resistências retráteis ou abandono beato ao molde ocidental...; a América afrolatina ensaia seu acesso ao rizoma tentando atacar a jugular de sombras ainda ativas; o Caribe, meu querido berço, mal se inscreve nele, e vai vivendo ainda no eixo de seus Centros respectivos, antigos ou novos, segundo as modalidades da dominação silenciosa...

> (*um tempo, sua voz reflui, fala consigo mesma em uma língua tonal, então se afirma como uma argamassa de vento e sol*)... Tenta me escutar, só um nanossegundo: no Eletromundo, os Estados vão se consagrar à captura dos fluxos financeiros tornados voláteis, flutuantes, anônimos, apátridas... Eles se verão forçados a alargar seu Território em superconjuntos de Territórios. Mas isso não será suficiente... (*ele ri, oxigênio*)... Será preciso que vislumbrem instituições imateriais suscetíveis de atrair para si migrações eletrônicas de capitais... (*ele ri ainda, cristal de infância*)... A guerra total nos bip-bip. – *Inventário de uma melancolia.*

Viver a disponibilidade das línguas sem falá-las? Ser fértil em sua presença opaca, tal como propõe Glissant? A divinação de minha linguagem me levava de volta a essas perguntas. Estar *disponível* em uma ondulação linguística alargada (do francês ao crioulo) me permitia a invocação poética das línguas existentes. Estar disponível significa uma escuta de mim e do entorno, do dentro e do fora, do fechado e do aberto, uma topografia fluida margeada tão somente de minhas intuições. Não conhecer essas línguas, mas escutá-las no mistério, e imaginá-las em seus ecos, fortalece minhas ousadias, denuncia minha sede por elas, imprime sua poesia nos anseios de meu imaginário. Escrever disponível em uma língua me tornava sensível às inflexões sutis que desviam cedo ou tarde as trajetórias altivas. Aprendi a me demorar ali onde a perturbação germina, brota, inflige às geometrias o tremor inesperado de uma curva, de uma espiral, de um retorno em ziguezague ou de um desabamento.

> De Michel Tournier: O Escrever-em-pé, certamente, junto aos mitos, ao Belo e ao Sagrado, e a vertigem reveladora diante do Outro... – *Sentimentoteca.*

> De San-Antonio: Sacode a língua, sacode a língua; e alegria alegria alegria. - *Sentimentoteca.*

Praticamos tão mais voluntariamente o refúgio em uma língua (duelos da regra, academicismo encantado...) conforme percebemos o cercamento das outras línguas, a ativa condução das línguas entre si. Com a própria noção de "terra natal" sendo relativizada pelo acúmulo das referências geográficas (as famílias tornando-se incertas), nos hospedamos cada vez mais em uma língua como em uma Pátria, uma etnia ou um clã transportável consigo. Ainda nos é difícil viver a multi-trans-culturalidade, o multi-trans-linguismo, e essa dificuldade favorece a rigidez monolíngue em uma língua. Rabelais, Joyce, Faulkner, Glissant diriam: "Minha Pátria é linguagem", linguagens das línguas do mundo em todos os modelos de língua. De repente, eles despertaram em mim: eu me percebi dissociado das línguas-unas, dos Territórios e das bandeiras, transportado para um Escrever aberto que nos dissocia do Ser e de seus absolutos.

> O velho guerreiro me sussurra: ... sim, mas estar dissociado não te dá nenhum abrigo... (*ele ri*)... Escuta: digitando o código de meu cartão de crédito, na Martinica, sou embolado em uma deflagração de operações e de suboperações que me expedem para Lyon ou Bordeaux. O córtex dessas redes se lembra de mim, na forma de código, ele me conhece, me adiciona, me autoriza; ele vai poder em breve me religar a minhas outras circulações codificadas. Assim, fora de minha pele, fora de meu solo, disponho de uma eletro-existência. O rizoma guarda meu esqueleto codificado. O código de barras do meu DNA social. Ele poderá seguir em breve meu comportamento, dissecar minhas vontades, antecipar meus gostos. Estou sozinho e

posto-em-relações hipermultiplicadas, ganho e perco várias liberdades... (*um tempo, meditativo*)... Como erguer força a partir disso em meus maquis?... (*um tempo, então sua voz ressoa, murmúrio de abóbada*)... saiba que, na dominação furtiva de hoje, o Um é americano-ocidental (e que cada um se americaniza por resvalo pelo seu Centro parceiro). Amanhã, ele poderá ser oriental. A peste seria a mesma: o Um. - *Inventário de uma melancolia*.

O Escrever aberto, não importa a língua, é Escrever-linguagens, conduzir na sua língua a emoção das outras línguas e de seus possíveis-impossíveis contatos, calcular essas aderências que distinguem, esses dejetos que fecundam, essas brotações inesperadas de onde o canto pode surgir, a maravilha das significações que convergem, se escalam, em palavras desconhecidas, esse caos cujo alfabeto submerge nosso entendimento, mas confabula alegremente com o imaginário. Lançar essa poesia da minha cabeça. Espantosas paisagens entregues à embriaguez. Diante das línguas conquistadoras, provoca, ó Marcador, *a intempérie omnífona* - a própria juventude da poesia nova. Esse orgulho conquistador (que na verdade vem de você e que você passa em tua língua) voltará então na humildade dos renascimentos, e te oferecerá o mundo, esse espaço livre em você. O imaginário omnífono está na presença das línguas. Nenhuma que seja pobre, pequena ou inútil. Cada Escrever se agarrará assim aos sabores da sua e a informará com as fragrâncias entrelaçadas das outras. Rabelais, Dante, Joyce, Faulkner, Mallarmé, Céline, Frankétienne, Glissant... Todos omnífonos de uma linguagem amotinada em uma língua.

O velho guerreiro me sussurra: ... a captura se faz individual na dominação furtiva. Cada um tem, independentemente de seu país, de seu povo, uma implicação pessoal, solitária, nas redes que nos são oferecidas com mais ou menos densidade segundo o local da conexão. Daí a desativação da resistência coletiva: o mal-estar é atomizado, e difícil de partilhar na mesa do real... Era-me preciso projetar minha resistência no espaço virtual do rizoma... (*ele ri*)... fazer multidão em bips eletrônicos... (*sua voz desfia, silva, então volta como arrepio de folhas amarelas*)... Mas, entre o imaginário dominante e os imaginários dominados, o que se passa não é muito simples. Uma enxurrada de forças contrárias se ativa de maneira caótica entre a submissão e a resistência a essa dominação. O imaginário dominante não vence fácil, e o imaginário dominado não se vê assim laminado em blocos. A alquimia é variável, com reações individuais e precipitações comuns. E, como não é simples, nem evidente, muitos são os que negam o fato de estarem dominados... Eu precisava dizer isso e redizer ainda sob a espiral de mil facetas... (*ele ri*)... Era isso minha linguagem... (*um tempo, sua voz se perde no horizonte, então reaparece, densa como um céu de chuvas*)... só uma palavra, e te deixo com tua história: em algumas cidades dos Territórios dominantes, eu contei mais telefones do que na totalidade da África negra onde arrastei minhas armas. Os meios de acesso ao rizoma determinam agora a capacidade de "Desenvolvimento", mas também a estiagem das liberdades. O Império Russo limitava os circuitos telefônicos, privilegiando o exército e os organismos que proferiam a palavra oficial. Esse déficit de comunicações se torna para esse país um prejuízo e uma vantagem: vantagem, porque escapam ainda à névoa da dominação furtiva; prejuízo, porque isso se torna um obstáculo à democracia, portanto vetor de dominação silenciosa ou brutal... (*ele ri, vento nas folhas*)... Para sairmos disso, precisaremos rolar os dados. – *Inventário de uma melancolia.*

Meus sonhos iam assim: viver uma língua, vivê-la inteiramente e defendê-la, mas defendê-la no desejo-omnífono. Por isso o Lugar, que não é nem Nação, nem Território, só pode pertencer a um saboroso natural multilíngue. E é por isso que ele é, antes de tudo, a projeção de uma poesia. Hoje, sob as novas dominações, o abandono de uma língua materna por uma língua escolhida favorece duas-três línguas ocidentais dominantes. Esse fenômeno se agrava com os efeitos desastrosos dos refúgios monolíngues. Esse sonho: em um imaginário outro, os deslocamentos linguísticos virando laterais, aleatórios e surpreendentes, longe das conduções dominadoras, segundo a febre de uma poesia das relações. Há uma vitalidade a ser reativada no sentimento da partilha do Diverso, alma verdadeira da totalização do mundo. Viver sua língua como um concerto realizado em nós mesmos. O Escrever nos orienta aí. Aumentar esse Diverso na partilha - essa *Diversalidade* - no valor tutelar, quero dizer: no ponto focal dos feitiços, dos encantos-maravilhas, das seduções.

> O velho guerreiro me sussurra: ... gosto das tuas tônicas de resistência juvenil e de tua ideia de sedução. Ela é preciosa porque eu vi rebeldes confundirem seus ódios regionais, suas ambições territoriais, seus apetites de império, com o velho antiocidentalismo. Eu os vi acionar antigos mecanismos de guerra santa e cruzada, antigos reflexos, velhos condicionamentos étnicos. Minha resistência se faria vigilante para que essas bestas a priori não infetem meu impulso... (*ele lança no horizonte encantações incompreensíveis, então sua voz se aperta*)... A névoa radioativa flutuante, arrastada pelo rizoma, ameaça empobrecer todo o mundo, nós, os dominados, mas também os antigos dominantes... Vejo uma desertificação eletrônica dos imaginários que só

uma resistência nova poderia enfrentar... Ninguém se submete totalmente, nem resiste perfeitamente. Única coisa certa: uma dinâmica de resultantes é acionada no mundo. E, de homens em homens, de país em país, as resultantes permanecem imparáveis, mas sobretudo sem trajetórias antecipáveis. Ninguém sabe dizer o que será seu país, seu povo, sua terra, suas crianças nas ondas do rizoma, das dominações e das resistências... (*sua voz infla, risonha como pipa*)... Podemos em contrapartida aumentar nossa consciência dos mecanismos que nos maltratam, e cultivar alguns princípios e atitudes... Devemos pensar as novas dominações, inventariá-las, descrevê-las, exagerar seus efeitos, nos aventurar em seus labirintos sem temer sermos injustos, estar poeticamente familiarizados para que lhes seja menos fácil nos constranger... (*ele ri*)... É o que chamo: pôr as sementes ao sol!... – *Inventário de uma melancolia.*

Pôr as sementes ao sol! Ah, eu te entendo, meu camarada...

O velho guerreiro me sussurra: ... escuta ainda, é importante, para você que fala das seduções: as dominações silenciosas ou furtivas se fazem em aparente liberdade. A resistência precisa, ela também, se vestir com mil liberdades, com todas as aberturas, todos os acolhimentos tolerantes. Ela precisa partir as portas, descerrar as ferragens, desmontar as janelas, derrubar as paredes. Toda política cultural manejando a resistência aberta dará a ver sua diversidade farfalhante de culturas e visões do mundo, irá valorizar o assentamento de seu próprio "Lugar-nascente" (é assim que você diz?) mostrando seus ecos entre outros. Malditos sejam os rebeldes que se permitirão interditar, racionar, subtrair-se aos ventos. Vão lançar a liberdade para o lado errado...

(*um tempo, sua voz estremece, silvante*)... Ainda uma precisão para que você entenda bem: a dominação furtiva é nociva no que ela implica de uma recepção passiva (ou obscurecida), um autoassujeitamento a valores em soberana projeção. Em um mundo religado pelo espírito colonial, modelado pela ideia imperialista, o pôr-sob-relações não ativa nada senão a memória reptiliana das origens (agressões, conquista, dominações...). Ele permanece intacto no rizoma que lhe oferece um belo sistema nervoso. Mas os povos que escapam entram em doce asfixia. Aqueles que se abandonam se alienam dos valores dominantes. Resta impor (em bela consciência divinatória), um *pôr-em-relações* em que a troca verdadeira opera. Um córtex que recusa a hegemonia, a agressão, a conquista ou a dominação. Córtex que o sr. Césaire atribui ao "dar e receber", e cuja imensa poética o sr. Glissant expressou, "dar-com"... (*ele ri*)... Está vendo? Até que eu li um pouco... - *Inventário de uma melancolia.*

POÉTICA DO GUERREIRO - Eu ia com minha língua crioula em mim, sua poética, seu ritmo, seus espetáculos, seus barrancos culturais. Analfabeto, eu a reaprendia, atento às circulações de palavras ordinárias. Ela reinventava para mim o país e as pessoas sob ângulos ignorados pela língua dominante. Banho para desamarrar[23] visionário oferecido à minha linguagem. Eu estava tomado pelas árvores, os tempos, os Rastros-memórias, nosso mosaico cultural experimentado no ponto de ebulição das línguas crioulas-francesas, bem além das palavras. A Negritude me endureceu como

---

23 No original, "*bain-démarré*". Ritual martinicano que consiste em tomar um banho de mar em segredo, para tirar as energias ruins. Em geral, é feito em 31 de dezembro, na entrada do novo ano. (N. T.)

uma arma de combate; a Crioulidade me investia como o assento prismático de uma existência no mundo.

> De Yourcenar: Do parágrafo, colhe as palavras, e colhe mais, até que a luz se levante sóbria de dentro. – *Sentimentoteca*.

> De Glissant: Contra a Unicidade, o Escrever como um Lugar em que as poéticas do Todo-mundo se encontram e se comovem. – *Sentimentoteca*.

Havíamos testemunhado[24] essas urgências que, no Lugar-possível-Martinica, condicionavam o Escrever (*... a visão interior, a aceitação de si, a atualização das memórias verdadeiras...*). Era retratar nossa sedição criadora em uma Totalização-país enfim reativada. Mas, na presença de tantas ruínas, o tempo dedicado a Escrever parecia falta de engajamento. Uma torre de marfim. Os militantes nos criticavam. No entanto, cada obra publicada representava para mim um *ato verdadeiro*. Cada livro constituía a etapa inacabada de explorações úteis. Os temas se impunham, gerados uns dos outros, cada manuscrito escavando outros rastros, amadurecimentos em cascata. À minha volta, os livros adormecidos acordavam, adormeciam, acordavam de novo, atordoados de perguntas e dúvidas. Estava consciente disto: a deflagração da obra de arte provoca um impacto direto naqueles que a recebem – impacto tão mais abundante conforme a obra empresta sua órbita a diferentes imaginários. Esse impacto lhe confere um poder po-

---

24 Jean Bernabé, Patrick Chamoiseau e Raphael Confiant, *Éloge de la Créolité*, Paris: Gallimard; Presses Universitaires créoles, 1988. (N. A.)

tencial – do qual uma força alienante pode se apoderar, mas que também pode perfeitamente sustentar um canto de liberdade. O Escrever pode assim decompor uma dominação, canalizar energia corrente em um sobressalto. Isso fundava um jogo de aliança entre meu Escrever e minha resistência. E meu lugar era ali.

> O velho guerreiro me sussurra: ... qualquer resistência, em qualquer lugar, é boa!... (*ele ri, então sua voz se derrama como uma onda*)... É vital para todo país do mundo erigir sua liberdade dentro-e-através de sua inscrição no rizoma, organizar em seu espaço conexões inimaginadas, interiores-exteriores, e se emancipar nesse ciberespaço em expansão. Mas nisso vejo uma chance e um perigo. O perigo é que, posto-sob-relações (sob cartas, códigos e sites), recebamos em cheio a concentração de valores dominantes à qual ninguém pode resistir sem a inteligência de um pôr-em-relações. A chance é que o rizoma multiplica as potencialidades de cada um e oferece novas a todos. Transmutar todo pôr-*sob*-relações em um pôr-*em*-relações: hoje é esse o desafio para o qual o sr. Glissant nos designa... – *Inventário de uma melancolia.*

A luta contra as dominações do presente pode não ser espetacular. O simbólico escava seus atos mais profundos; as ondas psíquicas, seus assaltos mais amplos. Eu não estava certo de vencer (não havia nada a ser vencido), mas, no sistema mortífero em que meu país naufragou, eu procurava aumentar o imprevisível – esse grande celeiro das entropias. O Escrever irradia em seu entorno. Alguma coisa, nas dominações, é pressionada, modificada – e, espero, enfraquecida – em ínfimas variáveis cuja extensão não tem limite. O *Caderno de um retorno ao país natal*, lido por poucos antilhanos, abalará assim (positiva e negativamente) nosso imaginário do negro, da África ou do colonialismo. Abalado na obscuridade como a Palavra fundadora do Contador, eu ia de rodeio em rodeio. As obras de Fanon repercutiam ecos inesgotáveis, Glissant me habitava e, de ano a ano, ganhava amplitudes. Suas coerências insuspeitas revelavam suas virtudes, suas "visões proféticas do passado" nutriam minhas errâncias, suas divinações abriam para possíveis saltos e para o despertar de muitos livros.

Ó livros, velhos-camaradas!

Esses poemas que obcecam. Essa frase obscura, desfiada em uma memória que reanima. Essa palavra gêiser. Essa beleza de um vulto alçado sob a lua cheia em vossa noite. Essas obras que vos asseguram em suas cores desbotadas. Esses autores que se aproximam – em vocês vindos do mundo, habitando esses sopros de lá – e que adivinhamos no que tem de mais essencial, *esse murmúrio*. O mundo me voltava por meio deles, despojado de suas topografias fechadas em línguas, raças, nações, ejetado das medidas, entregue no decreto de real disparate mar terra água gelo fogo deserto selvas carnes rochas..., um conjunto grandioso. *Eu não estava só! Eu não estava só!...* Os senhores do imaginário contra a dominação pelo imaginário! Por certo, as petições, as marchas, os amuletos, as cidades-refúgios, os Parlamentos de escritores se impunham contra os vestígios de dominações brutais, mas – sem a heresia do simbólico, a mobilização dos signos subversivos, o grande sopro que aliança o que está dissociado – tudo isso não tinha nenhum alcance. Eu não era mais apenas um "Marcador de palavras", nem mesmo um combatente: eu me tornava *Guerreiro*, com aquilo que a palavra carrega de concórdia pacífica entre os impossíveis, de gestos decididos e de interrogações, de risos que duvidam e de ironia ritual, de ossatura e de fluidez, de clarezas e de crenças, de um querer de carne tenra contra o formol das múmias satisfeitas. Guerreiro do imaginário.

O velho guerreiro me sussurra: ... ooooh, você me diverte, você me diverte! Você, Guerreiro!... (*ele ri, silva, ri de novo, então sua voz se reagrupa, argila áspera*)... É melhor me escutar: a colonização, na verdade, lançou os povos para a questão do Mundo-Religado. Esse Outro colonial brutal, que não é do meu mundo, que não respeita nenhuma de suas regras e as nega todas, me lança como uma folha arrancada (meu povo, mas sobretudo "eu" ejetado do "nós") no vento levante do Mundo-Religado... Assim colonizados, estamos (sem dúvida mais que outros) mais bem preparados para os perturbadores desabamentos do mundo que se faz Mundo... (*um tempo, então sua voz se aproxima, plena e surda*)... A tribo da internet está hoje ameaçada em suas loucas liberdades. Ela resiste como pode com seus hackers e cyberpunks, e tenta criar uma savana de liberdades invioláveis pelas forças estatais e furtivas. Esses internautas, milhões pelo mundo, estão cobertos de farrapos, grigris,[25] pinturas, danças e posturas de guerra de todos os povos do mundo... Diversos em resistência ainda por algum tempo! Precisamos apoiar esses bárbaros, meu caro pequeno Guerreiro. Linha comum contra uma ameaça comum! Curva de desvios entregues às mutações! Exultação da desordem-marginal no avanço mais extremo de uma ordem!... (*ele gargalha, zombador*)... Mas me explica melhor esse teu negócio de "Guerreiro"... – *Inventário de uma melancolia.*

As dominações novas mergulham os imaginários em uma sonda invisível. Agressão sem ataque. Conquista indiscernível. Nascido de nossa Cultura – chamo assim nossas reações-produções-e-

---

25 Amuletos ou talismãs de origem africana, muito presentes na cultura vodu e nas religiões afro-caribenhas. (N. E.)

moções no acaso do existente –, o imaginário se torna senhor de nossas relações no mundo, que, por sua vez, o produzem. É uma autoridade imanente, coletiva-individual, individual-coletiva, que condiciona o ser, determina o inconsciente, organiza o consciente, rege o limiar elevado do consciente em que se encontram o Verdadeiro, o Justo, o Belo, o querer-ser, o querer-fazer... Com o imaginário, vemos o real, o compreendemos, avaliamos suas nuanças e mistérios em uma leitura que respeita seu filtro. Esse filtro – uma vez dominado (refigurado por influências insidiosas) – nos desenha outra realidade, novos feitiços, outras seduções, outra beleza, pontua de luzes sombras iniciais, e cobre de sombras as evidências... em particular aquelas da dominação. Ele preserva em nós o sentimento de ter escolhido em harmonia com o nosso íntimo, e nos deixa como aparência a sensação de liberdade. Ele gera atos, crenças, discursos que o reforçam. Assim, o economista assistido-dependente fornecerá a apologia econômica do assistencialismo-dependência com a certeza de emitir um pensamento. O agricultor, o intelectual, o político, o empresário, o artista... farão o mesmo em sua zona de influência. Um realismo dominado vai se instalar, predador de qualquer outro possível, e tratando a alternativa como utopia malsã: assim são limados os independentistas nesse país submetido. Esse imaginário dominado permanece indestrutível. Ele não tem muros. Nenhuma torre, exército ou munições. Ele não aparece em nenhuma parte e se ativa no todo. Os produtos que ele gera como obras do espírito ou como visão do mundo são julgados por ele próprio, e se inscrevem de todas as maneiras na trilha que ele imprime.

O imprevisto é que, aí também, surgem as marronagens.

Alguns vírus de vida, desviantes, retrorrebeldes, poetas-à-margem, artistas-feridos, que, mesmo sem a percepção do constrangimento, saem dos trilhos, se deportam, se atiram como drivadores, como oponentes irredutíveis, como agressivos sem causa, sonhadores sem ideal. Travando as batalhas de uma guerra que ignoram.

Eu os vi. Eu os frequentei.

Bebi os *punchs* amargos de seus pequenos desastres. Flutuando nesse caos primordial, eu podia agora conceber um Guerreiro do imaginário. Só um pouco mais lúcido, mas lúcido na miragem de sua lucidez. Ele, na curva de um acaso, adivinha o campo de batalha. Ele projeta para si essa guerra na tela de uma loucura que se sabe, no claro-escuro de uma cena em que ele interpreta posturas que contradizem os papéis que lhe são designados. Ele se faz trabalhador de si-mesmo, afetador, infectador, explorador de falhas, desagregador de muralhas, negador de conformes, desorientador do fácil, lançador de gérmens de que nascem oásis, semeador dos grãos eternos na mesa dos profetas, declinador de evidências, mergulhador em todas as virtualidades, louvador do incognoscível, adornador das certezas. Ele precisa duvidar-se-abandonar e programar finos irrealismos nos condicionamentos. Assim, óvulos de sombras serão os primeiros a desmanchar, leveduras de luzes produzirão estrelas no calor dos grandes sóis, uma diástase celeste se imprimirá no filtro, projetada pelos big-bangues do sonho. Guerreiro do imaginário, você não saberá quando terá "libertado" teu espírito do filtro dominador, nem mudado o arco-íris do éter que te anima, *você morrerá em posição*, papai das vigilâncias que saberão desconfiar de tua própria vigilância para – heresia contínua – inventar o outro céu, em contínuo, sem final feliz e sem a moral das fábulas.

O velho guerreiro me sussurra: ... bom, bom, eu me reconheço nisso!... (*ele murmura um canto de guerra amazônico, então sua voz se aproxima, cobreada*)... No Eletromundo, as referências e os laços de lealdade serão pulsáteis e múltiplos. Vamos nos identificar com nosso resto de Nação, nosso clã, nosso conjunto religioso, nossa raça, nossos clientes, nossos Centros-parceiros, nossa tribo cibernética... Estaremos submetidos a tal ou tal grupo de Centros-servidores... tudo isso segundo modalidades variáveis e flutuantes. O problema será conservar intactas (nessa expansão atordoante da consciência de si) nossa força de criação, nossa vitalidade, nossa capacidade de cultivar uma íntima diferença surpreendida em um movimento que a faz mudar a cada instante... (*sua voz se faz zombadora, rodopiante*)... Derramar no rizoma os estilhaços de nossas diferenças, a promoção dos direitos das mulheres, o respeito das línguas, das culturas, das tradições, dos sotaques singulares, a cidadania participativa de um conjunto-mundo, a ecologia das diferenças religadas, a solidariedade das humanidades, os fluxos de ciência entre-experts-e-não-experts, o cultivo de toda especialidade por uma transversal diversidade, o laço fecundante... (*grito de caçador*)... heréticos sempre! – *Inventário de uma melancolia.*

Ser Guerreiro é avançar no escuro. Despistar as zonas elevadas do espírito para confiar o Escrever às decisões mais loucas, bem mais inteligentes no comércio dos indizíveis. Trazer a ambiguidade do real para a *abertura* do texto, a complexidade de cada frase propícia a inúmeros despertares. Tocar as percepções, chocar, rasgos de riso, surpresa, hipnose de uma música, mergulhada nas opacidades bruscas, imaginação descontrolada, acossada, transbordada fora dos costumes em zonas-fronteiras..., para que se produza um acontecimento próprio a cada um dos leitores. Nessa alegria, que vê claro e vê cego, a psique elevada – ainda que participante – se vê um pouco excluída. É liberdade.

De Glissant: Leva teu Lugar para o mundo, e o mundo para o teu Lugar, e cada Lugar a cada Lugar, escreve nessa circulação; do Lugar ao Todo-mundo, do Todo-mundo ao Lugar, isso é chamar Relação. - *Sentimentoteca.*

De André Frénaud: Contra a "inabilidade fatal", o gesto lírico que liga os homens, a poesia-mestra... - *Sentimentoteca.*

Ir, Guerreiro, com esses livros despertos perto de si. Ao mesmo tempo exaltado e sobrecarregado com esse todo já escrito e já dito. As potências literárias foram bem exercidas. Ir em grande humildade. Mas tirar íntima medida da necessidade de Escrever, de abordar a questão de suas feridas e sua presença no mundo. O Escrever não é certeza, mas descoberta. Ele mora nas leituras, anuncia os arrepios de uma carne, os voos nas abóbadas do espírito. Ele se comove com o real. Não tenta o encerramento. O Contador crioulo orientava suas histórias ao grau dos saltos e dos silêncios. Sua Palavra parecia um galho sensitivo, curiosa e ávida. Um estado de alerta o despertava e acordava à sua volta. Ele precisava de outros Contadores em volta de sua Palavra. Precisava que eles bordeassem o círculo com uma ameaça e um apoio. Ele, sozinho no coração do círculo que o espia e julga. A Palavra deles prometida à sua, e a sua se nutrindo da deles que o inquieta. Suas memórias se ativando uma a outra em uma espiral infinita, animada de alerta e humildade. Toda noite, em rivalidade solidária. Guerreiro, dessa maneira, multiplica o Escrever.

De Branislav Nusic: Deixar ricas cinzas para aqueles que germinarão de nós. - *Sentimentoteca.*

> De Vincent Placoly: Contra o esquecimento, *um cheiro de cânfora, perfume de todos os desesperos*, e a consumação no impossível de dizer, a linguagem impedida no interstício de duas épocas. – *Sentimentoteca.*

> De Alain Finkielkraut: A passagem, sempre inacabada, da "ostentação à fidelidade"... – *Sentimentoteca.*

Guerreiro é grande sensibilidade às coisas da existência. Não compreender, mas perceber. Temer os militantismos, os dogmas, as doutrinas... Beirar o inexprimível. Cantar em direção ao indizível. Acostumar-se ao opaco. Tomar os fatos humanos como fluxo de informação complexa. Não um trabalho de investigação, de etnologia, de linguística, de história, nem um fogo poético – mas tudo isso ao mesmo tempo sem ser a soma disso tudo. Um exercício de conhecimento. Uma onda mental que derrama o imaginado da totalização do mundo com as forças de um Lugar. Colher como garimpeiro o substrato que flui disso, que deriva dos homens, e que sobe da tua noite. Atravessado pelo existente, você se abandona, Guerreiro, se leva pelo Diverso, e você vai aos extremos. O Lugar em horizonte aberto. E esse horizonte aberto me iniciava a um mundo cujas rigidezes tinham desmoronado (ou então se desarticularam) como esses muros, essas identidades, esses territórios e essas fronteiras que, em meus primeiros anos, serviam de celeiro às minhas enrijecidas certezas.

> O velho guerreiro me sussurra: ... ah, filho, eu te entendo, você vem me encontrar enfim!... (*ele ri, então limpa a garganta*)... Povos inteiros vão receber do rizoma estímulos inimagináveis (quase semelhantes em violência aos choques coloniais) que vão dissi-

par seu ambiente cultural, natural, histórico, tradicional. Nossas resistências terão que não apenas pensá-los (esforço vão), mas cultivar o sentimento mesmo das mutações casuais e brutais por vir... Resistências que prefiguram e adivinham, bem familiares dos solos fluidos, das realidades frágeis, das miragens em que o erro desaltera... Guardar essa orientação buscante, meu filho, sem norte e sem bússola, e ir ir ir (*ele sopra ruidosamente*)... As tradições orais podem encontrar um espantoso suporte no ciberespaço. Imagina esses Griôs ou esses Contadores crioulos, essas línguas esquecidas, dominadas, esmagadas, esses imaginários da margem que podem agora circular, que poderiam fazer suas sonoridades serem ouvidas no outro lado do mundo... (*ele murmura em uma língua desconhecida na qual sua voz muda*)... Falar, é preciso falar agora e investir seus códigos com o canto obscuro das línguas!... - *Inventário de uma melancolia.*

NA PEDRA-MUNDO - De olho na cena das mutações do mundo, eu sondava seu caos: mil conexões de todas as naturezas; marés de encontros e choques; capturas e misturas ferventes; invariantes móveis; concreções e acordos incompreensíveis; a partilha de uma cultura tecnoeconômica; a fluidez das zonas de contatos e de acessos; o efeito-aplainador de um campo comum sobre as mentes entregues; a imparável difusão de valores dominantes; o padrão e o uniforme nos possíveis da totalização do mundo; as zonas de partilha em que reinam os mercadores, manejadores de signos e símbolos; o espalhamento dos poderosos sobre as riquezas terrenas, indiferentes aos tempos e às distâncias; os povos ao mesmo tempo nomeados e ameaçados; as diversidades, *despertadas-afetadas*; cada indivíduo *libertado e constrangido*, *amplificado e reduzido*; a Diversidade ela-mesma *plena de tendências à Unici-*

dade, e a Unicidade, *tremendo a todo momento com as intendências de seu Diverso*...

Eu adivinhava o caldeirão fabuloso no qual a Unidade misturava suas forças antagônicas...

Tudo era vislumbrável, o tempo todo e em qualquer sentido. *O fluido fantástico do Todo-possível impondo-se à mente*. Éramos despedaçados por uma infinidade de contrários organizados entre si na estranha trama do Mundo-Religado e da consciência clara-escura que tínhamos dele. Crucificados sempre. Esquartejados verdadeiramente. Reagindo às inclinações. Nos enrijecendo contra os empurrões. Deixando-nos ser desviados por culpadas ebriedades em um ângulo ou outro, conforme os impulsos de nossa mente. Essa verve do mundo, assim que percebida, se descobria indecifrável em mim, crioulo americano, filho das diversidades. E eu a surpreendia também em meu espírito, essa pobre razão comovida, essa consciência de eclipse, conjuntiva de seus entrelaçamentos sombrios.

> O velho guerreiro me sussurra: ... os Estados arriscam dar lugar aos poderes imateriais que reinam sobre o rizoma. Os Territórios podem ver se atenuar seu potencial de potência, e se abrir à emergência de Lugares. Eles podem também, em um retorno de pré-história brutal, tornar-se umas *Terrae incognitae* à margem do rizoma, zonas de noite onde nenhuma dominante vai surfar, mas de onde poderão nascer emergências inimagináveis. O Centro difuso arrisca sofrer, de tempos em tempos, um eclipse sob o raiar de um nódulo qualquer das mídias, das finanças, da guerra, da publicidade, ou do remédio...; alguns Estados, tomados pela loucura, arriscam tentar e conseguir novos impérios-territórios... (*ele suspira e ri silenciosamente*)... Ó *minino*, podemos tudo ima-

> ginar: *o Mundo-Religado está hoje sem horóscopo!...* (*ele se anima, dentes cerrados, sua voz se faz gêiser*)... Mas essa imprevisibilidade nos autoriza a *pensá-lo acessível aos efeitos de nossa resistência!...* O incerto domesticado carrega uma bela semente de esperança, ele afia a paciência!... (*um tempo, então sua voz cai, cavernosa*)... O mundo atual pode ser visto como uma cruz que cada um carrega em si, esquartejado. Na vertical: somos esticados entre o empuxo de autonomia por mais consciência individual e a necessidade coletiva orgânica de ficar amarrado ao mundo tal qual a mística tradicional o imaginara. Na horizontal: somos esticados entre a pressão unificadora da dominação furtiva e a necessidade das diferenças que a resistência precisa elogiar. No centro dessa cruz, flutua a resultante dinâmica, incerta, provisória, inatingível, desse esquartejamento. E na "resultante" precisa-se pôr: oposição união, conciliação repulsão, razão emoção, conjugação dos contrários...: o sagrado caldo dos alquimistas que nossa resistência tenta cozinhar... Nos espaços determinados por essa cruz de forças, nossas humanidades posicionam seus equilíbrios. O Ocidente, eu o vejo ali, no triângulo alto da cruz, em algum lugar no turbilhão da Unicidade e da Individuação... Poderíamos assim posicionar todas as humanidades... - *Inventário de uma melancolia.*

Esses estilhaços do mundo formavam um organismo, tecido em discordâncias. Uma Unidade estremecida pela unicidade, ali onde o extremo do Diverso tendia a uma realidade grandiosa que ameaçava por si própria seus equilíbrios. Um Total longe das estabilidades e suas tendências fechadas ao Todo e à Totalidade. Aquilo que os alquimistas, esses feiticeiros do complexo, sedentos de tudo o que é inatingível, teriam chamado: uma Pedra.

A Pedra-Mundo.

Pedra, porque para além do possível das representações humanas.

Pedra, porque desde já aqui e ainda por construir.

Pedra, porque fluida e incerta e de alta densidade.

Pedra, porque de sombra e de luz, de consciente e de inconsciente, de caos dos contrários na Unidade para nós inconcebível.

Pedra, porque de uma consciência levada até a inteligência de uma matéria primordial.

Meu espírito tentava uma percepção aberta dessa estranheza total. O sentimento ativo das diferenças e dos impenetráveis mantinha em mim a abertura do Diverso. Uma harmonia nascida das desarmonias, uma medida fora da medida, um fluxo de estilhaços difusos. As línguas, as literaturas, as oralituras, os cantos poéticos, baladas, romances, provérbios, queixas, canções de ninar e adivinhações, meus contos de fadas, meus mitos íntimos e minhas histórias obscuras... meu velho *Kalevala*, o *Canto de Bagauda*, o *izibongo* banto, as *hamasa* felpudas da Turquia, a *Ilíada*, a *Odisseia*, as *bilinas* russas, o *Mahabharata*, o *Heiké*, o grito épico dos *Gonja* do Gana, a gesta de *Ti-Jean, o Horizonte*, o *Soundiata* mandinga, o *Ge-sar* tibetano, o *Livro dos mortos*... eu jogava esses inesgotáveis companheiros ali dentro, despertando meus livros e meus autores com essa onda emotiva. Eu tinha escolhido o Diverso como prisma de minha visão, na emoção de contatos, na exigência também. Isso se afinava bem com as resultantes evolutivas nas quais eu devia existir. Meu título vaidoso de Guerreiro avivava os ecos interiores e se abria a esse mundo adivinhado. Mais do que nunca, absorvido nessa trama incerta, com a consciência das forças contrárias e dos possíveis paradoxos, se deixar ir nas estimas de uma Pedra-Mundo. Guerreiro, porque firme nessa desordem, o leme do frágil barquinho indo de um imaginário a outro, com um pensamento despreocupado dos sistemas. Guerreiro, não na coragem de arriscar essa aventura, mas na vontade inesgotável de surpreender sua beleza.

> O velho guerreiro me sussurra: ... em resistência aberta, ativamos nossa própria luz e acolhemos a luz do Ocidente como aquelas da diversidade do mundo. A resistência aberta só é possível em consciência plena dos mecanismos da dominação silenciosa ou furtiva. Trazê-las a céu aberto, sementes ao sol, é o ato fundador do pôr-em-relações... (*um tempo, então sua voz retorna suavemente*)... O pôr-sob-relações é vertical. O rizoma nele se torna um fluxo brutal em sentido quase único. O pôr-em-relações, ele, é irradiante: ele aciona em consciência uma interação positiva com cada uma das diversidades do Mundo-Religado, estas te enriquecem e você as enriquece. Você percebe essa distância? Cristóvão Colombo inaugurou o pôr-sob-relações. O outro, o pôr-*em*-relações (quase uma quimera), é nosso dever do presente. Ele é uma elevação da consciência partilhada do Mundo-Religado... (*sua voz se faz profética, terrosa, granítica*)... Agora, iniciar o dar-receber, o grande *dar-com*, o circulante concerto que estilhaça, através do rizoma, o campo fechado dos territórios, das línguas-feras e das identidades antigas... - *Inventário de uma melancolia.*

Única certeza: tudo poderia agora ser conectado a tudo, a todo momento, não importa como. Tudo amarrado e desamarrado e reamarrado em multidimensões, heterogêneo, dispersante das ondas, dos fluxos, dos contatos, dos transbordamentos, das voltas atrás, dos tropeços e das elevações, frequências sempre proliferantes, se modificando sem fim em torno das invariantes. Esse caos, em irrupção em cada local do mundo, se confronta ao Escrever, pois deporta as feridas, as amplifica ou as dissimula. Ele modifica as línguas e as visões. Ejeta os indivíduos de suas velhas tradições ou os afunda nelas. Bate nos pedestais familiares e nos assentamentos comunitários. *O possível libertador e aterrorizante do qual o Lugar pode emergir.* Sensibilidades tocadas. Conhecimentos estremecidos. E ele adiciona às dominações locais tardias uma dominação que se tornou invisível. O Escrever olha, e se percebe olhado, por um disjuntor de olhares. Um grande gesto me parecia novamente possível: o canto narrativo novo (rico de todas as épocas) fundador do Lugar no total do mundo.

> O velho guerreiro me sussurra: ... nesse tipo de mundo, não estamos mais aqui ou lá, dentro ou fora. O ciberespaço projeta por toda parte ao mesmo tempo e em todos os sentidos... (*ele ri*)... Uma realidade que precisa hoje tramar os sonhos dos criadores plásticos... Agora ele nos anima de verdade esse Mundo-Religado que imaginamos!... Devemos vestir essa luva tecnológica que o rizoma oferece, aproveitar essa confusão das referências ancestrais, enfrentar a vertigem desse vazio-pleno turbilhonante, e inventar para nós outras respirações sob as forças padronizantes... (*um tempo, então sua voz rodopia como um alísio fresco*)... nossas resistências terão que ser as dinâmicas estruturantes de um Mundo cujo devir não tem anúncio possível, quero dizer, que não pode ser inscrito em um modelo, um cenário, uma transparência, uma evolução matemática, uma previsão científica, um sistema... (*um tempo, ele suspira, então sua voz chega perto, sopro de amêndoa cúmplice*)... É melhor evitar nomear tua liberdade, tua resistência, com amargura totalitária, como se você quisesse reinstituir uma das antigas dominações. Avança com calma. Sem fanatismo. Em resistência aberta, filho. – *Inventário de uma melancolia.*

O Escrever podia aqui preparar um alerta: o paradoxo das diversidades acessíveis às vontades e sua homogeneização possível. Essa masmorra na abertura. Essa queda depois da impulsão. O Escrever podia elevar esse risco em emoção. Conservar o sabor do Diverso demanda luz tecida na sombra, partilha e distância, um dado de alcance e sustentação inexplorável. A conivência poderia iniciar as alteridades bruscas. As distâncias, aumentar os acordos. Os glossários poderiam se abandonar ou se desviar das posturas de transparência. Os diálogos, se asfixiar no inefável. Os capítulos, se desfazer sob os ritmos e cercos. Margear abismos onde o relato explode. Manter a cabeça nas vertigens em que os gêneros se misturam. Amotinar os travessões. Explodir o Tempo. Construir histórias no desejo-imaginante de todas as histórias possíveis. Instalar a Unidade na desordem da estrutura. Falo desse Romance-mundo em que a maravilha conhece os mitos, as lendas, a estranheza, o fantástico, as reviravoltas imprevisíveis; em que o Incerto desdobra ecos e espelhos, reflexos de real, verdades rolando ao sabor dos personagens, dos níveis de possíveis e dos tremores do verossímil; em que a Crioulização esmaece o herói nas tramas das histórias, das raças, das línguas e das culturas; em que o Sagrado se comove com todos os sagrados conhecidos em uma bagunça de burburinhos que amotinam as fatwa;[26] em que vozes se emaranham polifônicas para melhor convergirem; em que o Amor é caleidoscópio erótico libertino romântico até as supremas fraternidades; em que as literaturas dos povos são chamadas em reflexos, diálogos, alusões e conivências em um jogo de nitescências... As diversidades carregadas na Arca de uma von-

---

26 Fatwa, um parecer jurídico-religioso islâmico emitido por um sábio (*mufti*) sobre questões da vida ou da fé. (N. E.)

tade amniótica, cada uma expressando seu processo diferenciado, sua cintilância irredutível e louvada na troca e no indeterminado. Levar a alegria de Escrever às turbulências dessa trama cujo *sempre-recomeço* se torna uma poética de conhecimento, sem dogma nem lei. Assim, os grandes livros adormecidos cujo cada despertar na cabeceira de um leitor é um re-começo, e cuja unidade sempre adivinhável (a imperiosa coerência) se torna, na verdade, um campo muito bem-acabado de *ativações* inesgotáveis.

> De Maurice Carême. A encantadora inscrição no Lugar, em claridade e cantantes maravilhas... – *Sentimentoteca.*

> Dos *hain teny* malgaxes: Contra os furores, nomear a poesia de amor em vaivéns sutis, cintilante de palavras-poderes, e de provérbios-espelhos, e de memórias sagradas, e de um tramado de sentidos obscuros que despistam para sempre todas as traduções tanto quanto as autorizam. – *Sentimentoteca.*

Guerreiro, porque pronto para os risos, os jogos, as inocências, entregue entre os seus, apto aos maravilhamentos, na vertigem sempre de um abismo ou de uma dúvida, em crença e distância, exposto às labaredas das mutações, instalado-deslocado, em contenção e sem limites, em superfície plana e em perspectiva, potente na emoção do abandono e na alta geleira do domínio. Guerreiro, porque companheiro de sua morte, nascendo sempre e orientado para o intenso da vida, e nunca contido pela treliça de suas raízes.

> De Proust: O desterro para o clima numa ínfima sensação, uma imensa nuvem de afetos frágeis...; capta o Tempo-

> -indo com tempos recompostos, dois, três rituais, a eternidade de alguns êxtases – o Tempo, grandioso então, se oferece às complexidades novas. Visão. Beleza das captações solitárias... e belos sulcos de verdades... – *Sentimentoteca*.

A cada dia, repetir essa vontade de Guerreiro. Fazer dela um mantra do meu espírito. Dizê-la de todas as maneiras, retomá-la sob outros ângulos, acumulá-la como a espiral reinventa suas voltas. E sobretudo sonhá-la. O mais simples para mim é sonhar. Sonhar oferece o sentido do Todo e o apetite do elemento. Esse arquipélago fluido me motiva para além de minha consciência. Quando retornei ao meu país, o norte tinha me emocionado. Tive esse canto[27] a respeito do *rastro* e de sua paisagem: um fio de asfalto (a estrada) que se torce através das grandes florestas, casando-se com um antigo rastro jesuíta. Essas florestas são perturbadoras para o Escrever. As grandes árvores assentam os pontos de ancoragem. Elas apontam para a luz do céu, pacientes, com orgulhos imortais. Nós as adivinhamos amigas do sol, filhas da água. À sua volta, a bagunça[28] dos cipós retorcidos, das samambaias arborescentes, dos troncos esguios, das cascas enrugadas, das raízes pernas de pau imobilizadas em uma vigília eterna. Folhas. Folhas. Uma desordem de folhas nunca idênticas. Tudo coberto de musgos, de decomposições negras. Ali, nenhuma árvore é egoísta. Cada uma se porta e transporta, serve de escada e terra para outras florestas, uma solidariedade emaranhada, impenetrável. Um tsunami de verdes, de luzes e sombras, habitado por orquídeas selvagens, alguns penteados de barba-de-velho, por essas

---

27 Em *Martinique*, Paris: Éditions Hoa-Qui, 1989. (N. A.)

28 No original, "*bankoulélé*". Palavra crioula para "confusão". (N. T.)

treliças de margaridinhas virgens que tecem asas de moscas, os buquês ofertados (dom certo dos zumbis invisíveis) pelas comigo-ninguém-pode vermelhas. As embaúbas sustentam com suas grandes folhas a sombra das pias batismais. Os esqueletos das costelas-de-adão[29] cobrem as frestas. As largas orelhas da taioba escutam sabe-se lá o quê, mais atentas do que muitas comadres. Entrar ali é perfurar um envelope quente, úmido, escuro, cheirando a vida apodrecida e nascente, a mortes antigas e por vir, a fedores de eternidades. Somos engolidos no limo de uma damajuana.[30] Parecemos atravessar uma comunidade de existências desconhecidas. O sol se infiltra em uma luz aracnídea, que cai em fios, em cordas, pesadas como as amarras de um barco suspenso. Tudo aqui é água. Não tem ar, mas um úmido envidraçado. Não há uma vegetação, mas gêiseres capturados em pleno voo por desconhecidas quimbandas. Pisamos em uma fronteira incerta entre a vigília e a hipnose, entre o escuro e o claro, entre a morte e a vida. O húmus sob o pé não oferece nenhuma certeza, nada além de um embuste esponjoso, uma sucção. Ficamos rapidamente encharcados, como se cada folha se liquefizesse em nossa pele. Nenhum animal. Ao longe, sempre o silvo da serpente. Perigo difuso por toda parte. Imobilizar-se é cair em um silêncio que bate como um sino. Acelerar é ser engolido até o impasse: isso se fecha em nossas costas sem se abrir à nossa frente. E o céu acima se desfaz em pontos de um azul fixo...

---

29 No original, "*bois-côtelettes*". Planta típica das Antilhas, da família Verbenaceae. Seu nome científico é *Citharexylum fruticosum L*, e não foi encontrado nome popular em português. (N. T.)

30 Garrafão bojudo de vidro, originário da Pérsia. (N. T.)

Ah, esse desafio!... O Escrever assim, em paisagem pressentida no sonho. O Escrever assim.

> De Yeats: O tumulto interior como uma asa preciosa... e a infinita memória do símbolo, sua emoção também. - *Sentimentoteca.*

> De Joyce: Nem dentro nem fora, nem bem nem mal, nem consciente nem inconsciente, nem alto nem baixo, nem harmonia nem desordem... - o apetite do total-mundo em seu caos vital. - *Sentimentoteca.*

(Segalen queria instituir, perante o *estado de conhecimento*, um *estado de clarividência*, não niilista e destruidor. Adiciona-os, Guerreiro.)

> De Montesquieu: Contra a Unicidade, afetar o Político com os equilíbrios interiores e exteriores de nossas diversidades, o dever do cidadão curvado sob o dever do Homem... - *Sentimentoteca.*

> De Gracq: O Lugar-fronteira, sempre, fora da paisagem, e o sonho sem pálpebras (em emoção)... - *Sentimentoteca.*

O que enfrentamos é global, mas se exerce em pontos singulares. Contudo cada país nosso, instruído de sua diversidade e a caminho de uma ideia do Lugar, abre para a Pedra-Mundo. Esta se reflete no emaranhado dos Lugares-imaginados do mundo. Defender a ideia do Lugar-nascente (nem melhor, nem exportável) se inscreve no desejo-imaginante desse conjunto. Admitir a perda de um Lugar-nascente é como subscrever o aborto de todos. O estar-em-alerta em um Lugar-nascente permite encarar os outros Lugares sem universal vazio. A Pedra-Mundo só se adivinha na plenitude de um Lugar consciente de si e que lustra seus princípios como valores sagrados. Esse Lugar em constante devir funciona então como esses invólucros mentais que delimitam, mas se revelam captantes das substâncias de fora. Que contornam e religam. Que densificam e espalham. Que constroem e que aceitam os riscos do pólen. Eis porque o Guerreiro não flutua. Ele recusou o salto hegemônico. Ele não saboreia as conquistas, as escolhas dos Centros, moldes de modelos, transparências. Ele está no mundo. Total. Pastor dos Lugares em germinação a meio caminho de seu Lugar.

> O velho guerreiro me sussurra: ... o rizoma tem ganchos (correios eletrônicos, antenas parabólicas, emissores, satélites, cabos, fax, celular, modems, multimídias...). Tendo consciência de seus processos, dominando essas máquinas, podemos imprimir nesses fluxos princípios de uma relação verdadeira, sedenta por diferenças, por trocas desmesuradas, estranha às dominações. E, para isso, é preciso menos poder financeiro do que imaginação livre, menos hipertrofia econômica do que heresia alegre... (*ele ri, exultante*)... Ouço virem esses artistas-mundo que saberão humanizar o rizoma-de-redes, de errâncias-flash e de deflagrações!... (*um tempo, então sua voz se concretiza, vinda de longe, terrível*)... A nervura das dominações brutais, silenciosas ou furtivas é a Unicidade, o Mesmo em extensão. A heresia simbólica lhe insuflará o cataclismo das diferenças, as alegres insurreições do imaginário...! - *Inventário de uma melancolia.*

A única via de acesso à ideia de uma Pedra-Mundo passa, para a maior parte dos povos, pelo gargalo ocidental, suas redes, suas técnicas, seu comércio, suas línguas... Entregamo-nos a isso ou o recusamos. Entregar-se é atingir somente os valores dominantes do mundo: equivale a não estar no mundo. Recusar dá na mesma, pois nos afastamos dos fluxos. Para o Guerreiro, sua cultura, sua língua, seu imaginário são polos de alerta. Por esse alerta, o Lugar-nascente se afirma como tal, e inventa para si de repente (em seu desejo-imaginante de todos os Lugares possíveis) passagens inesperadas, brechas, abismos, hastes de céus incandescentes, acessos inclassificáveis nos jogos da Pedra-Mundo – essa desmedida. Resolve teu Escrever nessa tensão.

> O velho guerreiro me sussurra: ... em vez da palavra "Desenvolvimento", filho, é melhor esta, mais endógena, não vertical, "irradiação"...[31] Já é uma distância. Que põe em interrelação tuas dinâmicas internas e as forças externas, e que não te iça para um modelo, mas te leva a te realizar segundo leis íntimas... (*um tempo, ele suspira*)... O rizoma transformou tudo... (*ele suspira de novo, mogno pálido*)... Na irradiação não são mais a terra, os espaços, as matérias-primas, as forças industriais em cadeia, os estoques, os capitais que farão a riqueza de um país; mas sua capacidade de integrar a informação de forma inovadora, de viver o não equilíbrio, de se moldar às diferenças, de mutar, de existir no Mundo-Religado... (*sua voz se aproxima, orquídea de sombra*)... Pulsa agora a nosso alcance a vertigem não escrita dessa irradiação... – *Inventário de uma melancolia.*

---

31 No original, "*épanouissement*". (N. T.)

Eu podia agora chamar de dominado: o que tremula estéril nas prisões do mimetismo, na recusa integrista e obscura, ou na aceitação beata das abundâncias que matam. O que se torna um brinquedo quase inerte da Pedra-Mundo e, portanto, dela não participa. O contrário daquilo que, fecundado, soberano e ativo, embeleza no sentimento sagrado do Diverso, do diferente, do incerto, da Unidade sem número. Esse sentimento manejado como ligação e muralha, e como tela sensível em que pode respingar a impossível Pedra-Mundo.

O velho guerreiro me sussurra: ... nenhuma solidariedade institucional compensará a perda das solidariedades naturais. A solidariedade institucional deveria ser motivadora das solidariedades naturais. O rizoma precisa encontrar uma alma no respeito das diferenças. Nossa resistência pelo imaginário será uma potência de impulsões diversas, em todos os domínios. Essas impulsões irão beber em um imaginário que escolherá em nós-mesmos o caos das línguas, das culturas, das espiritualidades, das visões do mundo, todos relativizados por suas próprias concertações. Por meio desse imaginário de combate, escapamos ao concentrado dos valores dominantes, aos fanatismos nacionalistas ou religiosos, às identidades sectárias, às alienações invisíveis... (*um tempo, então sua voz retorna, véu de água pura*)... Os antigos Centros dominantes (satisfeitos com a Unicidade em suas relações conosco) sofrem dela o contragolpe em suas relações com os Estados Unidos. A onda das imagens estadunidenses suscita neles o desejo da "exceção cultural". Mas o princípio da exceção cultural continua na lógica da Unicidade: os franceses, por exemplo, querem proteger seu Um contra o Um estadunidense. A francofonia vai na mesma linha: minha língua contra tua língua. E já se perde

> de antemão... (*ele suspira, samambaia seca*)... É preciso nomear e cultivar o imaginário do qual falei como se cultiva o louro-de--baiano.[32] – *Inventário de uma melancolia.*

(O Lugar será incontornável, diz Glissant, mas poderemos escolhê-lo (ajudar seu nascimento) em algum canto do mundo, fora de sua terra natal. Poderá ser a terra natal, será muitas vezes ela, mas não mais obrigatoriamente. Incontornável, também, será essa família-mundo que Edgar Morin evoca. Irmãos, irmãs, filhos das relações, oferecidos por todo o planeta e no Lugar em curso, segundo as afinidades das trocas estrangeiras com as relações biológicas da família antiga. Uma família-mundo aumentando esta última ou a substituindo, nascida de nossas fraternidades com o Diverso e compensando nossas perdas nas decadências familiares induzidas pelo fim dos Territórios e de suas arquiteturas sociais tradicionais. Assim, o Guerreiro, no mundo que vem.)

> O velho guerreiro me sussurra: ... sim! sim! ... (*sua voz exulta, curso de águas e rochas*)... estar consciente do Mundo-Religado é a palavra-mestra!... Tua estrutura tradicional deve evoluir com as forças exteriores, mas sem ser desarticulada nem aniquilada, nem invalidada! De forma consciente, você deve harmonizar a influência dessas forças com aquelas que são as tuas! Inclina o impacto dos centros e do Centro difuso de tanto imaginar o alimento de nossas diversidades!... – *Inventário de uma melancolia.*

---

32 Louro-de-baiano é um dos nomes populares no Brasil da planta *Alpinia zerumbet*, que, em francês, é conhecida como *hèrbe-à-tous-maux,* ou planta contra todos os males. (N. T.)

A Crioulização e suas crioulidades são a energia da Pedra-Mundo. Essa energia nutrirá espantosos poetas do Diverso, errantes por outro conhecimento, como Glissant hoje. Mas na Crioulização – mesmo elevada em valor e habitada por um imaginário da Diversidade – subsistirão desejos de Ser e de essência, refúgios em uma língua, Pátrias fechadas, solidões estanques, dominadores regressivos, ideologias totalitárias, fúrias religiosas, conquistadores imateriais... Essas reações seguirão em suas trajetórias de dissolução, reforço, fratura, reaparecimento em força e elipses brutais... *Todos imprevisíveis no imprevisível e nas invariantes*, despistando a linha das deduções. Assim, todas as guerras deverão ser enfrentadas ao mesmo tempo, contra todas as dominações. Nenhuma paz pode ser anunciada, nenhum creme de coco, nenhuma fatalidade infernal ou encantamento celeste... salvo a participação-poética do Guerreiro: essa necessária e serena disciplina.

> De Dante: Surgir na época telúrica da liberdade total, inconcebível e ilegível, iluminadora e real, o olhar no pavor em que se mede a energia do Nós do qual a Pátria é o mundo... – *Sentimentoteca*.

> De Michel Butor: Quem fala? Muitos. Em diferentes lugares. De múltiplas maneiras. – *Sentimentoteca*.

A percepção-imaginada do caos se torna um dado da Pedra-Mundo. A ideia desta precisa eletrificar a frase, a palavra, a temática, forçar ritmos marcados de todos os ritmos, versejar o não equilíbrio na emulsão dos relativos. Em tal afluxo de forças em desordens, nenhuma língua pode se ver escolhida, nenhuma cultura, nenhuma fronteira pode se colmatar, nenhum ângulo de visão pode congelar uma imagem, nada a não ser o afastamento participante, o abandono vigilante, a tensão rumo ao Total. O Escrever se torna ao mesmo tempo ato e nó do pôr-em-relações, se desvencilhando dos pôr-sob-relações. Nosso imaginário passa então a ser comovido pela consciência de uma Pedra-Mundo em partilha. Da Universalidade que muitas vezes achata, tendemos a um imaginário em que a Unidade humana se expressa na diversidade. E essa dinâmica da Unidade que se faz Diverso se chama Diversalidade. O emaranhamento das humanidades funda as polirritmias desse imaginário da Diversalidade. O Escrever – questão pulsante sempre – pode se reinventar aqui: interface barroca dos dentros e dos foras, de uma perfeita solidão e do Todo ativado.

> O velho guerreiro me sussurra: ... a invisibilidade ativa que a força cultural representa, a lucidez e a não adesão ao concentrado dos valores dominantes são ativos de circulação, de recursos mobilizáveis, imateriais então projetáveis no rizoma, e que não são medidos em termos de poder ou dinheiro. Nossa resistência aberta será (é paradoxo) uma parte do nosso capital... (*um tempo, ele suspira, então retorna, enxoval de murmúrios*)... Com outro imaginário podemos nos enriquecer dos modelos dominados, convocar os modelos esquecidos, e recombinar tudo para novas possibilidades – e isso em termos econômicos, políticos ou culturais. É o caminho da salvação porque, para conseguirmos nos livrar... (*ele ri, folha amarga*)... devemos tudo reinventar. – *Inventário de uma melancolia.*

(Tudo reinventar, claro, e o tempo todo! O Lugar estará sempre em devir, sempre em equilíbrios movediços, sempre ávido de um imaginário de Diversalidade que precisará dele e que dele cuidará.)

De Segalen: Acresce, sempre – alquimista do Diverso, esse sabor eterno. – *Sentimentoteca.*

De Faulkner: Não elucida teu trágico, derrama ásperas opacidades e choca tanto quanto pode; vasculha teu Lugar no mais profundo para adivinhar esse ponto indescritível em que ele toca os estilhaçamentos do mundo; não elucida. – *Sentimentoteca.*

(Escrever, Guerreiro, com e contra si. Enriquecer seu projeto com um ataque permanente aos selos do sistema. Sacudir os dogmas e as escolas. E permanecer gentil e muito desconfiado consigo próprio, pois esse é o único apoio cuja fiabilidade depende de teu querer. E não crê – inacabado irremediável – que essa desconfiança basta para ser justo.)

De J. M. G. Le Clézio: Contra as prisões interiores, se ver germinar no Outro, em errância e silêncio. – *Sentimentoteca.*

De Abdelkebir Khatibi: Contra a "Identidade e a diferença loucas", desconfia dos inebriamentos de tua própria palavra e do apagamento lento na palavra dos outros – vai bilíngue, tua vida em constante tradução... – *Sentimentoteca.*

(Como reagirá meu Lugar-nascente nas brassagens da Pedra-Mundo? O que acontecerá com minha primeira língua, com minha cultura? Quais culturas nos serão amigas? Para quais nos fecharemos? Quais acontecimentos nos levarão a trocas perigosas? Quais dramas e quais fascínios? Nenhuma resposta. Apenas a abertura sem abandono e a defesa sem fanatismo do que funda a parte de minhas trocas. O Diverso não é uma nuvem-satélite de meu eu, observável à distância. Ele é o que me densifica e me dispersa, me afasta e me aproxima, me nomeia e me dilui, o que me precedeu e o que me prolongará. Escrever a domesticação desse Todo-possível em movimento. Experimentar sua energia dentro.)

> O velho guerreiro me sussurra: ... no imaginário de combate, não há modelos, pois todos os modelos são escolhidos (portanto desarmados) em recombinações dos possíveis infinitos. Com esse imaginário, lutamos para nada perder de si e nada perder do Mundo-Religado, e vice-versa. Defendemos o eu em nome da diversidade do mundo e a diversidade do mundo em nome do eu... (*um tempo, ele suspira e retorna firme, vapor de pé de taperebá*)... Isso muda tudo... – *Inventário de uma melancolia.*

Não tentar a ruptura – ruptura sendo continuidade. Ousar a alternativa. Vislumbrar o outro modo, nem em ruptura, nem em oposição: sendo *outro*. Do Um ao Diverso, do Mesmo ao Outro-plural, da Unicidade ao imaginário da Diversalidade, há o salto para mais vida. E esse salto não é uma certeza, nem um novo sistema, nem uma concepção: apenas a intensidade generosa dos possíveis preservados. Por isso a Pedra-Mundo não será uma Pátria monumental. Nem uma imensa Nação dos homens. Isso seria opor às eventualidades cósmicas os sectarismos do Território. Vejo aí o invólucro de outra mentalidade no feixe de Lugares possíveis. A esfera de outro pensamento destinado a nos tornar melhores na partilha de todos os reinos do existente. O imaginário da Diversalidade pode ser vivido, mas é inconcebível: ele autoriza deliberadamente inclusive não definir e não atingir. Cabe a nós cultivar sempre as relações que humanizam a fundo. Escrever, aqui, nessa mais exata centelha.

> De Céline: Contra o "peso-na-tinta", a emoção, a emoção, as sombras-obsessões, barbárie genésica da linguagem nutrida pela furiosa consciência... - *Sentimentoteca.*

> De Rabelais: Ir em todos os extremos, santificado de linguagens. - *Sentimentoteca.*

(Valéry dizia: *Escrever acorrenta. Guarda tua liberdade.* Eis-me aqui acorrentado ao Lugar por nascer, e à Pedra-Mundo, e a seus cachos de inter-caos-ações. Aqui ainda, nem militante, nem soldado, combatente ou místico, mas Guerreiro: essa palavra me permitia a distância divertida que descerra as correntes, e nessa vigilância, guardar o intocável querer, risco precioso nos abandonos melódicos do concerto.)

> De Glissant: Uma desmesura comovida pela desmesura do Todo-mundo. - *Sentimentoteca.*

> De Beckett: Esperar não a satisfação do previsível, mas o descaminho estimulante do imprevisto - permanecer desejoso nas errâncias imóveis em que o presente se proclama solar... - funda-se então outra lucidez. - *Sentimentoteca.*

(Valéry chama de *espírito total* o tabernáculo da emoção poética e da fria Razão. O Escrever nunca fechado sobre o Escrever. Desde já Guerreiro.)

O velho guerreiro me sussurra: ... se o imaginário do Um olhar para o Caribe, ele pensará em uma federação ou confederação ao modo ocidental e dirá: *tarefa impossível nesse caos!...* Se o

> imaginário que desejo contemplar o Caribe, ele vai procurar as invariantes desse caos, as leis dessa desordem, os ritmos desse turbilhão, e adivinhará um espaço de humanização virtual em uma inteligência de redes. Glissant já dizia isso, você diz?... (*um tempo, ele retoma*)... Muitos valores têm espaços comuns, mas nenhum tem vocação para se estender ao conjunto dos povos. Acreditar nisso seria negar a ideia de diversidade. Um valor só vale se repercutível na infinita diversidade dos assentos culturais preservados. Ou então posto em conjunção não sintetizante com diversos valores... (*ele ri*)... Buquê feito, meu filho. - *Inventário de uma melancolia.*

Essa presença do Mundo nos transmite seus horrores ao vivo. O desvario assassino que atravessa os homens, insaciável, intacto desde os primeiros tempos, nos dá notícias todos os dias. Como se a Pedra-Mundo suscitasse em cada lugar (comovido por um possível do Lugar) negações ativas de seu novo conjunto. O destino da Diversalidade não se joga em tal ou tal Lugar-nascente do mundo onde o Diverso se inflamou (África do Sul, Líbano, Sarajevo, Bósnia-Herzegovina, Israel-Palestina...). Ele está no fluxo que agora agita os imaginários e abrasa o Diverso nos Lugares potenciais. Tal ou tal país conheceria assim regressões horríveis; mas esse próprio horror nutrirá o imaginário de Diversalidade. Ele sublinhará o salutar de um concerto relacional verdadeiro. O drama da Bósnia-Herzegovina alimentou muito (e fez avançar) a consciência-mundo na questão das identidades abertas, mesmo se, na Bósnia-Herzegovina e no entorno, a identidade antiga ainda pareça prevalecer. A fúria humana parece combinar melhor com as etnoidentidades, encontrar nelas confortos imediatos, tragar dos laços relacionais o que possa saciar seu gosto pelo sangue. O incerto aguça a vontade de certeza. O Diverso chama o conforto da etnia. O imaginário de Diversalidade não desligará nosso cérebro reptiliano. Ainda teremos as perfídias, os impulsos, as lágrimas de sal. Em cada época, algum artista tentará sempre escapar a uma dominação. Porque nossos imaginários se nutrem justamente das emoções humanas. Nenhum angelismo mineral sustenta o que vive. Nossas intempéries emocionais nos levantam, por seus próprios desregramentos, no coração da Pedra-Mundo. Elas nos põem em condição de adivinhá-la melhor. Vejo nelas um comando da sombra nos ordenando encaminhar a frágil faísca à sua desconhecida explosão maior. Seja impecável em teu desejo (e na centelha) desse encaminhamento.

> O velho guerreiro me sussurra: ... a Democracia é importante porque ela autoriza relações de diversidades e comunhões equilibradas entre modernidade e tradição. A equidade homem-mulher também. À racionalidade, autoriza pendurar as bandeirolas dos aléns do racional. À inteligência, portar as estações da emoção e os temporais do risco. À ciência, a sensibilidade às ondas não quantificáveis do vivente. Em suma, tender a todo momento, de toda maneira, ao total, evolutivo, aberto, e nunca alcançável... (*ele murmura coisas inaudíveis, voz oceânica, então retorna, com um tom de fonte viva*)... É preciso cultivar o pôr-em-relações, cultivar o ligar e religar, a interferência inimaginável, a analogia impossível amarrada às emoções, à tua imaginação, à tua intuição e à tua razão, unidas em feixe em uma festa apaixonada! Esforça-te nesse novo saber! Joga em cima! Nossa insurreição nesse Mundo-Religado não se fará de modo revolucionário, mas sob a forma irradiante de mil afastamentos, mil utopias, mil deflagrações inspiradas pelo imaginário de combate. Com a força brin-

> cante de que nossa mente precisa para sair dos ossos de nosso crânio!... (*ele canta uma canção desconhecida em uma língua desconhecida, então sua voz renasce, azul como o murmúrio de folhas verdes*)... Filho, é preciso regular tua vida em alguns ritos para melhor enfrentar as incertezas interiores que a resistência nova trará consigo... – *Inventário de uma melancolia.*

Capturado pela frequência telemática, teremos que nos definir em ecossistemas de difrações relacionais. Família, Pátria, língua materna, terra natal, bandeira e peles... não serão essenciais como na antiga identidade (um personagem de Joyce abandona tudo isso, e num mesmo movimento a ordem conhecida do universo). Lugares virtuais recolherão nossas raízes reticulares. Vilarejos situados em lugar nenhum oferecerão endereços por trás das telas. Fóruns sem geografia recolherão nossas palavras, nossas alianças, nossas paixões. Teremos nosso Lugar topográfico e nossos Lugares eletrônicos virtuais. De dia ou à noite, um *existente-em-relações* nos servirá de identidade. Buscaremos novos laços comunitários, mais carnais, mais concretos, indispensáveis ao nosso conforto mental. Ou vamos combatê-los como lembranças de pestes. Alguns voltarão a mobilizar a identidade antiga. Outros fingirão reinventá-la. Outros vão exacerbar suas solidões telemáticas. Alguns alérgicos às metacomunicações vão operar grandes retornos ao Sol, ao Território, à exclusão do Outro, ao Ser (clãs, tribos, seitas, gangues de bairro das atuais megalópoles). Outros viverão despersonalizações assustadoras nos reflexos de suas telas... Mil derivas, mil possibilidades em espirais, regressões e progressões síncronas, organizações e destruições entrelaçadas e *indo* ao acaso dessa energia. Mas alguns homens – vê-los, imaginá-los – disporão de um vasto imaginário de Diversalidade, poetas do pôr-em-relações, errantes maiores bem inscritos em seu Lugar, viverão esses fenômenos neles repercutidos, possuindo-os todos e possuídos por eles, consciência-interface dessas vivacidades que se fecundarão e fecundarão o entorno. Belos portadores de anúncios (e desejos) pelo Escrever.

> De Segalen: O Escrever como espetáculo do Diverso, e seu expor-em-beleza – *Sentimentoteca.*

> De Hölderlin: A vida-milagre, frenética fora de quadro e das medidas, mistério-milagre do sentido em polirritmos. – *Sentimentoteca.*

(Dispor de muitos Lugares topográficos? Possível. Mas todo Lugar topográfico terá, em suas plenitudes, extensões de todas as naturezas, bem além da terra circunscrita: ecos, solidariedades, diásporas, famílias, amizades, influências... O Lugar se lança na Pedra-Mundo. Um Lugar, todos os Lugares.)

> O velho guerreiro me sussurra: ... os valores tradicionais são feitos por sociedades fechadas, tendendo a uma gestão total dos seres que precisavam se pensar no centro do mundo para se saberem no mundo, e que temiam a agressão exterior, humana ou natural. Eles não explicavam o mundo, mas o interpretavam a partir de algumas certezas. Desconfia da nostalgia das seguranças envolventes do grande "Nós". Organizar-se no Mundo-Religado exige uma superação desses valores, mas não sua negação brutal... (*ele suspira*)... Cada povo deverá encontrar sua adaptação evolutiva, dominada. Os tempos não serão mais os mesmos. Os ritmos não terão uniforme. Haverá voltas estagnantes e impulsos precipitados. Povos ficarão apegados às esperanças da Terra cultivada;

> outros sonharão com os brilhos industriais que fizeram a força do Ocidente; os antigos Centros viverão as perturbações de uma guinada às economias comunicacionais do rizoma e tentarão se fundir em novos impérios... (*sua voz se amassa em um murmúrio apressado*)... Para preservar nossa aposta, deveremos nos tornar "fisiologistas" do mundo total, capazes de apreciar esse conjunto orgânico fluido, em que tudo será muito precisamente alimentado de tudo... – *Inventário de uma melancolia.*

(Guerreiro, pouco importa teus erros-fraquezas-dúvidas-misérias se você mantém a postura, essa loucura das alianças e dos contrários que você tenta controlar, erigida num teatro sagrado do qual você ignora a cena final que você sabe irresolúvel. Joga o teu melhor nessa combustão de vida, encantada-desencantada, condenada-divinizada, a cada segundo no mais extremo, pois a alvorada é incerta, a noite não é amiga, o dia não está dado, Sol e Lua são sem promessas. O Todo-possível te olha fixamente. Olha-te: o caos olhando o caos. Seja belo nesse desafio trágico.)

> O velho guerreiro me sussurra: ... os próprios dominadores precisam de nossas resistências para sua re-humanização. Porque você já entendeu: não se trata de vencer ou tomar o lugar dominador do que quer que seja, devemos resistir em nome das humanidades, e por meio das humanidades, a fim de aumentar a humanização do Mundo-Religado, e fazer dessa transformação do mundo um impulso perfeito para a humanização. Imaginar a beleza desses impulsos, inscrever-se neles como numa cerimônia, cinzelar como artista suas curvas e linhas de forças. É essa minha guerra, e é nisso... (*ele ri, coração cheio*)... que sou o mais virginal dos Guerreiros... (*ele ri, sua voz desaparece, então irradia, quente como vapor de*

> *asfalto*)... Não se trata de se opor ao Ocidente, mas às dominações que nascem do pôr-sob-relações. O Ocidente está em nós, mas não o desígnio de seus Estados ou de seus Territórios; estamos de agora em diante dentro do Ocidente, religados às espessuras humanas de seus países, a seus brilhos e suas sombras. É preciso o estilhaçamento dos monólogos pela troca, a partilha, a sede boa da diversidade. Que esse estilhaçamento se torne o alto valor de nossa humanização no Mundo-Religado... (*solene e alegre, fonte em polvorosa*)... Um sagrado muito lúcido. – *Inventário de uma melancolia.*

Face à Pedra-Mundo, teu Escrever cria um nicho imaginário que reúne o espírito dos Lugares e alimenta a proliferação das raízes. Os Lugares possíveis do mundo em paisagem grandiosa. Superpostos. Religados. Aliados. Enraizados. Reais e inventados. Os símbolos que se chamam, se entendem, se estendem, se respondem, se informam e se ultrapassam. A emoção quase religiosa do Diverso em movimento nesses conjuntos indefinidos. Seus cantos e suas respostas que formam árias de sugestões. O mistério celebrado em seu sino imparável. A aventura reencontrada como valor emocional de um Escrever de juventude: as ilhas desertas, piratas e cavaleiros, errâncias pelas tundras, novo barcos inebriados, risos que colorem lendas e mitos, estranhas máquinas de costura com guarda-chuvas, guerras santas sob heroicas armaduras... Aí pode se adivinhar o Romance reinventado do Tudo-igualmente possível, do Tudo-possível sem medida. Aí pode ser sentida uma Poesia outra, que se tornou virginal em tantos espaços abertos. É a beleza – essa sempre nova – que te fará o laço.

> De Chateaubriand: A Existência, transportada na medida vibratória, que suspeita a desordem. – *Sentimentoteca.*

> De Adonis: O Escrever em devir; o poema espreitando sempre (no horizonte do tempo) o país da recusa... - *Sentimentoteca.*

(Guerreiro, não te preocupes com vitórias, fracassos ou verdades. Erige tua resistência em ato de beleza diante dos "espíritos-animais" que te habitam como povoam a Pedra-Mundo. Ser do salto, não ser do festim, seu epílogo - murmurava Char.)

> O velho guerreiro me sussurra: ... em resistência aberta para a humanização do Mundo-Religado, abandonamos a noção do "bem" e do "mal", do "justo" e do "injusto", para entrar, como os antigos alquimistas, no mecanismo complexo de forças contrárias a serem equilibradas. Assim, não estamos nem em derrota, nem em vitória, nem em recuo, nem em avanço, mas na tensão constante do mais vasto e do mais belo dos desejos... - *Inventário de uma melancolia.*

Escrever em circulação, em um não linear que troca com o teatro e o romance, o ensaio meditativo e a poesia, texto que rodopia sobre mil estratos de discurso, caminhando para um fim que chama o começo; cada parágrafo não chamando apenas esse fim, mas cuidando, em espiral sustentada, de adensar a primeira linha, e todas as outras uma após a outra. Agrega tuas obras em rede orgânica sem começos nem fim, questionadoras sempre dos fogos da existência, ligadas pelo elogio ao Lugar-em-devir e ao da Pedra-Mundo. Através dos gêneros e das linguagens, transversal fluida, avivar beleza na intensidade organizada de um monte de relações. Escrever em simbolismos que voltam sobre si-mesmos, contínuos, e se aumentando a cada vez com poesias novas.

> De Segalen; A Estela - língua viva, esculpida como linguagem, épura repleta do Todo... - *Sentimentoteca*.

> De Rabelais: A desmesura, já visionária, em todas as desmesuras - o mestre-espantosamente precioso no presente. - *Sentimentoteca*.

Guerreiro, porque você faz *projeto* com um desvio das inércias psíquicas; e isso através de tuas cumplicidades com a infinidade, de teu comércio de chances com os imprevisíveis, da tua ruptura com os esquemas esperados, de tua diferença com toda explicação, com os padrões, os modelos e as formas agradáveis, você tenta os equilíbrios precários na re-informação, o perigo do ricochete que guarda a conquista de cada salto, as fronteiras confusas em que pulsam as relações proliferantes. Guerreiro, em um mundo de transparência-molde e de hipnose-consumista, só saboreia a espera das libertações desordenadas. Permanece no movimento da *metamorfose* que chama, constitui e antecipa o olhar dos *videntes*, e que é revelado por esse olhar. E então você não domina nada senão a beleza do desígnio, sua orgânica perfeição de gesto-signo-símbolo - alegra-te com isso, Guerreiro.

> De Joyce, Kafka, Faulkner, Glissant: Tudo incontrolável, tudo imprevisível. - *Sentimentoteca*.

> De García Márquez: A imutável assombração de desmesura, as chuvas de pássaros mortos, a imanência dos caranguejos, a beleza que alça voo no estalar dos lençóis, e o velho anjo muito velho com asas imensas... que nomeiam para nós mais que o encanto: o doravante *Todo-possível* do mundo... - *Sentimentoteca*.

A cultura de um povo nunca esteve fechada. Em meio a um fluxo de interações mais ou menos vivas, cada cultura é faceta-testemunha de acontecimentos em movimentos. Se cada cultura conheceu campos de estabilidade margeada por desvios menores, isso não existe mais. A precipitação-sob-relações é imediata e total. Opor-se a ela? Quem poderia? Mas firmar a conquista de um processo mais lento. Detestar todo abandono. Tentar a atualização das influências ativas. Guardar essa postura que se quer criadora. Subtrair-se às dominações requer uma inteligência das acelerações, ir pelo íntimo dando-se base às trocas. Nem fechado, nem aberto, mas fechado-e-aberto, seu motor em si-mesmo, todas as lábeis referências construídas por si-mesmo nesse vento de partilhas do Diverso.

> Dos românticos alemães: Viver a emoção que erra à flor das coisas e te oferece o outro real sensível e fugidio. É conhecimento. - *Sentimentoteca.*

> De Segalen: A Unidade, consciente de si-mesma só na diversidade. - *Sentimentoteca.*

(Guerreiro, pastor e profeta das possibilidades e de suas relações polivalentes, senhor de uma determinação que imprime outros impulsos nos instrumentos antigos.)

> De Baudelaire: Contra si-mesmo, a forma-símbolo que, em seu próprio gesto, desvencilha sua medida de um inferno de nostalgias lamacentas... - *Sentimentoteca.*

> De Faulkner: O colapso das consciências solitárias que se entrelaçam totais - tendo a arte por regente... - *Sentimentoteca.*

Ao nascer de cada dia, preparo o festim dos beija-flores, e recolho notícias das gatas e das plantas do terraço. Provo o sol doce de confidências com restos de noite. Sob o vento que arrasta ainda seus segredos, me ocupo de meus músculos e meu coração. Então, mergulho no Escrever, nos sonhos, onde as paisagens do Lugar-por-vir-Martinica se superpõem aos panoramas da Pedra-Mundo. Cuido para não escutar o rádio nem ligar a televisão. Preservo essa pequena realidade de plantas, pássaros, claros-escuros que esculpem o abandonado jardim. Evito participar das derivas alienantes do entorno midiático, do atoleiro político, desvio das faustas assistências. Dominado, resisto. Essa dominação me religa aos povos do mundo pela faceta mais trágica. Meus silêncios tinham aumentado. E um azedume estragava minhas palavras. Um sentimento amargo me inclinava docemente ao conforto de falsíssimas certezas. Para relançar a dúvida, e suportá-la, refugiei minha vida no espaço dos meus hábitos, no oco de meus sonhos, em volta dos voos dos beija-flores, das plantas, das sombras. Reinventando a Terra à minha volta, convocando sua desmesura nas dobras e redobras de meu Lugar-em-devir.

> O velho guerreiro me sussurra: ... é preciso, nesse rizoma, se construir com flexibilidade, inovar com polivalência, cultivar sua rapidez nas relações internas-externas, integrar o fluido e o turvo, as fecundações aleatórias do pólen, a dormência das sementes mais pacientes, se construir e se abrir, acolher e projetar, se densificar e se aliviar, cuidar das perfeições do gesto sem se preocupar em domá-las... Que programa, minino: é menos uma resistência do que uma poética... *Sou um jovem poeta!...* afirma sr. Glissant, não é? Ele tem razão... (*rindo, véu de luz*)... Eu, eu sou o mais jovem de todos os guerreiros!... – *Inventário de uma melancolia*.

Eu partia para a conquista de recantos interiores amealhados no Escrever. Estilhaçados, cambiantes, em toques e parênteses. Compactos como a vida que não se estende nunca, deixando a eternidade às pedras, mas se repercutindo ao infinito nas inúmeras densidades efêmeras. Se a Vida se mostrasse acelerada, as moscas, as borboletas, nós-mesmos faríamos piscantes faíscas. As falésias de dacito desapareceriam ao final de um invisível desgaste. Mas nossas minúsculas faíscas seriam inesgotáveis, multicores, seus círculos instantâneos recomeçando sempre. Estar intensamente vivo nessa morte e perdurar em relações estendidas - contente, como diria Segalen, com uma diversidade reintegrada em mim, reintegrada no mundo.

> De Segalen: Entender *desarmonias* - são harmonias do diverso. - *Sentimentoteca.*

> De Saint-John Perse: Na imutável visão, indecifrável de tanto sentido, adivinhar o inaproximável Total... - isso é "respirar com o mundo" - *Sentimentoteca.*

Comecei a escrever este livro não em busca de verdades, mas para viver disponível, questionar, liberar tremores, atento a escapar aos reflexos da sobrevivência cega e buscar a distância, um símbolo de múltiplos sentidos, afagado pelos concertos do Lugar invocado e do mundo reencontrado. A fim de propagar vida em mim-mesmo (maravilhosa anabiose), e poder anunciar que meu país conhecerá, um dia, impulsos mais livres, um imaginário novo longe dos consumos e das assistências, na troca criadora com o Caribe, as terras americanas, com a Europa, com o Todo-Mundo. Anuncio aqui um Lugar, uma Meta-Nação soberana misturada e emaranhada em todas as terras do mundo, altiva e interdependente, amarrada e desamarrada na Pedra-Mundo. Anuncio isso sem orgulho de profeta perdido fora de estação, com a força somente do hino que faz prece, encantação, e se eleva como uma ordem.

> De Goytisolo: Diálogo sempre com a árvore inteira da Literatura, todos os raminhos e galhos, todas as épocas e línguas. – *Sentimentoteca.*

> De Michaux: Rápido, fluido, longe das grandes folhagens, a metáfora-movimento, a frase que se despoja, a pintura que lhe conserva o jato... – *Sentimentoteca.*

Para me acompanhar, mobilizei minha velha Sentimentoteca, sedimentos da presença dos escritores em mim. Eles me doaram suas lutas nesse país dominado que cada um carrega em si. Vaguei então em sua companhia. Escrever. Sonhar. Perceber o que me restava deles. Uma palavra. Uma impressão. Um riso. As sensações acumuladas. Deles, trouxe o sentimento de que há tantas sombras em nós, tantas forças obscuras na profundeza de nossas permanências, que a luta é eterna para se aproximar do justo. Nenhum dominador está verdadeiramente fora de nós, nossas sombras os criam muitas vezes, reforçando-os sempre em nossas cavernas mais íntimas. O Escrever fica fundado no impulso de uma liberdade interior e de uma autoridade tranquila exercida sobre si: estamos sempre em resistência contra nós mesmos, e em libertação de nós mesmos, quando escrevemos de verdade. Nenhuma felicidade o desarma ou o alarma. Nenhuma desgraça o apaga ou o aviva. São os elementos de um entorno em que ele extrai a carne sem arriscar o percurso essencial. Para escapar aos pesos de seu país e de suas histórias, para seguir rico delas, continuar vigilante consigo, extrair-se das derrotas e vitórias, sair das sujeições, tomar pé de seu melhor em um belo ato de viver, o Escrever não é o único modo, mas é assim que ele vive. Ele está em nós. Ele está no mundo. Ele diz: Que sentido tirar disso tudo? Que ordem há nessa loucura? Como testemunhar tantas vidas, mortes, energias e ritmos embolados nesse cosmos, e nos iluminar disso para viver um pouco melhor que de costume?

> O velho guerreiro me sussurra: ... sem dúvida existem, em algum lugar, em um canto perdido, em um povo esquecido do ciberespaço, ou um bairro mutante de uma megalópole urbana, as premissas de uma alternativa ao desenvolvimento ocidental, uma outra maneira de pensar o homem-no-mundo e vislumbrar seu florescimento diversificado... (*um tempo, sua voz retorna, melancólico pólen*)... Sem dúvida, isso acontece em algum lugar de forma anódina, um pouco como o bater de asas de uma borboleta define o ciclone no outro lado da terra; um pouco como aquele simples ovo ruma a criar um dinossauro... (*ele suspira, então sua voz se levanta como um salto de terra fresca*)... Sou eu aqui, quem imagina isso, e o simples fato de imaginá-lo já começa a introduzir essa ideia no mundo!... - *Inventário de uma melancolia.*

O velho guerreiro murmurou em meu ouvido uma espiral sem fim. Ele revolvia em mim impaciências, mas também clarões de águas cristalinas, purezas de terras, fluidez dos mais altos sonhos, fragrâncias vegetais muito quentes ou muito frias. Ele era a voz sem corpo das velhas mitologias, alma das pedras, véu cantante das fontes, respiro das contações, sobressalto de minhas carnes mortas transformadas em matéria, ao mesmo tempo grito vocal canto e linguagem, e para além disso nos sopros informuláveis das mais antigas memórias. Divagador. Remoedor de evidências. Lustrador de palavras inúteis. Eu lhe murmurei as minhas, esses sonhos fugidios. Nós nos repetíamos em ritmos diferentes. Nos procurando nas mesmas dores, mas não no mesmo momento. Eu em um Lugar-em-devir, ele no Mundo. Eu no mundo, ele em seu Lugar-virtual, nos esbarrando em deportações, acidentes, e nos reencontrando no fim, ou melhor, no conjunto. Para brincar, eu me autodeclarei Guerreiro. Fingi (para despertar seu interesse) que minha preocupação era levar da melhor maneira o Escrever em país dominado. Eu já conhecia a resposta, e a ignorava também. Refiz com ele o percurso até o Escrever, já feito por tantos outros em tempos diferentes, esse percurso que não se esgota nunca. Ele mal me escutou, diabo surdo, interrompendo-me para me pedir uma confidência, ou para impor sua experiência ácida. O som de sua voz denteou minhas frases, companheiro de palavra, barulho dos povos e das lutas, velha madeira marcial de todas as resistências, buscando como eu habitar o mundo com prudência, da maneira a mais humana possível, e tentar ser feliz nesta terra cujo reencantamento me era finalmente dado.

> O velho guerreiro me sussurra: ... o Um é uma das tendências do Diverso; o Diverso é uma das mutações do Um. A Unicidade é uma perversão da Unidade. O caos-desordem, uma perversão do Diverso. Há uma unidade humana informada pelo Diverso que não é a Unicidade universalizante. Há uma diversidade caótica do mundo que não é a desordem dos integrismos atuantes... (*ele suspira*)... Os profetas do futuro anunciam as mudanças, propõem políticas, religiões, instituições. Está certo... (*ele ri, remoinho de crepúsculo e alvorada*)... Mas o mundo escapará sempre

em algum momento, um ponto insuspeito, ali onde permanece sensível às químicas casuais do Vivente; sensível a nossas resistências, a nossos desabamentos, a nossas covardias, a nossas coragens... (*sua voz se abre como um céu de lua cheia, e tão cintilante quanto*)... Sinto, nesse caos que nos empurra, grandiosas concordâncias, ao mesmo tempo prováveis e impossíveis, escavadas e apagadas, que me deixam adivinhar um caminhar secreto. Então, tomemos cuidado apenas para nos colocar do lado da Vida. No coração dessas forças contrárias, busquemos construir nossas resistências, ou seja, *nossos equilíbrios*, para melhor guardar o espírito acima de nossa Terra, em sua ideia maravilhosa, tocada pelo rumor das Galáxias; e de lá, para nós-mesmos, em um murmúrio de biguine lenta, fazer demoradamente a única pergunta que importa: TERIA O MUNDO UMA INTENÇÃO? – *Inventário de uma melancolia.*

4 fevereiro de 1996, 19 horas.
Favorite, Fort-de-France.

Os dias, enfim, reencontraram os ventos, a alma muito pura de pensadores vindos da Pérsia nos suicida as nuvens e ensaliva a terra, o simum (em sua lua mais bela) despertou o pássaro na germinação, e amigos erraram em brumas nada claras, um irmão retornou (ele carrega uma pedra), ódios de infância passaram nas brumas africanas, tudo cresce, é preciso plantar; com os cachorros, conduzo um ritual nas audiências dos Pitões do Carbet, ali onde os ventos persistem, onde saúdo a velha mangueira, e onde firmo a espera não pelo sol que levanta, mas pela promessa de um nascimento; e o destino, selado no claro do sonho, anuncia a espiral de uma força; e os cachorros já estão longe, explorando a glória dos cheiros impensados e de um mundo por vir já bem instalado, eles se esquecem até mesmo de minha mão no meio das amarras; amigos, os dias bocejam uma justa aliança com os ventos, altos rastros em que sinto o tremor da mais alta estação, a mais solitária também; amigos, vou assim, nos cremes ternos do simum, mentor dos alísios turvos na emoção prateada das folhas da embaúba.

AGRADECIMENTOS

A Édouard Glissant,
cujas obra e palavras
alimentam este Escrever – e me animam.

A Miguel Chamoiseau,
que sabe tão bem em poucas palavras
alucinar meu espírito.

OBRAS DE PATRICK CHAMOISEAU

Ficção

Chronique des sept misères. Paris: Gallimard, 1986.

Solibo magnifique. Paris: Gallimard, 1988.

Texaco. Paris: Gallimard, 1992.

Un dimanche au cachot. Paris: Gallimard, 2007.

Les neuf consciences du Malfini. Paris: Gallimard, 2009.

L'empreinte à Crusoé. Paris: Gallimard, 2012.

La matière de l'absence. Paris: Seuil, 2016.

Le vent du nord dans les fougères glacées. Paris: Seuil, 2020.

Memória

Une enfance créole – Antan d'enfance. Paris: Hatier, 1990.

Une enfance créole – Chemin d'école. Paris: Gallimard, 1994.

Une enfance créole – À bout d'enfance. Paris: Gallimard, 2005.

Ensaios

Éloge de la créolité, com Jean Bernabé e Raphaël Confiant. Paris: Gallimard, 1989.

Lettres créoles. Tracées antillaises et continentales de la littérature, com Raphaël Confiant. Paris: Hatier, 1991.

Écrire en pays dominé. Paris: Gallimard, 1997.

Quand les murs tombent, com Édouard Glissant. Paris: Galaade Éditions, 2007.

L'Intraitable Beauté du monde: adresse à Barack Obama, com Édouard Glissant. Paris: Galaade, 2009.

Césaire, Perse, Glissant, les liaisons magnétiques. Paris: Philippe Rey, 2013.

Frères migrants. Paris: Seuil, 2017.

Manifestes, com Édouard Glissant. Paris: La Découverte, 2021.
Baudelaire Jazz. Paris: Seuil, 2022.
Faire-Pays, Éloge de la responsabilisation. Duco, Martinica: K. Éditions/Le Teneur, 2023.
Le conteur, la nuit et le panier. Paris: Seuil, 2021.
Que peut Littérature quand elle ne peut? Paris: Seuil, 2025.

CIP-BRASIL. CATALOGAÇÃO NA PUBLICAÇÃO
SINDICATO NACIONAL DOS EDITORES DE LIVROS, RJ

C428e
Chamoiseau, Patrick
Escrever em país dominado / Patrick Chamoiseau;
tradução Mariana Patrício, Ciro Oiticica.
1ª ed. Rio de Janeiro: Bazar do Tempo, 2025.
Tradução de: *Écrire en pays dominé*

ISBN 978-65-85984-65-2

1. Literatura francesa – História e crítica.
I. Patrício, Mariana. II. Oiticica, Ciro. III. Título.

25-100635.0 CDD: 840.9 CDU: 82.09(44)

Gabriela Faray Ferreira Lopes, Bibliotecária, CRB-7/6643

Este livro foi editado pela Bazar do Tempo na cidade
de São Sebastião do Rio de Janeiro, em outubro de 2025.
Ele foi composto com as fontes Manuka e Lyon e impresso
em papel Pólen Bold 70 g/m² na gráfica Leograf.